beck'sche reihe



bsr

Droht in einer alternden Gesellschaft ein Kampf der Jungen gegen die Alten um Pfründe, Posten und Prestige? Die Chancen der jungen und auch zukünftiger Generationen auf Befriedigung ihrer Bedürfnisse sollten wenigstens so groß sein wie die der älteren und vorangegangener Generationen. Die Realität jedoch sieht anders aus: Die Älteren hinterlassen ein schweres Erbe, ganz gleich ob in Sachen Rente, Staatsverschuldung, Ökologie, Bildung oder Arbeitsmarkt. Mit Wolfgang Gründinger meldet sich endlich ein Vertreter der jungen Generation zu Wort, der gegen die überkommenen Leitbilder rebelliert. Jenseits von Zukunftsangst und Larmoyanz plädiert er für einen neuen Generationenvertrag, für Solidarität und Dialog der Generationen. Bedarf es vielleicht eines Aufstands der Jungen, um einen drohenden Krieg der Generationen zu vermeiden?

*Wolfgang Gründinger*, Jg. 1984, gilt als «Anwalt der Jugend» (Ernst Ulrich von Weizsäcker) und zählt zur «jungen Elite Deutschlands» (Handelsblatt). Der Politik- und Sozialwissenschaftler ist Mitglied im Think Tank 30 (tt30) des Club of Rome und im Vorstand der Stiftung für die Rechte zukünftiger Generationen. Für sein Engagement wurde er vielfach ausgezeichnet (Generationengerechtigkeitspreis, Demografiepreis, Deutscher Studienpreis, Studierendenpreis des Bundesinnenministeriums, Buchpreis der Deutschen Umweltstiftung). Er lebt als freier Politikberater in Berlin.
*www.wolfgang-gruendinger.de*

Wolfgang Gründinger

# AUFSTAND DER JUNGEN

## Wie wir den Krieg der Generationen vermeiden können

Verlag C. H. Beck

Mit 7 Tabellen und 16 Abbildungen

**Für meine Mutter**

Originalausgabe


Gesamtherstellung: Druckerei C. H. Beck, Nördlingen
Umschlagentwurf: malsyteufel, willich
Printed in Germany
ISBN 978 3 406 58685 9

*www.beck.de*

## Inhalt

# Nachhaltigkeit: Trugbild und Leitbild

## Unsere Verantwortung für zukünftige Generationen – und ihre politische Instrumentalisierung

Keine Haushaltsdebatte im Bundestag vergeht mehr ohne den Sparappell, kommenden Generationen keinen Schuldenberg zu hinterlassen. Kein Umweltgipfel wird abgehalten, auf dem nicht von allen Seiten eine «nachhaltige Entwicklung» beschworen wird, keine Rentenreform durchgeführt, die nicht eine gerechte Lastenverteilung zwischen Alt und Jung anvisiert. Es wird keine Rede zur Lage der Nation gehalten, in der nicht der demografische Wandel als Gefahr für unsere Gesellschaft gebrandmarkt wird. Eine gierige Generation von reichen Alten lebe auf Kosten der Zukunft, schallt es uns entgegen. Der demografische Wandel türme einen Rentnerberg auf, ja überflute uns gar mit einer Rentnerschwemme. Die wachsende demografische Altenlast und die politische Mehrheitsmacht der Alten erdrückten die junge Generation.

Die Fronten im Krieg der Generationen formieren sich bereits. «Ihr gegen uns», lautete die Kriegserklärung eines *stern*-Kolumnisten.[1] Und er fand prominente Kampfgefährten: So verlangte JU-Chef Philipp Mißfelder, die Alten sollten auf bestimmte medizinische Leistungen verzichten: Warum brauche ein 85-Jähriger noch ein künstliches Hüftgelenk auf Kosten der jungen Beitragszahler?[2] Der damalige Vorsitzende der Jungen Liberalen legte in menschenverachtendem Zynismus nach: Die reichen Alten sollten, der Gerechtigkeit halber, «den Löffel abgeben». Die Schlachtrufe aus dem Führungskader der Jungen sind unüberhörbar geworden.[3]

Ein Krieg Alt gegen Jung stehe bevor, erklären uns Journalisten, Buchautoren und Wissenschaftler unisono: Die *Welt* ruft den Kampf von «Generation Mißfelder gegen Generation Hüftgelenk» aus.[4]

«Unlösbare Verteilungskämpfe zwischen Alten und Jungen drohen das politische System der Bundesrepublik Deutschland zu erschüttern», so die dunkle Prophezeiung des bekannten Wirtschaftsprofessors Hans-Werner Sinn, Präsident des ifo-Instituts.[5] «Man muss heute den Generationenkonflikt nicht mehr beschwören, er ist da», warnt der Soziologe Reimer Gronemeyer in seinem Buch *Kampf der Generationen* und präsentiert uns ein düsteres Bild von der Zukunft: «Werden die Alten zu einer Bedrohung für die ökonomische, kulturelle und soziale Stabilität der modernen Gesellschaften? Aus der Frage wird bald eine trompetenklare Feststellung geworden sein. Unsere teuren Alten, die in Sonntagsreden gewürdigt werden, werden uns dann am Montag schon zu teuer geworden sein. Zu hohe Renten, überbordende Gesundheitskosten – ganz abgesehen von der Pflegekatastrophe, die jetzt schon an die Tür klopft.» Die drohende Vergreisung, so sagt der Soziologe voraus, werde die Republik in eine «umfassende Krise» stürzen, ein «soziales Erdbeben» stehe bevor.[6]

Das wahrscheinlich dramatischste Szenario eines bevorstehenden Krieges der Generationen malt der Publizist und Versicherungsberater Bernd W. Klöckner: Das Land werde in bürgerkriegsähnlichen Zuständen versinken, ein wütender Senioren-Mob durch die Straßen ziehen, Krankenkassen und Apotheken plündern und Politiker lynchen. «Jugend-Organisationen und Arbeitnehmervereinigungen versuchen fortwährend, Gesetzesentwürfe im Bundestag zu lancieren, die das Verkürzen der Grünphase bei Ampeln auf acht Sekunden gestattet, frei nach dem Motto: ‹Wer nicht mehr schnell genug laufen kann, verliert!›». Dem Versicherungsberater ist es ernst mit diesen Zeilen: «Irgendwann wird dieser Ernstfall eintreten, wenn die politischen Parteien nicht bald eine radikale Lösung auf den Tisch legen.» In seinen Büchern mit reißerischen Titeln wie *Die gierige Generation* oder *Schafft die Rente ab!* fordert er daher: Die Renten müssen radikal gekürzt werden, statt der gesetzlichen Rentenversicherung im solidarischen Generationenvertrag sollen die Menschen nur noch für sich selbst sparen.[7]

Das ZDF hat aus diesem Untergangsszenario einen dreiteiligen Film produziert, einen wahren Demografie-Krimi, in dem der «Aufstand der Alten» in das Jahr 2030 verlegt wird: Der Staat kann das Millionenheer an Rentnern nicht mehr finanzieren, deshalb werden die Alten in Massenheimen zusammengepfercht und mit Beruhigungsmitteln aus riesigen Tanks bis zu ihrem Ableben ruhiggestellt. In dem Film ziehen plündernde Alte durch die Straßen, überfallen Apotheken und rauben Banken aus.

Die finstere Untergangsvision von der Greisenrepublik ist nicht neu. Schon in den 1960er Jahren prophezeite der marktliberale Wirtschafts-Nobelpreisträger Friedrich August von Hayek: «Letzten Endes wird nicht die Moral, sondern die Tatsache, dass die Jungen die Polizei und das Militär stellen, … entscheiden: Konzentrationslager für die Alten, die sich nicht selbst erhalten können, werden wahrscheinlich das Schicksal einer alten Generation sein, deren Einkommen vollkommen von einer Zwangsausübung auf die Jüngeren abhängt.»[8] Polizeistaat und Hitler-Faschismus gegen die Vergreisung also?

Die Alten blasen zum Gegenangriff. Der Journalist Frank Schirrmacher, Herausgeber der *Frankfurter Allgemeinen Zeitung*, rief seine Altersgenossen dazu auf, einen Komplott zu schmieden, ein «Methusalem-Komplott», wie er es nennt, um gegen den «totalitären Rassismus» einer heraufziehenden Altenfeindlichkeit Front zu machen.[9] Der einflussreiche CSU-Politiker Alois Glück beklagte derweil die unzeitgemäße «Jugendfixierung» der Politik. Dadurch bestehe die Gefahr, dass sich die «dominante ältere Wählergruppe» nicht mehr angesprochen fühle. Deswegen müsse man auch im Landtag wieder die «richtige Mischung» der Altersgruppen finden (also: noch mehr Alte ins Parlament!).[10] Der frühere SPD-Chef Hans-Jochen Vogel, stattliche 81 Jahre alt, ist ebenfalls der Meinung, wir bräuchten mehr alte Abgeordnete in den Parlamenten, weil die Alten derzeit unterrepräsentiert seien.[11] Der Rentenlobbyist Walter Hirrlinger (82), langjähriger Chef des größten deutschen Sozialverbands VdK, erklärte: «Wir Alten sind 20 Millionen, und wir werden immer mehr. Wenn diese Regierung die Renten kürzt, werden wir ihr das bei den nächsten Wahlen heimzahlen.»[12] Nicht lange davor hatten Unionspolitiker indes schon Fußfesseln für Schulschwänzer gefordert.[13] Die bayerische Staatsregierung kürzte ihre Ausgaben für Umweltschutz, Jugendarbeit und Bildung, mit der Begründung, man dürfe der nachkommenden Generation keine Schulden vererben – ein Vorhaben, das die nachkommende Generation zu Zehntausenden auf die Straßen trieb und die größten Demonstrationen seit dem Irak-Krieg ins Rollen brachte.

Das Medianalter der Wahlbevölkerung liegt heute noch bei 47 Jahren und wird bis 2030 auf 54 Jahre steigen.[14] Jeder dritte Wähler hat schon heute seinen 60. Geburtstag hinter sich. In der CDU kletterte von 1990 bis 2007 der Anteil der über 60-Jährigen von 29 auf 48 Prozent, in der SPD von 25 auf 47 Prozent.[15] Bei der Linkspartei sind seit Jahren konstant um die 70 Prozent der Mitglieder älter als 60. Allein FDP und vor allem Grüne haben sich noch etwas jünger gehalten.[16] Angesichts der sich verändernden Altersstruktur warnte Altbundespräsident Roman Herzog: «Ich fürchte, wir sehen gerade die Vorboten einer Rentner-Demokratie: Die Älteren werden immer mehr, und alle Parteien nehmen überproportional Rücksicht auf sie. Das könnte am Ende in die Richtung gehen, dass die Älteren die Jüngeren ausplündern.»[17]

Die außerplanmäßige Rentenerhöhung, die von der großen Koalition als Wahlgeschenk durchgesetzt wurde, war für viele Beobachter das deutlichste Anzeichen für die wachsende Macht der Alten. Der Direktor des Hamburger Weltwirtschaftsinstituts, Thomas Straubhaar, kommentierte: «Zum ersten Mal hat die ältere Generation den Jüngeren gezeigt, wer im Land künftig das Sagen hat.» Der Parteienforscher Jürgen W. Falter sagte: «Künftig wird es weitere Zugeständnisse an Senioren geben. Immerhin stellen sie mehr als 50 Prozent der Wähler.» Otto Wulff, Chef der Senioren-Union, meldete sich zu Wort: «Wir Älteren sind selbstbewusster geworden und spüren unsere Macht. Gegen uns sind für eine Volkspartei keine Wahlen mehr zu gewinnen.»[18] Als der junge CDU-Politiker Jens Spahn die außerplanmäßige prozentuale Rentenerhöhung kritisierte – die immerhin zwölf Milliarden Euro kostete und reiche Rentner begünstigte –, erhielt er mehrere Morddrohungen, und Funktionäre der Senioren-Union kündigten an, seine Kandidatur bei der nächsten Wahl zu verhindern.[19] So sollte der Dialog der Generationen nicht aussehen.

Inzwischen wirkt das gesellschaftliche Klima zwischen Alt und Jung vergiftet. Eine zunehmende Polarisierung ist zu beobachten. «Diese Polarisierung dramatisiert die durchaus bestehenden Probleme und Konflikte in den Generationenverhältnissen in unzulässiger Weise», kritisiert die Enquete-Kommission des Deutschen Bundestages zum Demografischen Wandel und warnt, dass angesichts eines derartigen Untergrabens der Solidarität die junge Generation das Vertrauen in den Generationenvertrag verlieren und ein Generationenkonflikt heraufbeschworen werden könne.[20] Die Jungen müssen aufpassen, nicht zur verdrängten Generation zu werden.

Jung und Alt verstehen sich in Deutschland heute noch gut, allem Kriegsgetrommel zum Trotz. «Die Beziehungen zwischen den Generationen innerhalb der Familien sind so gut wie wohl kaum jemals zuvor, und die überwiegende Zahl der Menschen fühlt sich in ihren Familien wohl wie nie», belegt das vom Institut für Demoskopie Allensbach vorgelegte Generationen-Barometer 2006.[21] Der Soziologe und Generationenforscher Horst W. Opaschowski erklärt: «Viele Klischees vom Generationenkonflikt sind ohne empirische Basis. ... Das Dach über den Generationen ist nicht zerstört. Die soziale Katastrophe findet nicht statt. Und die Zukunft der Familie ist nicht am Ende – eher am Anfang einer neuen Sinnsuche.»[22]

Auch auf gesellschaftlicher Ebene gilt: Vom Aufkündigen der Solidarität mit der älteren Generation kann keine Rede sein. Eine im November 2007 durchgeführte repräsentative Forsa-Umfrage im Auftrag der arbeitgebernahen Initiative Neue Soziale Marktwirtschaft hat eindeutige und interessante Zahlen dafür geliefert: Den Generationenvertrag, also das Prinzip «Jung zahlt für Alt», halten 66 Prozent aller Bundesbürger grundsätzlich für gerecht. Überraschend ist, dass es die höchste Zustimmung zum Generationenvertrag bei der jüngsten Altersgruppe, den 14- bis 29-Jährigen, gibt (79 Prozent), die niedrigste Zustimmung bei den über 60-Jährigen (59 Prozent). Fragt man genauer nach, ob der Generationenvertrag auch dann noch gerecht ist, wenn statt drei nur noch zwei Erwerbstätige einen Rentner zu versorgen haben, stimmen dem Prinzip immer noch jeder zweite Jugendliche, aber nur jeder dritte Alte zu.[23]

Das heißt: Die Jungen fühlen sich mit den Alten solidarisch. Aber den Alten ist es unangenehm, von den Jungen versorgt zu werden, obwohl sie selbst ihre Elterngeneration versorgt haben.

Der Generationenkonflikt unterscheidet sich von herkömmlichen sozialen Konflikten. Hier geht es nicht um voneinander getrennt lebende gesellschaftliche Gruppen. Ob man zu den Armen oder zu den Reichen gehört, entscheidet sich wesentlich durch die soziale Herkunft, ob man zu den Frauen oder den Männern, zu den Schwarzen oder Weißen gehört, ist qua Geburt festgelegt. Die heute Jungen werden hingegen morgen alt sein, und die heute Alten waren früher selbst einmal jung. Die Psychologie der Generationen ist auf wechselseitige Harmonie angelegt. Deshalb glaubt der angesehene Altersforscher Paul B. Baltes, dass die Jugend im Alter die eigene Zukunft erkennen könne und entsprechend umsichtig handle. Die Jungen seien gar die Schutzmacht der Alten, weil sie selbst im Alter ebenso beschützt werden wollen. Die Alten dächten im Gegenzug «intensiv an die nachfolgenden Generationen» und seien bereit, «durch Bescheidung zu deren Wohlfahrt beizutragen.» Daher werde es «nie zu einem wirklichen Krieg der Generationen kommen».[24]

Wer aber Streit und Pessimismus sät, der erntet Misstrauen und Zukunftsangst: Auf der Makroebene ist das Generationenverhältnis zunehmend belastet. Die Jugend von heute ist eine «pragmatische Generation unter Druck». Sie hat zwar immer noch ein sehr positives Bild von der Zukunft, doch dieser Optimismus wird eingeschränkt, wo keine Aufstiegsmöglichkeiten mehr gesehen werden. Wir haben keine langfristige Perspektive mehr. Die Shell-Studie stellt fest:[25]

- Die Hälfte der Jugendlichen bezeichnet das Generationenverhältnis als «angespannt».
- 27 Prozent erwarten eine zukünftige Verschlechterung im Verhältnis der Generationen.
- Zwei Drittel der Jugendlichen sehen im Altern ein Problem für die Gesellschaft.
- Ebenfalls zwei Drittel glauben, dass die staatlichen Gelder zum größten Teil an die Alten verteilt werden.
- Für 45 Prozent der Jugendlichen ist es wahrscheinlich, dass die staatlichen Leistungen an die Alten steigen werden, während mit 91 Prozent fast alle Jugendlichen glauben, selbst später weniger Rente zu bekommen.

Bei einer Infratest-Umfrage[26] befürchtete mehr als die Hälfte der 18- bis 29-Jährigen, dass die Alten ihre politischen Interessen in Zukunft stärker durchsetzen werden können, und drei Fünftel glaubten, dass daraus ein Generationenkonflikt entstehen könnte.

Die pessimistischen Zukunftsaussichten stehen mit dem zunehmenden Abbau des sozialen Netzes in Zusammenhang. Die junge Generation ist immer schlechter sozial abgesichert als die Generation ihrer Eltern und fühlt sich als Verliererin im Konflikt um die Verteilung der gesellschaftlichen Ressourcen. Den Aufstand proben wir Jungen aber nicht gegen die Alten – sondern gegen einen politischen Zustand.

Und dennoch werfen Politiker und Journalisten jede Woche einen neuen Sprengsatz zwischen Jung und Alt. Der Kommentarchef der *Financial Times Deutschland*, Christian Schütte, schlug angesichts der fahrlässigen Generationen-Rhetorik vor, das Wort «Generationengerechtigkeit» zum Unwort des Jahres zu erklären.[27] Der Krieg der Generationen wird zur *self-fulfilling prophecy*, zu einer sich selbst erfüllenden Prophezeiung, wenn das Vertrauen in den Generationenvertrag systematisch untergraben wird.

Die Fronten in der Schlacht um Generationengerechtigkeit sind inzwischen derart ideologisch verhärtet, dass ein nüchterner Austausch über den Kern von Generationengerechtigkeit kaum mehr möglich ist, ohne zunächst viel Diplomatie und Zeit darauf zu verwenden, Vorurteile und Denksperren aus dem Weg zu räumen. Auf der einen Seite stehen die marktnahen, «neoliberalen» Zeitgeister, die den Sozialstaat schleifen wollen und das Leitbild der Generationengerechtigkeit als moralischen Anstrich ihrer politischen Pläne vor sich hertragen; auf der anderen Seite ist das gewerkschaftsnahe, «linke» politische Spektrum verortet, das jede Auseinandersetzung mit dem Thema verweigert. Zwischen diesen beiden Fronten entspannt sich eine hitzige Debatte, die medial als Krieg inszeniert wird. «Bei all der Angst, der Wut, den verkürzten Parolen und Angriffen bleibt wenig Raum für eine konstruktive, lösungsorientierte Debatte», kritisiert der Nachhaltigkeitspolitiker Marco Bülow. «Zunächst müssen wir die Debatte versachlichen und dafür sorgen, dass alle Generationen das Problem solidarisch angehen», wünscht sich der junge SPD-Parlamentarier.[28]

Was wir also zuallererst von der Politik erwarten sollten, ist das Ende der ideologischen Grabenkämpfe. Das Wohl unserer Kinder sollte uns zu wichtig sein, um es im politischen Tagesgeschäft zu missbrauchen. Die Demontage der sozialen Systeme muss aufhören und die Jugendlichen müssen mehr politische Mitspracherechte erhalten, um in einer alternden Gesellschaft nicht unterzugehen. Dazu will dieses Buch einen Beitrag leisten: Denn das Zukunftsversagen unserer Gesellschaft ist eine zu ernste Gefahr, als dass wir einfach so weitermachen können wie bisher.

## Unser Zukunftsversagen

Mit unseren wachsenden Möglichkeiten, die Zukunft zu beeinflussen und die künftigen Lebensbedingungen zu bestimmen, wächst auch unsere Verantwortung, für kommende Generationen Sorge zu tragen. Obwohl ein «Kampf» oder gar «Krieg» zwischen Jungen und Alten definitiv nicht bevorsteht, werden auf gesellschaftlicher Ebene die Konflikte um die Verteilung des Reichtums drängender. Dies gilt unabhängig von all den Absurditäten, die von selbsternannten Verfechtern einer rhetorisch instrumentalisierten Generationengerechtigkeit verbreitet werden – denn die wahren Generationenkonflikte sehen anders aus, als viele glauben oder uns glauben machen. Hinter dem politischen Missbrauch des Begriffs der «Nachhaltigkeit» oder der «Generationengerechtigkeit» verbirgt sich ein fundamentales Zukunftsversagen unserer Gesellschaft. Wir hinterlassen den nachrückenden Generationen ein schweres Erbe:

- *Demografie:* Die Alterung und Schrumpfung der Bevölkerung birgt Risiken für die Funktionsfähigkeit der Sozialversicherungen ebenso wie für die Bezahlbarkeit der Infrastruktur, die Tragbarkeit der Staatsverschuldung und die Produktivität und Innovationsfähigkeit unserer Volkswirtschaft. Ohne Anpassungsmaßnahme wird die demografische Verschiebung die junge Generation hart treffen.
- *Familie:* Unsere Gesellschaft macht es jungen Paaren schwer, eine Familie zu gründen, und nimmt es hin, dass Kinder in sozialer Ungerechtigkeit aufwachsen. Unser Wirtschaftssystem und unser staatliches Transfersystem verhalten sich strukturell rücksichtslos gegenüber Familien mit Kindern. Für Eltern bedeuten Kinder heutzutage sozialer Abstieg bis ins Rentenalter und sie sind das größte Armutsrisiko, vor allem für Frauen. Laut UNICEF leben zehn Prozent aller Kinder in Deutschland in Haushalten mit weniger als der Hälfte des Durchschnittseinkommens.[29]
- *Sozialversicherungen:* Die Systeme sozialer Sicherung – insbesondere die Renten- und Gesundheitsversicherung – werden durchsetzt, der solidarische Generationenvertrag wird demontiert. Die heute junge Generation kann nicht mehr auf die soziale Absicherung vertrauen wie noch ihre Elterngeneration. Zugleich muss sie aber höhere Beiträge für die eigene Absicherung aufbringen.

- *Staatsfinanzen:* Der staatliche Schuldenberg und die Zinsbelastungen wachsen, während an Zukunftsinvestitionen gespart wird. Das schränkt die Gestaltungsfreiheit für künftige Generationen ein: Die Steuerzahler von morgen müssen die Zinsen der Schulden von gestern und heute zahlen, ohne dass ihnen ein Gegenwert z. B. in Form einer modernen Infrastruktur oder einer innovativen Forschung mitgegeben worden wäre.
- *Arbeit:* Auf dem Arbeitsmarkt droht die junge Generation in prekäre Verhältnisse abzurutschen. Durch den um sich greifenden Missbrauch von un- oder unterbezahlten Scheinpraktika und anderen prekären Beschäftigungsformen werden reguläre Jobs wegrationalisiert. Wegen zahlreicher Altersprivilegien werden junge Leute mit schlechteren Löhnen und schlechterer sozialer Sicherung abgespeist. Auf den Fluren der Arbeitsagenturen warten junge Menschen auf Ausbildung und Arbeit – sie warten auf ihre Zukunft. Die ökonomische Perspektivlosigkeit prägt das Lebensgefühl einer ganzen Generation.
- *Bildung:* Das Bildungssystem kann die für die jungen Menschen in Zukunft wichtigen Kenntnisse und Fähigkeiten nicht vermitteln. Unsere Kinder lernen zu wenig – und zum Teil das Falsche. Sie werden nicht auf das Leben vorbereitet. Zusätzlich sorgt die hohe soziale Selektionswirkung unserer Bildungseinrichtungen dafür, dass die Zukunft eines jungen Menschen nicht davon bestimmt wird, was er im Kopf hat, sondern was die Eltern im Geldbeutel haben. Zugleich entzieht sich die mittlere Generation zunehmend ihrer Verpflichtung aus dem Generationenvertrag, für die Bildung der jungen Generation aufzukommen: Der Rotstift regiert die Bildungsfinanzierung, Chancengleichheit mutiert mit der Einführung von Büchergeld und Studiengebühren zur Leerformel.
- *Umwelt:* Das fossil-atomare Energiesystem aus Kohle, Öl, Gas und Atom ist die schwerste Hypothek für künftige Generationen. Unsere ökologische Staatsverschuldung wiegt tausendmal mehr als unsere finanzielle Staatsverschuldung. Wir hinterlassen einen aufgeheizten Planeten mit einem fragilen Klima, geplünderten Rohstoffen, einer vernichteten Artenvielfalt und strahlendem Atommüll. Wir haben die natürlichen Lebensgrundlagen für Jahrtausende geschädigt. Die Grenzen dieses Wachstums auf Kosten der Umwelt sind nicht nur erreicht – sie sind überschritten. In meinem

Buch *Die Energiefalle. Ein Rückblick auf das Erdölzeitalter* habe ich ausführlich beschrieben, auf welche Risiken und Schäden wir uns mit dem fossil-atomaren Energiesystem einlassen. Eine Trendwende zu einer Vollversorgung aus Erneuerbaren Energien ist nicht nur technisch und wirtschaftlich möglich, sondern auch ethisch geboten, wenn wir unseren Nachkommen eine Welt ohne Mangel hinterlassen wollen.

– *Demokratie:* Fast 14 Millionen junge Menschen werden heute allein wegen ihres Alters willkürlich von demokratischer Mitsprache ausgeschlossen. Nur weil sie jünger als 18 Jahre sind, wird ihnen das Wahlrecht verweigert. Hätten auch Kinder und Jugendliche eine Stimme, bliebe dies kaum ohne Auswirkungen auf das Verhalten der Entscheidungsträger. Ebenso würde auf diese Weise das fundamentale Defizit unserer Demokratie, nämlich der Ausschluss eines beträchtlichen Teils des Staatsvolkes von der politischen Partizipation, beseitigt.

Diese Bilanz zeigt, dass wir massiv auf Kosten der Zukunft leben. Unser Zukunftsversagen hat zum Teil strukturelle Ursachen, denn in einem parlamentarischen System reicht der Denkhorizont der Mandatsträger meist nur bis zur nächsten Wahl. Ein Denken in Jahrzehnten, Jahrhunderten oder Jahrtausenden (der deutsche Atommüll ist noch in einer Million Jahren tödlich) wird dadurch erschwert. Wir müssen uns auf die Suche nach einem Regulativ machen, das die Rechte und Interessen nachrückender Generationen in unserer parlamentarischen Demokratie besser schützt. Wir brauchen einen Aufstand der Jungen gegen die Ungerechtigkeit – einen Aufstand, der sich nicht gegen die Alten richtet, sondern gegen einen unfairen Zustand, und ein Recht auf Mitsprache und eine Wende zur Nachhaltigkeit erstreitet.

## Nachhaltigkeit als Modewort

Nachhaltigkeit ist in aller Munde: Jeder Politiker, Unternehmer, Umweltaktivist, Journalist, Wissenschaftler oder Lobbyist fühlt sich heute berufen, über nachhaltige Entwicklung, nachhaltige Reformen, nachhaltige Umwelt-, Wirtschafts-, Renten-, Finanz- oder Familienpolitik (oder jeden anderen beliebigen Politikbereich) zu sprechen. Inzwischen tauchen sogar ernst gemeinte Forderungen auf, eine «nachhaltige Nachhaltigkeit» zu entwickeln,[30] und Bundestagsabgeordnete fordern, ein eigenes Ministerium für Nachhaltigkeit einzurichten.[31] «Nachhaltigkeit» taucht in verblüffenden Kontexten auf:

- Ein FDP-Spitzenpolitiker erklärt: «Die falsche Steuererhöhungspolitik der Bundesregierung lastet auf der Konjunktur und hat die Menschen nachhaltig verunsichert.»[32]
- Ein Marketing-Buch trägt den Titel: «Kunden begeistern und nachhaltig binden».[33]
- Der *Spiegel* berichtet über die Fußball-WM in Deutschland: «Franz Beckenbauer ist optimistisch, dass die WM eine nachhaltige Wirkung haben wird».[34]
- Ein Dozent nach einem Vortrag: «Vielen Dank für Ihre nachhaltige Aufmerksamkeit!»
- Auf einer Zahncremepackung: «Reinigt zuverlässig, beugt Karies nachhaltig vor»

Ist «Nachhaltigkeit» nicht mehr als ein schmückendes Beiwort, ein Leitbild ohne Bild?[35] Sind wir uns überhaupt klar darüber, was sich hinter dem schillernden Begriff der «Nachhaltigkeit» verbirgt? Muss es nicht verwundern, dass sich Politiker aller Couleur zum gleichen politischen Leitbild bekennen und dass Konzernchefs genauso wie Umweltschützer, Ärztelobbyisten und katholische Sozialethiker von «Nachhaltigkeit» sprechen?[36]

Meistens ist mit «nachhaltig» tragfähig, wirksam oder dauerhaft gemeint. Der Begriff erklärt sich nicht von selbst, daher wird nach einem gültigen Begriffsverständnis der Nachhaltigkeit gesucht – und viele Akteure bemühen sich mit viel Kraftaufwand darum, uns ihre Sicht der Dinge einzuimpfen. «Der Kern des Begriffs wurde dabei aufgeweicht und entwertet», klagt Marco Bülow. «Natürlich ist niemand gegen ‹Nachhaltigkeit›, alle wollen sich nachhaltig entwickeln

– aber bitte gemäß der eigenen Definition ... Industrieverbände, umwelt- und entwicklungspolitische Gruppen und Gewerkschaften vertreten jeweils ein anderes Konzept der Nachhaltigkeit. Der Begriff wird immer häufiger als bloßes Marketing-Instrument missbraucht. ... Nicht überall, wo Nachhaltigkeit draufsteht, ist auch Nachhaltigkeit drin.»[37]

Wenn der Manager eines Atomkonzerns von «nachhaltiger Energiepolitik» redet, dann meint er damit offenbar etwas völlig anderes, als wenn ein Umweltaktivist des Naturschutzbundes Nachhaltigkeit fordert. Wenn ein konservativer katholischer Kardinal von «nachhaltiger Familienpolitik» spricht, dann hat er wohl nicht dasselbe vor Augen wie eine sozialdemokratische Ministerin. So verschieden die Akteure der Nachhaltigkeitsdebatte sind, so verschieden sind die Interpretationen des Begriffs. «Offenbar ist es möglich, sich mit unterschiedlichen Absichten, Interessenlagen und Wertorientierungen auf das Konzept einer nachhaltig zukunftsfähigen Entwicklung zu beziehen. Infolgedessen besteht die Gefahr, dass der Nachhaltigkeitsbegriff der Beliebigkeit anheim gegeben wird», merkt eine Expertenkommission des Bundestages kritisch an.[38]

In weiten Teilen der Bevölkerung ist das Leitbild Nachhaltigkeit eher unbekannt als anerkannt. Umfragen zufolge sagen lediglich 15 Prozent der Bevölkerung, ihnen sei der Begriff Nachhaltigkeit geläufig, tatsächlich beschreiben können ihn noch weniger. Nur sieben Prozent können ihn in Verbindung mit dem Schlüssel-Dokument der Agenda 21 bringen.[39] Die Wissensdefizite sind dem inflationären rhetorischen Einsatz des Begriffs geschuldet, der ihn entwertet und zur leeren Formel degradiert hat. Der Vorsitzende des Nachhaltigkeitsrates der Bundesregierung, Dr. Volker Hauff, hat den Eindruck, «manche verwechseln ‹nachhaltig› mit ‹nachdrücklich›, so penetrant verkaufen sie ihre unveränderten Lobby-Interessen unter dem Plakat der Nachhaltigkeit. Für sie ist Nachhaltigkeit nur eine intellektuelle Semantik-Übung. Sie missbrauchen den Begriff ‹Nachhaltigkeit› als semantischen Goldstaub, hinter dem sie die stets gleich bleibende, strukturkonservative Besitzstandswahrung verstecken wollen.»[40]

Nachhaltigkeit hat Hochkonjunktur. Inzwischen sind international weit mehr als 5000 Definitionen von *sustainable development* veröffentlicht,[41] im deutschsprachigen Raum kursieren über 300 Definitionen, und fast täglich kommen neue hinzu.[42] Die meisten davon sind schwammig und können auf alles ausgedehnt werden, was irgendwie nach Friede, Freude, Eierkuchen klingt. Da ist es kein Wunder, wenn inzwischen selbst grüne Politiker ihr Unbehagen an diesem «schrecklichen Begriff» (Jürgen Trittin)[43] äußern. Auch die Definition der Bundesregierung gibt keinen Aufschluss: «Es geht darum, für jedermann, jetzt und in der Zukunft, eine gute Lebensqualität zu erhalten und womöglich zu verbessern. Jeder soll die Möglichkeit haben, sein Leben in die Hand zu nehmen, zu lernen und zu arbeiten, Verantwortung für andere zu übernehmen und eingebettet in ein Netz sozialer Beziehungen in einer gesunden und sicheren Umwelt zu leben.»[44]

Eine solch breite Sichtweise lässt viel Spielraum für beliebige Interpretationen; letztlich kann alles, was als wünschenswert erachtet wird, unter dem Nachhaltigkeitsbegriff subsumiert werden. Es ist daher kaum erstaunlich, dass die Nachhaltigkeitsstrategie der Bundesregierung einen langen Themenkatalog aufmacht: Neben Generationengerechtigkeit erhebt sie sozialen Zusammenhalt, Lebensqualität und internationale Verantwortung zu den vier Koordinaten der Nachhaltigkeit. Themen wie Staatsverschuldung und Umwelt tauchen ebenso auf wie Wirtschaftswachstum, Ernährung, Gesundheit, Kriminalitätsbekämpfung, Gleichberechtigung zwischen Frauen und Männern, Arbeitslosigkeit, Integration von Ausländern, Entwicklungshilfeausgaben und die Öffnung internationaler Märkte. Die Nachhaltigkeitsstrategie erhält dadurch den Status einer bunten politischen Wunschliste, ein Sammelsurium von Ideen für eine irgendwie bessere Welt.

Daher zog die Nachhaltigkeitsstrategie nach ihrer Veröffentlichung harsche Kritik auf sich. «Die Heterogenität der Zielstruktur, die die gesamte Breite ökologischer, ökonomischer und sozialer Zielsetzungen umfasst, mag einer allgemeinen Zukunftsprogrammatik gerecht werden. Eine Strategie nachhaltiger Entwicklung wird durch eine solch heterogene Zielstruktur jedoch konturlos», bemängelte der Sachverständigenrat für Umweltfragen und kritisierte die «Begriffsauflösung» scharf, die mit der in Rio verabschiedeten Agenda 21 kaum zu vereinbaren sei. Insbesondere gerate die Umwelt derart aus dem Blickfeld, dass mit dem Argument wirtschaftlicher Nachhaltigkeit allerlei Geschütze gegen den Umweltschutz aufgefahren werden könnten.[45] «Warum das Konvolut mit dem Nachhaltigkeitsetikett geadelt wurde, ist auf den ersten Blick kaum ersichtlich», urteilte auch der Wissenschaftsjournalist Fritz Vorholz in der *Zeit*. Das Papier liste alle erdenklichen Gesetze der Bundesregierung unter dem großen Oberbegriff der Nachhaltigkeit auf. Nachhaltigkeit werde mehr und mehr zu einem Gummiwort, unter dem schlicht genau das verstanden werde, was die aktuelle Regierung zufällig gerade an Politikvorhaben betreibe.[46]

Die Strategie läuft seitdem neben dem politischen Apparat her und wirft kaum praktisch-politischen Nutzen ab. Mit der Festlegung messbarer Indikatoren und der Berichtspflicht der Ministerien ist die deutsche Strategie allerdings zumindest prozesstechnisch recht anspruchsvoll, wenngleich die Auswahl der Indikatoren inhaltlich teilweise fragwürdig bleibt (wie beispielsweise Nachhaltigkeit anhand der Zahl der Wohnungseinbruchsdiebstähle gemessen werden soll, scheint fraglich). Die Schwächen der Strategie mögen auch daher rühren, dass das Papier mit heißer Feder geschrieben werden musste: Die Bundesregierung ist ihrer bei den Vereinten Nationen eingegangenen Verpflichtung, einen nationalen Aktionsplan vorzulegen, nicht rechtzeitig nachgekommen und musste daher unter hohem Zeitdruck eine Strategie erarbeiten, die gerade noch rechtzeitig zum UN-Weltgipfel in Johannesburg 2002 veröffentlicht werden konnte.

Eine Analyse der Wahlprogramme der großen Parteien in Deutschland belegt einen ähnlichen Trend. In allen Wahlprogrammen tauchen die Vokabeln «Nachhaltigkeit» und «Generationengerechtigkeit» häufiger auf als noch vor einigen Jahren. Ob allerdings mit der veränderten Wortwahl auch wirklich ein Politikwechsel einhergeht, dürfte mehr als fraglich sein.[47] Der Begriff wird auch hier als Schlagwort in den vielfältigsten Zusammenhängen verwendet. Häufig dient er allein dazu, eine bestimmte Maßnahme besonders hervorzuheben oder mit einem schmückenden Adjektiv zu versehen: So fordert etwa die CDU/CSU eine «nachhaltige Verbesserung des Meister-Bafög», die «nachhaltige Gestaltung einer humanen Zukunft» oder «nachhaltige Sicherung von Frieden, Freiheit und Sicherheit in ganz Europa». Die FDP fordert eine «nachhaltige und dauerhafte Senkung der Lohnzusatzkosten», eine «nachhaltige Stärkung deutscher Außenrepräsentanz» und eine «nachhaltige Verringerung des Drehtüreneffekts in der Suchtpolitik».[48] Die SPD bringt Nachhaltigkeit in den Zusammenhang mit Kommunalpolitik und Aufbau Ost, die Linke spricht von Nachhaltigkeit bezüglich des Arbeitsmarktes, der Steuern, der inneren Sicherheit und der Landwirtschaft, die Grünen beispielsweise hinsichtlich der wirtschaftlichen Dynamik, Oppositionsarbeit und Unternehmenspolitik.

Der Diskurs wird durch Trends, Rhetorik, Füllwörter, Absichtsbekundungen und politisches Agenda-Setting überfrachtet und um beliebige Dimensionen und Spezialthemen erweitert. «Nahezu alles, was man an Maßnahmen und Zielen definieren kann, lässt sich bei entsprechendem rhetorischen Talent nun unter der Flagge der Nachhaltigkeit präsentieren», kritisiert der Direktor der Stiftung für die Rechte zukünftiger Generationen, Dr. Jörg Tremmel, in seiner wegweisenden Untersuchung *Nachhaltigkeit als politische und analytische Kategorie* und fügt hinzu: «Jeder politische Akteur kann ‹Nachhaltigkeit› als Blaupause betrachten, in die er sein politisches Programm einträgt.»[49] Der Schutz des Weltklimas lässt sich offenbar genauso gut mit Nachhaltigkeitsargumenten begründen wie die heimische Kohleförderung oder niedrige Energiepreise. «Es besteht ... die Gefahr, dass diese Begriffserweiterung wenig oder sogar nichts zur Systematisierung des Gerechtigkeitsdiskurses beiträgt, dass es sich um rhetorische Leerformeln handelt», warnt auch der Berliner Sozialethiker Dr. Axel Bohmeyer.[50]

Der Nachhaltigkeitsbegriff tendiert zu einer Offenheit und Unbestimmtheit, die das Leitbild der Nachhaltigkeit zu verwässern und durch inflationären Gebrauch zu entwerten droht. Einige Kritiker würden das Konzept der Nachhaltigkeit sogar gerne ganz aufgeben, weil es ihrer Meinung nach nichts Neues bringt, zu vage ist und analytisch mehr verdeckt, als es aufklären kann.[51]

Es braucht daher klarere Definitionen und konkrete Kriterien, um zu wissen, was eigentlich gemeint ist, wenn wir von Nachhaltigkeit reden. Eine bewusste Beschränkung, philosophische Plausibilisierung und praxistaugliche Operationalisierung sind daher unumgänglich, will man dem Begriff der Nachhaltigkeit Sinn einhauchen.

## Nachhaltigkeit als Kampfbegriff

Der politische und gesellschaftliche Diskurs der Nachhaltigkeit und der Idee der Generationengerechtigkeit polarisiert sich in zwei Extrempositionen: Die Katastrophen- und Kriegsrhetorik («Das Methusalem-Komplott» oder «Die gierige Generation») steht der Ignoranz- und Verweigerungshaltung («Die Renten sind sicher») gegenüber. Beides ist verfehlt und geht weit am Kerngedanken der Nachhaltigkeit vorbei.

Viele Lobbyisten und Politiker klagen mit erhobenem moralischem Zeigefinger über das Abschieben von Lasten auf unsere Kinder und fordern weniger Staat, einen radikalen Sparkurs, Streichungen der sozialen Leistungen bei Rente, Pflege und Gesundheit und mehr private Eigenvorsorge. Die Interessen künftiger Generationen werden dabei oft lediglich als Argumentationsfigur verwendet, um mit dieser Sekundärbegründung politische Projekte durchzusetzen, die aus ganz anderen Gründen favorisiert werden. Doch unsere Kinder werden sich nicht über gekappte Renten und Gesundheitsleistungen, einen Sparkurs bei den Staatsfinanzen und einen allgemein weniger präsenten Staat freuen. Der Verdacht liegt nahe, dass das Leitbild der Generationengerechtigkeit missbraucht wird, um politische Vorhaben zu legitimieren, die ansonsten schwer durchsetzbar wären, ohne dabei wirklich im Sinne nachrückender Generationen handeln zu wollen. Der ex-grüne Haushaltsexperte Oswald Metzger erklärt sogar offen, dass er nur deshalb mit den Interessen künftiger Generationen argumentiert hat, um für seinen restriktiven haushaltspolitischen Kurs mehr Unterstützung innerhalb der Grünen zu gewinnen.[52]

Das Modell der «drei Dimensionen» der Nachhaltigkeit, ein Drei-Säulen-Konzept, das beispielsweise der Industrieverband BDI vertritt,[53] sollte ursprünglich vermitteln, dass ökologische Vernunft mit sozialer Gerechtigkeit und wirtschaftlicher Effizienz vereinbart werden kann. Nachhaltigkeit wird allerdings nicht mehr als Schutz des natürlichen Lebensraums verstanden, der die Grundlage für wirtschaftliche Aktivitäten und sozialen Ausgleich bildet. Vielmehr wird der Begriff im Sinne der Vorstellung umgedeutet, dass ökologische, wirtschaftliche und soziale Aspekte ausgewogen zu beachten seien –

und im Zweifel die Umwelt verliert. Das Drei-Dimensionen-Modell hat sich auf diese Weise «mittlerweile als große (und wohl auch vorsätzliche) Irritation herausgestellt», wie Beobachter des Nachhaltigkeitsdiskurses monieren: «Es geht eben nicht darum, dass ökonomische, soziale und ökologische Interessen wie in Tarifverhandlungen abgeglichen werden, wie es die Dreiecksrhetorik nahelegt, sondern darum, das Natursystem als Grundlage unserer Existenz zu verstehen.»[54]

Die Interessen sind klar: Ökologische Ziele sollen mit dem Nachhaltigkeitsargument unterlaufen werden. So können ehrgeizige Klimaschutzpläne aufgeweicht werden, indem auf das allgemein akzeptierte Leitbild der Nachhaltigkeit verwiesen wird. Niedrige Energiepreise etwa seien im Sinne wirtschaftlicher Nachhaltigkeit, die es gleichwertig zu ökologischen Zielsetzungen zu beachten gelte. «Grundlage des Handelns ist das Leitbild einer nachhaltigen Entwicklung, die eine Balance schafft zwischen Wirtschaftlichkeit, Versorgungssicherheit und Umweltverträglichkeit», heißt es beispielsweise beim Atom- und Kohlekonzern RWE,[55] der sich als «nachhaltigstes Unternehmen Deutschlands» profiliert,[56] obwohl er der größte Klimasünder Europas ist[57] und unseren Nachkommen noch dazu strahlenden Atommüll vererbt. Ähnlich argumentiert das Deutsche Atomforum, der Lobbyverband der Atomindustrie, in einem Flugblatt mit dem Titel *Kernenergie im nachhaltigen Energiemix:* «Eine zukunftsfähige Energiepolitik muss sich an der Strategie der Nachhaltigkeit ausrichten und dem energiepolitischen Zieldreieck aus Wirtschaftlichkeit, Versorgungssicherheit und Umweltverträglichkeit gleichermaßen gerecht werden. So steht das Leitbild einer nachhaltigen Entwicklung auch für eine Begrenzung von ökonomischen Belastungen.»[58] Nachhaltigkeit bedeutet demnach also nicht mehr, die Rechte künftiger Generationen zu schützen, sondern wirtschaftlichen Interessen bei der Umweltpolitik nachzugeben. Die Lufthansa wirbt mit dem Slogan «Nachhaltigkeit bei Lufthansa» in ganzseitigen Zeitungsanzeigen: «Unser Ziel ist es, durch nachhaltiges Wirtschaften die Balance zu halten zwischen ökonomischen, ökologischen und sozialen Interessen.»[59] Ähnlich gelten auch in der Tourismusbranche die «optimale Befriedigung der Kundenwünsche» und «subjektives Wohlbefinden» als Parameter für nachhaltigen Tourismus.[60]

Eine Vielzahl von Akteuren versucht derzeit, den Nachhaltigkeitsbegriff gemäß ihrer Interessen zu besetzen – was aufgrund der Uneindeutigkeit und Präzisionsschwäche des Nachhaltigkeitsbegriffs nicht überrascht, meint der Sachverständigenrat für Umweltfragen.[61] Wer es schafft, dermaßen breit akzeptierte Leitbilder mit seinen interessengeleiteten Inhalten zu füllen, der kann seine Inhalte auch durchsetzen: «Früher kam es darauf an, die Schlachtfelder des Gegners zu besetzen, heute muss man seine Begriffe besetzen», bekundete einmal Heiner Geißler, der frühere CDU-Generalsekretär.[62] «Wer die Sprache beherrscht, beherrscht die Menschen», wusste bereits der bedeutende Soziologe Helmut Schelsky.[63]

Der Hinweis auf kommende Generationen ist zur rhetorischen Formel verkommen, die Meinungsmacher gern dann verwenden, wenn sie eine bestimmte Politik moralisch rechtfertigen und unbequeme Widerstände beiseiteschieben wollen. Der ehemalige Leiter der Umweltabteilung der Weltbank, der US-Ökonom Herman E. Daly, kritisiert: «Obwohl sich immer mehr ein politischer Konsens darüber herausbildet, dass so etwas wie ‹nachhaltige Entwicklung› erstrebenswert sei, ist dieser Begriff – von vielen in Anspruch genommen und an manchen Stellen sogar schon institutionalisiert – immer noch gefährlich vage. Vordergründige Übereinstimmung verdeckt einen Kampf um die genaue Bedeutung von ‹nachhaltiger Entwicklung›, einen Kampf, in dem die Einsätze hoch sind. ... Nachhaltige Entwicklung ist ein Begriff, dem jede und jeder positiv gegenübersteht, aber niemand ist sich sicher, was damit gemeint ist. (Es klingt in jedem Fall besser als ‹nicht-nachhaltige Nichtentwicklung›.) ... Breite Zustimmung zu einem großteils nicht definierten Ausdruck liefert die Voraussetzung für eine Situation, in welcher derjenige, der dem Ausdruck seine Definition anheften kann, automatisch eine wichtige politische Schlacht um Einfluss auf unsere Zukunft gewinnt.»[64]

Selbsternannte Anwälte künftiger Generationen betreiben zum angeblichen Wohl unserer Kinder eine massive Kampagne für Sozialabbau und Wirtschaftsinteressen. Kritiker monieren, die Leitbilder Generationengerechtigkeit und Nachhaltigkeit würden als politische Kampfbegriffe eingesetzt, um soziale Konflikte zwischen Arm und Reich zu kaschieren, indem Konflikte zwischen Jung und Alt inszeniert werden.[65] Die Diskussion um Generationengerechtigkeit sei eine Schimäre, mit dem einzigen Zweck, neoliberale Politikmuster mit der Moralkeule durchzusetzen. Die Debatte «lenkt ... von den eigentlichen Problemen und Konfliktlinien, insbesondere der ungerechten Einkommens- und Vermögensverteilung, eher ab», erklärt der Politikwissenschaftler Christian Butterwegge.[66] «Unter dem Kampfbegriff ‹Generationengerechtigkeit› wird derzeit eine Debatte geführt, die mit Zielen und Werten sozialdemokratischer Politik nichts zu tun hat», stimmt der junge SPD-Parlamentarier Florian Pronold zu: «In erster Linie dient diese Argumentation als Begründung für den Abbau der solidarischen Elemente und letztlich der Privatisierung der sozialen Sicherungssysteme. ... Der Kampfbegriff dient also auch hier der Durchsetzung eines neoliberalen Politikmodells.»[67] Der ehemalige bayerische Juso-Chef Thomas Goger pflichtet bei: Das Etikett Generationengerechtigkeit sei «nur ein ideologisches Konstrukt zur Verschleierung tatsächlicher und real existierender Interessenlagen», mit dem «nur die ebenso altbekannte wie altbackene Umverteilungspolitik von Unten nach Oben unters Volk gebracht werden soll».[68] Selbst Altbundespräsident Johannes Rau nahm bei einer Ansprache an junge Leute das Thema auf: «Die Rede von der Generationengerechtigkeit klingt zunächst sehr einleuchtend, ja sie hat etwas Gewinnendes. Sie ist aber dann problematisch, wenn der Eindruck erweckt wird, hier liege der Schlüssel zur Lösung aller Fragen. Dann wirkt sie wie ein Zauberwort, mit dem inzwischen fast alles begründet oder abgelehnt werden kann, wenn es um Fragen der gesellschaftlichen Verteilung geht. Nach meinem Eindruck ist der Begriff ‹Generationengerechtigkeit› zu einem Schlagwort geworden, das Probleme stärker verdeckt als offenlegt. In unsere Debatten darf sich vor allem nicht die vereinfachende Behauptung einschleichen, uns stehe ein ‹Krieg der Generationen› bevor. Diese Behauptung ist giftig, und sie wirkt auch so. Das ist ein Schlagwort, das Schaudern macht. Niemand sollte es leichtfertig verwenden. ... Zwei Herausforderungen stehen für mich im Hintergrund des Redens von der Generationengerechtigkeit: Zum einen müssen wir mehr dafür tun, dass der Kuchen des Erwirtschafteten größer wird, dafür also, dass mehr verteilt werden kann. Zum anderen müssen wir mit unserer Form des Wirtschaftens und des Konsumierens noch viel mehr Rücksicht nehmen auf die Zukunft unserer Kinder und Kindeskinder.»[69]

Viele Beobachter kommen zu dem Schluss, eine Theorie der Generationengerechtigkeit sei an sich nicht erforderlich. Künftige Generationen hätten keine einheitlichen Interessen, zu deren Anwalt man heute werden könne. Einige Philosophen behaupten sogar, eine Theorie der Generationengerechtigkeit sei ganz und gar unmöglich.[70] Schließlich würden künftige Generationen derzeit gar nicht existieren, und was nicht existiert, könne auch keine Rechte haben.

Müssen wir uns überhaupt um künftige Generationen sorgen? Die meisten von uns werden dem bereits intuitiv zustimmen. Schon seit jeher war es der Wunsch aller Mütter und Väter, dass es ihren Kindern einmal besser gehe, zumindest nicht schlechter.

Wenn wir also akzeptieren, dass wir eine ethische Verantwortung für das Wohlergehen unserer Nachkommen haben, obwohl sie zum Teil noch gar nicht geboren sind, dann haben wir Pflichten gegenüber künftigen Generationen. Im Umkehrschluss bedeutet das: Künftige Generationen haben auch Rechte. Denn jeder Pflicht des Einen steht das Recht eines Anderen gegenüber, ebenso wie die Freiheit des Einen dort endet, wo die des Anderen beginnt.

Doch woher wissen wir, was künftige Generationen wollen? In der Nachkriegszeit beispielsweise gab es sicherlich andere Vorstellungen von einem guten Leben als heute, und auch unser Bild von gutem Leben ist nicht auf ewig festgeschrieben. «Das größte Problem an zukünftigen Generationen ist, dass sie noch nicht geboren sind. Es kann sie deshalb auch niemand fragen, was sie wollen. Wer über die Interessen zukünftiger Generationen spricht, beruft sich zwangsläufig auf Menschen, die er nicht kennt. ... Man kann über die Interessen zukünftiger Generationen praktisch alles behaupten – sie können sich ja nicht wehren», kritisiert der SPD-Wirtschaftsexperte Florian Pronold.[71] Es gibt schon innerhalb ein- und derselben Generation unterschiedliche Interessen. Eine alleinerziehende Gemüseverkäuferin in einer ostbayerischen Kleinstadt, ob sie nun heute lebt oder in fünfzig Jahren, erwartet fraglos anderes vom Leben als der Erbe eines millionenschweren Unternehmens am Hamburger Elbstrand. Aber müssen wir wirklich blind raten, wie wir für künftige Generationen vorsorgen sollten?

Aus Sicht unserer Vorfahren sind wir, die heute lebende Generation, eine zukünftige Generation. Wir können die Interessen künftiger Generationen zumindest zu erahnen. Wie wir über unsere Vorfahren urteilen und was wir uns heute wünschen, kann Hinweise darauf liefern, was sich künftige Generationen wünschen. Noch heute sind die Auswirkungen auf die gesamte Vegetation infolge der römischen Erzproduktion in Spanien oder der Waldrodung für den Bau von Kriegsschiffen für die persischen Kriege sichtbar. Auf die Frage, ob diese jahrtausendelange Schädigung der Böden zu rechtfertigen war, würde die heutige Generation wahrscheinlich eine eindeutige Antwort geben.[72] Freilich lassen sich nicht alle Zweifel ausschließen, wir können aber mit Sicherheit sagen, dass künftige Generationen sich in ihren Grundbedürfnissen kaum von uns unterscheiden werden: Saubere Luft, ausreichend sauberes Wasser und gesunde Nahrung, genügend Energie, ein stabiles Klima, eine friedliche und ungefährliche Welt werden morgen ebenso wie gestern und heute zu den übereinstimmenden Interessen der Menschheit gehören.

Die Kinder und Jugendlichen werden den weitaus größten Teil ihres Lebens die heute getroffenen Entscheidungen tragen müssen. Wenn sie bei politischen Entscheidungen mitbestimmen dürften, sähe schon vieles auf dieser Welt anders aus, ob in Sachen Umweltschutz oder bei Themen wie Schule, Bildung, Erziehung oder auch der Wehrpflicht. Umfragen unter Jugendlichen und die von Jugendkonferenzen erarbeiteten Deklarationen können Aufschlüsse über die Präferenzen künftiger Generationen geben.

Noch gibt es viele nur lückenhaft philosophisch geklärte Fragen hinsichtlich unserer konkreten Verantwortung gegenüber der Zukunft. Generationengerechtigkeit erweist sich als Herausforderung für die zeitgenössische Ethik, erklärt daher die Politikwissenschaftlerin Dr. Andrea Heubach.[73] Wir brauchen ein ethisch fundiertes Leitbild der Nachhaltigkeit.

## Nachhaltigkeit als Leitbild

Trotz aller rhetorischen Beliebigkeit im Diskurs über Nachhaltigkeit mangelt es nicht an Inhalten. Nur weil ein Begriff missbraucht wird, ist er noch längst nicht falsch. Auch andere Begriffe wie Demokratie, Freiheit oder Patriotismus wurden und werden oft missbraucht und bis zur Unkenntlichkeit verzerrt. Doch deshalb haben sie nicht an Gültigkeit verloren, ganz im Gegenteil.[74]

Wir sollten uns an die Herkunft des Leitbildes der Nachhaltigkeit erinnern: Die Gefährdung der natürlichen Lebensgrundlagen durch menschliches Handeln wurde Ende des 20. Jahrhunderts immer offensichtlicher. Rohstoffkonflikte und Klimawandel wurden als die Weltgefahren des 21. Jahrhunderts erkannt. Die Grenzen des Wachstums waren erreicht, doch die unliebsame Wachstumsdebatte wollte man vermeiden: Schließlich strebten die armen Länder im Süden nach Industrialisierung, um sich von ihrer Armut zu befreien, und die Industrieländer des Nordens mit ihren ressourcenintensiven Produktions- und Konsummustern folgten weiterhin ihrem ökologisch schädlichen Wachstumspfad – nicht zuletzt auch aus ideologischen Gründen des Kalten Krieges.

In dieser Zeit setzte die Vollversammlung der Vereinten Nationen die «Weltkommission für Umwelt und Entwicklung» ein, auch kurz «Brundtland-Kommission» genannt (nach ihrer Vorsitzenden, der ehemaligen norwegischen Ministerpräsidentin Gro Harlem Brundtland). Sie hatte den Auftrag, einen Bericht zur Zukunft der Menschheit zu entwerfen. Der Bericht, den die Brundtland-Kommission im Jahre 1987 den Vereinten Nationen vorlegte, hatte den Titel *Unsere gemeinsame Zukunft*. Darin schrieb die Kommission: «Nachhaltige Entwicklung ist Entwicklung, die die Bedürfnisse der Gegenwart befriedigt, ohne zu riskieren, dass künftige Generationen ihre eigenen Bedürfnisse nicht befriedigen können.»[75]

Ein neues Leitbi d war geboren, das auf den Namen «nachhaltige Entwicklung» getauft wurde (oder, im englischsprachigen Originaltext: «sustainable development»). Der Report avancierte zum Meilenstein für die internationale Umwelt- und Entwicklungspolitik. Bis dahin getrennt betrachtete Probleme, wie Umweltzerstörung, Armut und Verschuldung der Dritten Welt, Bevölkerungswachstum und Wüstenausbreitung, wurden zum ersten Mal in einem integrativen Konzept vereint.

Der Brundtland-Report forderte, die Armut in den Entwicklungsländern zu beseitigen und zugleich den materiellen Reichtum der Industrieländer nach den ökologischen Notwendigkeiten umzugestalten. Denn eine Übertragung des Wohlstandsmodells der reichen Länder auf die ganze Welt sei nicht möglich, ohne den Kollaps der Ökosysteme zu riskieren. Nur so könne ein menschenwürdiges Leben auf Dauer möglich gemacht werden.

Als die Sowjetunion zusammenbrach, schien der Weg frei für eine neue Ära weltweiter Zusammenarbeit an der gemeinsamen Zukunft.

Die Regierungen der Welt versammelten sich im Jahre 1992 in Rio de Janeiro zum «Weltgipfel für Umwelt und Entwicklung», der bis dahin größten Konferenz der Menschheitsgeschichte. Auf dem Gipfel wurde mit dem Vertrag über eine *Agenda 21* ein politisches Pflichtenheft für das 21. Jahrhundert verabschiedet, dessen zentrales Ziel die nachhaltige Entwicklung war. Die auf der Weltkonferenz diskutierte Form von Nachhaltigkeit beinhaltete nicht nur die Gerechtigkeit zwischen den Generationen (*inter*generationelle Gerechtigkeit), sondern darüber hinaus auch etliche Aspekte der Gerechtigkeit innerhalb einer Generation (*intra*generationelle Gerechtigkeit), also Gerechtigkeit zwischen Arm und Reich, Nord und Süd, Mann und Frau.

Nach anfänglichem Zögern erlebte das Leitbild der «Nachhaltigkeit» schnell seinen Durchbruch. Die Studie *Zukunftsfähiges Deutschland* im Auftrag von Misereor und dem Bund für Umwelt- und Naturschutz in Deutschland (BUND) wurde zum Wegweiser für die Idee einer ökologisch-sozialen Gestaltung der Globalisierung. Sie konkretisierte, was Nachhaltigkeit für ein Industrieland wie Deutschland bedeuten könnte. Mit dem Konzept des Umweltraums und dem Postulat der Umweltgerechtigkeit, mit konkreten Zielformulierungen und politischen Vorschlägen, mit normativen Leitbildern einer anderen Lebens- und Wirtschaftsweise war die Studie quasi die erste, wenngleich inoffizielle Nachhaltigkeitsstrategie Deutschlands und wurde zur Initialzündung für einen breiten gesellschaftlichen Diskurs über nachhaltige Entwicklung.[76] Als die Studie im Jahre 1996 veröffentlicht wurde, galt Nachhaltigkeit als hoffnungsfrohe Vision einer global zukunftsfähigen Weltgesellschaft mit Respekt vor den ökologischen Grenzen des Wachstums. Eine nachhaltige Gesellschaft müsse dauerhaft umweltverträglich sein und die Bedürfnisse aller Menschen befriedigen – nur so sei ein menschenwürdiges Dasein für künftige Generationen möglich. Genau für diese Grundsätze steht das Leitbild der Nachhaltigkeit.

Wenn heute also etwa behauptet wird, man müsse die «ökologische Nachhaltigkeit mit der ökonomischen Nachhaltigkeit in Einklang bringen», dann liegt der Verdacht nahe, dass der Schutz der Umwelt einfach nicht ins eigene kurzfristige wirtschaftliche Kalkül passt und das Leitbild der Nachhaltigkeit missbraucht wird. Wer jedoch meint, Klimaschutz sei teuer und müsse deshalb unter Wachstumsvorbehalt gestellt werden (eine Behauptung, die endlich durch die jüngsten Klimaberichte rundherum widerlegt worden ist), der darf sich nicht auf Nachhaltigkeit berufen.

## Zurück zu den Wurzeln

Ohne klare Konturen lässt sich Nachhaltigkeit als Leitbild nicht reaktivieren, sondern wird als inhaltsleeres Modewort und ideologisch verbrämter Kampfbegriff untergehen. In Rio hatte man mit dem Konzept Nachhaltigkeit alle virulenten Weltprobleme miteinander in Beziehung setzen wollen. Ein solcher integrierter politischer Ansatz, der die Probleme in ihrer Zusammenschau betrachtet und nicht bei Stückwerk stehenbleibt, ist richtig und notwendig. Doch läuft die politische Forderung Gefahr, an Griffigkeit zu verlieren. Daher ist es sinnvoll, sich auf die Wurzeln des Nachhaltigkeitsbegriffs zu besinnen, dessen lange Geschichte nicht erst in Rio beginnt.[77]

Ursprünglich stammt der Begriff der Nachhaltigkeit aus der deutschen Forstwirtschaft. Im Sachsen des frühen 18. Jahrhunderts war der Silberbergbau im Erzgebirge, die wichtigste Industrie des Landes, vom Zusammenbruch bedroht. Erz war zwar noch reichlich im Boden, doch das Holz wurde knapp, auf das man insbesondere als Brennstoff für die Schmelzöfen bei der Erzverhüttung dringend angewiesen war. Die Wälder rings um die Erzabbaugebiete waren über Generationen hinweg übernutzt worden. Das Wachstum auf Kosten der Umwelt hatte zu kahlen Flächen, zu Arbeitslosigkeit und schließlich zur Krise der Industrie geführt. Die ökologischen Grenzen waren ignoriert worden. Sachsen stand nicht allein da mit seinen Problemen. In halb Europa geriet die Wirtschaft in die Krise.[78]

In Deutschland brachte der Forstwirt Hans Carl von Carlowitz, Oberberghauptmann am kursächsischen Hof in Freiberg, in seinem Werk *Sylvicultura Oeconomica* aus dem Jahr 1713 den Gedanken der Nachhaltigkeit erstmals zu Papier: «Wird derhalben eine gröste Kunst, Wissenschafft, Fleiß und Einrichtung hiesiger Lande arinnen beruhen, wie eine sothane Conservation und Anbau des Holzes anzustellen [sei], daß es eine continuirliche, beständige und *nachhaltende* Nutzung gebe weiln es eine unentbehrliche Sache ist, ohne welche das Land in seinem Esse [= Wesen, Dasein] nicht bleiben mag.»[79] Der Wald sollte so bewirtschaftet werden, dass nicht mehr gerodet wird, als durch Neupflanzungen wieder nachwächst. Die Formel ging auf. Die Wälder wurden vermessen, nach Gütekategorien klassifiziert, ihr Zuwachs wurde berechnet und ein gigantisches Aufforstungsprogramm eingeleitet. Letztlich mündete die Rohstoffkrise jedoch wenig später in einem Austausch der Brennstoffe: Mit der Nutzung der Kohle und der Erfindung der Dampfmaschine wurden die Grenzen des Wachstums hinausgeschoben. Holz verlor seine Bedeutung als Rohstoffbasis der Industrie.

Das Prinzip des Fließgleichgewichts, nach dem die verfügbaren Ressourcen zumindest zu erhalten und möglichst zu verbessern sind, ist die ursprüngliche Idee und der grundlegende Kern der Nachhaltigkeit. Das gilt nicht nur für den Wald, sondern für das gesamte Umweltsystem: Wenn die Menschheit von den Zinsen des Naturkapitals lebt, anstatt von der Substanz zu zehren, hat sie den Übergang zu einer nachhaltigen Entwicklung geschafft. Damit sind wir beim Kern der Nachhaltigkeit angelangt.

## Nachhaltigkeit als Generationengerechtigkeit

In der Moderne hat John Rawls, der berühmte US-amerikanische Gerechtigkeitsphilosoph, die Idee des Gesellschaftsvertrags wiederbelebt und auf die Generationengerechtigkeit übertragen. In seiner *Theorie der Gerechtigkeit* diskutiert er, wie eine intergenerationell gerechte Sparquote aussehen kann. Eine gerechte Sparquote wäre eine solche, auf die sich alle Mitglieder einer Gesellschaft einigen könnten, wenn sie in einem fiktiven Urzustand mit dem «Schleier des Nichtwissens» umhüllt sind und weder Kenntnis von ihrer sozialen Position in der Gesellschaft haben noch von ihrer zeitlichen Position, also von ihrer Generationszugehörigkeit.[80] Vieles spricht dafür, dass eine gerechte Ordnung ausgehandelt würde, die keine Generation bewusst benachteiligt oder bevorzugt. Die Idee der Freiheit von Diskriminierung, die Idee der Gleichheit, würde sich durchsetzen.

Trotz der im Detail strittigen Lesart kann Gerechtigkeit nur auf der Basis einer gewissen Gleichheit gedacht werden – eine Idee, über die seit der griechischen Antike bis zu den modernen Philosophen,

Ethikern und Juristen Einigkeit herrscht.[81] Als gerecht soll daher gelten, dass Gleichartiges gleich behandelt wird und Ungleiches seiner Eigenheiten entsprechend ungleich zu behandeln ist. Dieser Gleichheitsgrundsatz findet sich bereits in der Gleichberechtigung von Frauen und Männern, die nur in objektiven Unterschieden ungleich behandelt werden dürfen, um so durch «positive Diskriminierung» tatsächliche Gleichberechtigung herzustellen.[82] Zwar können wir nicht unterstellen, dass alle Generationen gleich sind: Die eine baut schließlich auf den Errungenschaften und Fehlern der anderen auf. Doch ausgehend von dem Prinzip der zeitlichen Abfolge können wir annehmen, dass die Verantwortung jeder Generation für Zukunftsvorsorge gleich ist.[83] Jede Generation hat zumindest die Pflicht, dafür zu sorgen, dass es künftigen Generationen nicht schlechter geht als ihnen selbst.[84] Das ist nichts anderes als der Wunsch aller Eltern.[85] Die Stiftung für die Rechte zukünftiger Generationen kommt daher zu folgender Definition: «Generationengerechtigkeit ist erreicht, wenn die Chancen zukünftiger Generationen auf Befriedigung ihrer Bedürfnisse mindestens so groß sind wie die der heutigen Generation.»[86]

Diese Definition von Generationengerechtigkeit erinnert zwar an die Definition von Nachhaltigkeit im Brundtland-Report, doch sind beide Begriffe nicht identisch. Unter Nachhaltigkeit werden auch Elemente der Gerechtigkeit *innerhalb* einer Generation subsumiert, wie Geschlechtergerechtigkeit, internationale Gerechtigkeit oder soziale Gerechtigkeit oder auch kulturelle und institutionelle Fragen, weswegen der Begriff seine Klarheit eingebüßt hat.

Im Gegensatz dazu beschränkt sich Generationengerechtigkeit, wie schon aus der inneren Semantik des Wortes hervorgeht, auf Gerechtigkeit *zwischen* verschiedenen Generationen. Nachhaltigkeit und Generationengerechtigkeit überschneiden sich also, sind aber nicht identisch. Nur wenn Nachhaltigkeit im ökologischen und finanziellen Bereich als Fließgleichgewicht verstanden wird, ist sie dort mit Generationengerechtigkeit gleichbedeutend.

Dieses Buch will einen klaren Vorschlag für eine bewusste Abgrenzung und Konturierung der Begriffe machen: Nachhaltigkeit sollte nicht mehr in seinen vielfältigen Interpretationen für alle beliebigen Bereiche gebraucht werden, sondern ausschließlich in seiner ursprünglichen Konzeption als Fließgleichgewicht verstanden werden.

Viele der bisher dem Nachhaltigkeitskonzept zugeordneten Fragestellungen fallen bei einer solch klar begrenzten Definition weg, weil sie mit dem Konzept des Fließgleichgewichts nicht sinnvoll erfassbar sind.

Im Grunde gibt es nur noch zwei Formen von Nachhaltigkeit: ökologische und finanzielle Nachhaltigkeit. Ökologische Nachhaltigkeit wäre erreicht, wenn die Gesellschaft von den Zinsen, nicht mehr von der Substanz des Naturkapitals leben würde, also z. B. nicht mehr Wald einschlägt, als wieder nachwächst. Finanzielle Nachhaltigkeit wäre gewährleistet, wenn der Staat auf Dauer nicht mehr Geld ausgibt, als er einnimmt, d. h. seine Aufgaben im Normalfall nicht über Schulden finanziert. Soziale Nachhaltigkeit oder auch beispielsweise eine nachhaltige Kultur-, Bildungs- oder Jugendpolitik gibt es in diesem Sinne nicht.[87]

Diese Bereiche können dagegen weiterhin mit dem Begriff der Generationengerechtigkeit beschrieben werden, der schon aus seinem inneren Wortzusammenhang heraus weit präziser ist: «Generationengerechtigkeit» benennt sowohl die Idee (nämlich Gerechtigkeit) als auch die Subjekte (nämlich Generationen).[88] Der Begriff erklärt sich also bereits aus sich selbst heraus und kann daher nicht beliebig gedeutet werden. Er ist zudem an die anerkannte Idee der Gerechtigkeit anschlussfähig.

«Generationengerechtigkeit» ist als begriffliche Konzeption und als Leitbild besser geeignet, wenn es um Diskussionen unserer Zukunftsverantwortung geht. Die Debatte würde auf die Wirkungen heutigen Handelns für nachrückende Generationen zugespitzt. Andere politische Ziele, wie soziale Gerechtigkeit, würden aus dem Diskurs ausgelagert, was zu mehr Klarheit beitragen würde. Die Fragen von Arm und Reich, von Nord und Süd bleiben wichtig, können aber getrennt diskutiert werden und geraten nicht in das Fahrwasser nebulöser Deutungskämpfe. Interessengeleitete Akteure könnten Nachhaltigkeit nicht mehr mit eigenen Deutungen zu füllen versuchen. Nachhaltigkeit bliebe beschränkt auf den ökologischen und finanziellen Bereich, wobei hier Nachhaltigkeit deckungsgleich mit Generationengerechtigkeit wäre.[89]

Nur durch eine bescheidenere, bewusst beschränkte Definition von Nachhaltigkeit und eine klare begriffliche Präzisierung kann die Debatte um die Rechte und Interessen der nachrückenden Generationen aus der Beliebigkeit der Nachhaltigkeitsrhetorik und der Verschleierungstaktik herausgeholt und auf die Ebene der Fakten gebracht werden. Insbesondere sollten wir zu einer entideologisierten Debatte zurückfinden.

## Vermeidung von Fehlschlüssen zur Generationengerechtigkeit

Das Thema der Gerechtigkeit zwischen Generationen ist von Denkfallen und ideologischen Verkürzungen nicht gefeit. Es kann in die Bahnen undifferenzierter Sozialstaatskritik abdriften, es kann von medialer Sensationslust getrieben, von profilierungssüchtigen Nachwuchs-Karrieristen ausgeschlachtet oder von selbstgefälligen Alten zu egoistischer Bedienungsmentalität ausgenutzt werden. Im politisch-gesellschaftlichen Dialog über Generationengerechtigkeit tun sich mindestens drei Fehlschlüsse auf, vor denen der Frankfurter Wirtschafts- und Gesellschaftsethiker Friedhelm Hengsbach warnt:[90]

Der *familiaristische Fehlschluss* übersieht, dass der Generationenvertrag in modernen Gesellschaften anders funktioniert als in traditionellen Gesellschaften. Die Anekdote vom Bäcker, der drei Brote in den Backofen schiebt – eines für sich und seine Frau, eines für seine Kinder und eines für seine Eltern –, schildert anschaulich, wie der familiäre Generationenvertrag in der vorindustriellen Gesellschaft funktioniert hat und wie ihn heute noch viele Familien unter sich praktizieren. Der moderne Generationenvertrag ist jedoch nicht mehr in informellen Verwandtschaftslinien organisiert, sondern in gesellschaftlichen Gruppenbeziehungen politisch institutionalisiert. Die wirtschaftlich aktive Erwachsenengeneration versorgt die noch nicht erwerbstätigen Kinder und Jugendlichen einerseits und die nicht mehr erwerbstätigen Alten andererseits – und zwar über Familienbande hinweg. In der Moderne treten unpersönliche Generationsbildungen, so genannte Generationsverhältnisse, mehr und mehr an die Stelle familiärer Generationsbeziehungen.[91]

Der *naturalistische Fehlschluss* verwechselt die Altersstruktur der Bevölkerung mit deren wirtschaftlicher Leistungsfähigkeit. Er nimmt irrtümlich an, die demografische Entwicklung, die wegen niedriger Geburtenraten und längerer Lebenserwartung einen wachsenden

Altenquotienten mit sich bringt, belaste zwangsläufig die Gerechtigkeit beispielsweise in den Sozialversicherungen. Tatsächlich ist jedoch das bloße zahlenmäßige Verhältnis zwischen Alten und Erwachsenen nicht ausschlaggebend für die Realisierbarkeit von Generationengerechtigkeit. Die entscheidende Rolle spielen vielmehr andere Faktoren wie das Verhältnis zwischen demjenigen Teil der erwachsenen Generation, der erwerbstätig ist und infolgedessen Beiträge entrichtet, und demjenigen Teil der alten Generation, der tatsächlich Rente bezieht (und nicht nur zufällig über 60 oder 65 Jahre alt ist), sowie die erbrachte Wirtschaftsleistung. Nicht der Altenquotient ist infolgedessen der «Knackpunkt» des Generationenvertrags, sondern die Beschäftigungsstruktur auf dem Arbeitsmarkt und die Entwicklung der Produktivitätsrate. Wenn die Wirtschaftskraft steigt, dann können auch mehr Ältere problemlos versorgt werden. Genauso, wie ein Landwirt früher kaum mehr als sich und seine Familie ernähren konnte, heute aber rund 90 andere mitversorgt, kann eine höhere Produktivität den demografischen Druck neutralisieren. Die demografischen Lasten werden aufgrund des naturalistischen Fehlschlusses also überschätzt (siehe dazu das folgende Kapitel).

Der *mikroökonomische Fehlschluss* kommt zu der irreführenden Vorstellung, dass der Staat sich wie ein sparsamer Familienvater verhalten sollte, der seinen Kindern keine Schulden hinterlassen will (oder wie eine sparsame Familienmutter). Mit dem Hinweis auf kommende Generationen wird daher das Kürzen staatlicher Ausgaben gefordert. Dieses Denken führt jedoch in eine Falle, denn staatliche Ausgaben versickern nicht im Nirgendwo, sondern finanzieren Kindergärten, Schulen, Universitäten, Verkehrswege usw. und sind daher zum Großteil auch im Interesse nachrückender Generationen (im Kapitel zur Staatsverschuldung wird ausführlicher darauf eingegangen).

Das Leitbild der Generationengerechtigkeit will, dass es den Kindern einmal besser gehen soll als ihren Eltern. Erstmals in der Geschichte können wir auf die Erfüllung dieser Hoffnung nicht mehr sicher bauen: Globale Umweltzerstörung wie der Klimawandel, das Artensterben und die Rohstoffverknappung, aber auch sozioökonomische Fehlentwicklungen bei der Staatsverschuldung, den Sozialsystemen und auf dem Arbeitsmarkt lassen an besseren Lebensbedingungen für künftige Generationen zweifeln. Eine Mehrheit der

Deutschen glaubt, dass die kommende Generation nicht mehr so gut leben können wird wie wir heute.[92]

Mit unseren rasant wachsenden Möglichkeiten, die Zukunft zu beeinflussen, hat die Weitsicht der Entscheidungsträger nicht mithalten können. Die Politiker und Wirtschaftsführer von heute treffen Entscheidungen, die noch das Leben unserer Kinder und Enkel prägen werden, deren Auswirkungen sie oft aber selbst nicht mehr erleben. Wer ist schon 50 Jahre lang Bundeskanzler? Und wer lebt schon tausend Jahre?

Genauso, wie die Freiheit des Einzelnen dort endet, wo die Freiheit des Anderen beginnt, wird auch die Freiheit jeder Generation durch die Freiheit zukünftiger Generationen begrenzt. Wir verstoßen gegen das Gebot der Generationengerechtigkeit, weil wir der nächsten Generation kein Erbe hinterlassen, mit dem sie ihr Leben mindestens so gut gestalten kann wie wir das unsere heute. Wir hinterlassen der jungen Generation ein schweres Erbe. Und dennoch wissen die Alten von heute, dass sie einmal jung waren, und die Jungen von heute wissen, dass sie einmal alt sein werden. Niemand von uns will, dass es künftigen Generationen schlechter geht. Das Zukunftsversagen unserer Gesellschaft ist lösbar.

# Aussterben abgesagt

## Warum der demografische Wandel nur halb so dramatisch ist

Die deutsche Bevölkerung wird älter und kleiner. Die Ursache liegt vor allem in der anhaltenden Nachwuchsschwäche: Von Mitte der 1960er Jahre bis heute hat sich die Geburtenrate von etwa 2,5 Kindern pro Frau auf nur noch knapp 1,4 Kinder halbiert – zu wenig, um die Bevölkerungsgröße stabil zu halten: Der Generationenersatz wäre erst mit 2,1 Kindern pro Frau sicher. Hätten wir keine Zuwanderung, würde die Bevölkerung in Deutschland schon seit dreißig Jahren schrumpfen. Diese Verschiebung hat Konsequenzen für den Sozialstaat. Jeder kennt die talkshowwirksamen Zahlen: Während 1955 noch fünf Jüngere für einen Rentner sorgten, waren es 1990 nur noch vier und heute sind es nur noch drei. Im Jahr 2030 werden nur noch zwei Menschen im erwerbsfähigen Alter für einen Rentner aufkommen können.[1]

Die Medien schlagen Alarm: «Die Deutschen sterben aus», «die Republik vergreist», Horrorszenarien vom «letzten Deutschen» und vom «Raum ohne Volk» machen die Runde.[2] Aus der «demografischen Falle» gebe es kein Entrinnen mehr.[3] Der *Spiegel* schreibt eine bedrückende Titelstory über die triste Zukunft in einem «Land ohne Lachen». Weil es weniger Junge und mehr Alte geben wird, drohe ein Krieg der Generationen um leere Rentenkassen, ein Kampf um Pfründe, Posten und Parkbänke.

«Gesellschaft und Kultur werden so erschüttert sein wie nach einem lautlosen Krieg», warnt Frank Schirrmacher in seinem Bestseller *Das Methusalemkomplott* und sieht «ein neues Mittelalter» aufziehen. Das Altern der deutschen Gesellschaft, sagt Schirrmacher voraus, werde eine riesige Katastrophe auslösen. «Deutschland wird im Jahre 2050 zwölf Millionen Menschen verloren haben – das sind mehr als die Gefallenen aller Länder im Ersten Weltkrieg.» Alters-Rassismus werde um sich greifen, der Krieg der Generationen sei nicht mehr aufzuhalten.[4] In seinem Folgewerk *Minimum* schreibt der Chefjournalist über das Ende der Familie, vom Niedergang emotionaler Wärme, von bindungsunfähigen Einzelwesen und von einer Gesellschaft, die durch unkontrollierbare Kräfte zersetzt werde.[5]

Die Folgen des demografischen Wandels seien «schlimmer als der dreißigjährige Krieg», verkündet der Bevölkerungswissenschaftler Herwig Birg.[6] Die Bundesrepublik sei ein «demografisches Pleiteunternehmen» und nur einen Steinwurf von einem «demografisch bedingtem Desaster» entfernt.[7]

Die herrschende Meinung unter Demografie-Kommentatoren bietet uns wenig zuversichtliche Aussichten: Die Sozialsysteme brechen unter der Last der alternden Gesellschaft zusammen. Eine Diktatur der Falten beherrscht die Politik. Das Wirtschaftswachstum erlahmt. Produktivität und Innovationskraft der Gesellschaft gehen am Krückstock. Die Familie löst sich auf. Als wäre das nicht schon genug, droht auch noch die muselmanische Überfremdung in Gestalt einer Multi-Minoritäten-Gesellschaft, in der die Deutschen im eigenen Land von Ausländern übervölkert werden. Die ganze westliche Kultur wird durch die dynamischen islamischen Gesellschaften überrannt. Dem Abendland droht der Untergang.

Leere Wiegen, volle Pflegeheime – die Meinungsmacher sind sich einig: Die «demografische Zeitbombe» tickt.[8] Deutschland im Jahr 2050: eine dahin vegetierende Greisenrepublik, erschüttert von bürgerkriegsähnlichen Verwerfungen, ohne Kinder und ohne Zukunft?

## Weniger ist mehr: Die Chancen der Demografie

Bei solchen Worten wird Demografie zur Demagogie. Vor vierzig Jahren hatte man sich eine sinkende Geburtenrate noch gewünscht, heute ist eine niedrige Geburtenrate auf einmal so schlimm wie Krieg. Doch eigentlich sind ältere Gesellschaften friedlicher, es gibt weniger Gewalt und weniger Verbrechen.[9] Warum also die Kriegsrhetorik?

Bisweilen nimmt die Panik selbst bei Lappalien kein Ende. In ihrem Demografie-Bericht vom Frühjahr 2004 warnt die brandenburgische Landesregierung nicht etwa nur vor wirtschaftlichen und sozialen Verwerfungen: Auch die Sportvereine bekämen «existenzielle Probleme» wegen fehlendem Nachwuchs, die Kirchen müssten ihre Seelsorge mangels Nachfrage ausdünnen; einzig für die sorbische Minderheit sei die Demografie keine Bedrohung, weil das Bekenntnis zum sorbischen Volkstum mehr eine psychologische Frage sei.[10] In der medial aufgeblähten Hysterie wurde selbst die Alterung der deutschen Hundepopulation inzwischen zum Problemthema hochstilisiert.[11] Damit dürfte der Höhepunkt der katastrophistischen Berichterstattung erreicht sein.

Die demografische Entwicklung wird als bedrohliches Zahlentableau wahrgenommen, als Problem, das es zu bekämpfen, nicht als Chance, die es nutzen gilt. Die Demografie-Debatte, wie wir sie heute führen, leidet an Fatalismus und Depression. Die verbreitete «Methusalem-Hysterie» habe «mit der Realität wenig zu tun», sagt der deutsch-britische Ökonom und Unternehmensberater Nicholas Strange: «Bloße Fakten, die womöglich beruhigend wirken, stören nur den Gruselgenuss.» Er glaubt, dass «wir mit dem Altern unserer Bevölkerung gut leben können.»[12] Zu mehr Gelassenheit rät auch James W. Vaupel, Gründungsdirektor des Max-Planck-Instituts für demografische Forschung: «Es gibt in Deutschland zu viel Angst und zu wenig Hoffnung.» Der demografische Wandel, so meint der gebürtige New Yorker mit internationaler Forschungserfahrung, sei keine Gefahr. Man müsse sich nur früh genug auf ihn einstellen.[13]

Klar: Der demografische Wandel bringt Veränderungen. Aber warum wird gleich eine große Katastrophe an die Wand gemalt? Schirrmacher warnt: «Unsere Kinder werden wieder zu Zeitgenossen der Wölfe! Bundesländer werden verwildern!» Das könnte man aber auch anders ausdrücken: Wildhüter führen faszinierte chinesische Touristen durch ausgedehnte deutsche Nationalparks. Die Wälder erholen sich, Wölfe kehren (nicht nur) in die Lausitz zurück und Bären werden (nicht nur) in Bayern wieder heimisch, auf den Autobahnen ist wieder mehr Platz, wir verbrauchen weniger Energie und Rohstoffe, Deutschland wird zum Öko-Vorzeigeland. Auch das ist demografischer Wandel.[14]

Die «demografische Zeitbombe» tickte schon einmal – nur andersherum. In der Debatte der frühen 1970er Jahre sehnte man sich niedrige Geburtenraten regelrecht herbei, weil die rapide wachsende Menschheit von der Erde nicht mehr verkraftet werden könne.

Wenn die «Bevölkerungsbombe» explodiere, so der US-Biologe Paul R. Ehrlich, seien Hungersnöte und Umweltkatastrophen unausweichlich.[15] Ein Gutachten von 1971 zu den wirtschaftlichen Auswirkungen des Geburtenrückgangs in Deutschland bemerkte die Chancen einer kleineren Bevölkerung: z. B. Entlastung der Verkehrswege, Eindämmung des Ressourcenverbrauchs und der Umweltverschmutzung, weniger Arbeitslosigkeit, geringerer Flächenverbrauch. Das Fazit: «Vor allem gilt es auch die psychologischen Vorurteile gegenüber einem Bevölkerungsstillstand abzubauen.»[16] Heute sind solche Stimmen selten.

Zu viele Menschen, aber zu wenige Deutsche? – Da passt etwas nicht zusammen. Alan Posener, Kommentarchef der *Welt am Sonntag*, findet die Warnungen vor der demografischen Katastrophe angesichts der Probleme der Überbevölkerung weltfremd, abgeschmackt und lähmend. Er empfiehlt: «Schrumpfen wir uns gesund».[17] Aus ökologischer Sicht sind niedrige Geburtenraten nach wie vor dringend geboten. Energie- und Rohstoffverbrauch, Klimaschadstoffe, Abfallaufkommen, Flächenversiegelung und Artenverlust können bei kleinerer Bevölkerung leichter reduziert werden. Gerade Industrieländer stehen hier in der Verantwortung, weil deren Pro-Kopf-Umweltverbrauch um ein Vielfaches höher ist als der von Entwicklungsländern.[18] Die Umweltakademie Baden-Württemberg urteilt: «Natürlich bietet die zu erwartende Schrumpfung der Bevölkerung auch Chancen für Natur und Umwelt. Die Entlastungseffekte in der Fläche bedeuten allein durch den zurückgehenden Flächenverbrauch zunächst positive Auswirkungen für Ökologie und Landwirtschaft. Für die Umwelt scheint prinzipiell eine Entlastung in Sicht. Die baulichen Wucherungen der Städte gehen zurück.»[19]

In Ländern wie China wird die Bevölkerungspolitik sogar explizit mit ökologischen Argumenten begründet. Bei einer Fachtagung in Peking rechnete mir ein Umweltpolitiker des Volkskongresses vor, dass durch die (ethisch freilich fragwürdige) chinesische Ein-Kind-Politik der Ausstoß von rund 1,3 Milliarden Tonnen Kohlendioxid vermieden werden konnte.[20] In Deutschland werden mögliche positive Auswirkungen des Bevölkerungsrückgangs leider in der Regel nicht diskutiert.

Eine der wenigen rühmlichen Ausnahmen ist der Bremer Rechtsphilosoph Felix Ekardt. Forderungen, dem Rentenproblem durch mehr Geburten abzuhelfen, unterlägen schwerwiegenden Missverständnissen, «deren Aufklärung uns ein leuchtendes Beispiel davon verschafft, was Nachhaltigkeit meint und was sie definitiv nicht meint», so der Gerechtigkeitsethiker. Denn je mehr Kinder es in den Industrieländern gebe, desto schneller verengten sich die ressourcen- und weltklimabezogenen Spielräume: «Das führt zu dem paradoxen Ergebnis, dass wir angeblich viele Kinder in die Welt setzen sollen, durch ebenjenes Verhalten die gleichen Kinder aber schädigen. Ein ‹geburtenfördernder Sozialstaat› zerstört also eher Freiheit, als dass er sie ermöglicht. In punkto Nachhaltigkeit ist unsere Bevölkerungsschrumpfung daher eher *günstig*.»[21] Der Direktor der Stiftung für die Rechte zukünftiger Generationen, Dr. Jörg Tremmel, ist ebenfalls überzeugt: «Für die globale Umwelt ist die freiwillige Schrumpfung der Industrieländer ein Segen. Die Erhaltung des Naturkapitals, also das Ziel ökologischer Generationengerechtigkeit, könnte völlig abgeschrieben werden, wenn auch die reichen, pro Kopf viel mehr Natur verzehrenden Bevölkerungen in der Nordhälfte der Erdkugel rasch weiter wachsen würden.»[22]

Hinter dem demografischen Wandel verbergen sich neben der ökologisch heilsamen Wirkung noch mehr Vorteile: Konfliktforscher vermuten, dass die Abneigung gegen Kriege in einer alternden und schrumpfenden Gesellschaft steigt, weil sie empfindlicher für militärische Verluste ist als eine Gesellschaft mit einem Überschuss hitzköpfiger junger Männer.[23] Überhaupt kann es in einer älteren Gesellschaft friedlicher zugehen, weil alte Menschen kaum noch Verbrechen begehen. Die Kriminalitätsrate kann daher sinken.[24] In den nächsten Jahren können in Deutschland außerdem rund hundert Milliarden Euro allein deswegen gespart werden, weil mit den Schülerzahlen auch die Bildungsausgaben sinken.[25] Auf den Straßen gibt es weniger Verkehr und weniger Staus, dafür bessere Luft und mehr Grün, die Parkplatznot in den Städten ist vorüber. Die Natur kann zurückkehren, Wölfe und Luchse fühlen sich wieder wohl in unseren Wäldern. Die Immobilienpreise brechen zwar ein, doch dafür können wir auch billiger wohnen (was für ein Glücksfall für alle Studenten!). Wenn Eltern nicht mehr drei oder vier Kinder ernähren müssen, sondern nur noch eines, können sie ihrem Sprössling eine bessere Ausbildung finanzieren. «Dadurch sind die Voraussetzungen günstig, dass künftig die Kinder gebildeter sind, was die langfristigen Wachstumschancen einer Volkswirtschaft vergrößert», sagt der Schweizer Ökonom Thomas Straubhaar, Direktor des Hamburger Weltwirtschaftsinstituts.[26] Bei näherer Beleuchtung wirkt auch die Angst vor einem Kollaps der Sozialsysteme überzogen: Denn neben der Bevölkerungsentwicklung spielen auch der Arbeitsmarkt, die Produktivität und die Struktur der Solidargemeinschaft eine wichtige Rolle für die Funktionsfähigkeit der Sozialversicherungen. Die Demografie ist nur ein Faktor unter mehreren, deswegen muss das Wirtschaftswachstum nicht zwangsläufig erlahmen: Die Ausgaben für Wohnungen und Autos werden sinken, die für Pflege und Gesundheit steigen. Doch wofür wir unser Geld ausgeben – ob für Schaukelpferde oder Schaukelstühle, ob für Babywindeln oder Inkontinenzhilfen –, ist für das Wachstum einer Volkswirtschaft letztlich unerheblich. «Die Erwartung eines Nachfragedefizits basiert größtenteils auf spekulativen Elementen, die einer tieferen ökonomischen Analyse nicht standhalten», so Straubhaar. Auch das Vorurteil, die körperliche und geistige Kraft eines Menschen lasse schon mit dem 40. oder 50. Lebensjahr nach, ist längst wissenschaftlich widerlegt. Für Straubhaar ist der demografische Wandel daher «nicht wirklich ein Problem».[27]

Die Auswirkungen des demografischen Wandels können insofern durchaus abgefedert werden. «Die Demografie ist kein Tsunami, der uns alle überrollt, und hinterher sind wir alle mausetot», sagt Axel Börsch-Supan, Direktor am Mannheim Research Institute for the Economics of Aging.[28] Sein Institut hat errechnet, dass Produktivitätssteigerungen von mittelfristig nur 15 Prozent notwendig wären, um die Kosten der Alterung zu kompensieren. Der Ökonom meint deshalb, er habe «großes Vertrauen in die Selbstheilungskräfte des Landes».[29] Den Optimismus teilen auch andere Ökonomen wie Dr. Hans D. Barbier, Vorsitzender der vom Vater des Wirtschaftswunders höchstpersönlich gegründeten Ludwig-Erhard-Stiftung: Eine offene Marktwirtschaft sei produktiv genug, das Demografieproblem zu lösen, glaubt der sozialliberale Ökonom. Der demografische Wandel könne sogar förderlich für Forschung und Bildung, für eine offene Zuwanderungspolitik und für Investitionen in höhere Produktivität wirken – deshalb sei «Überalterung unser Glück».[30]

Die Alterung der Bevölkerung, glaubt auch der angesehene Soziologieprofessor Karl-Otto Hondrich, ist kein Albtraum, sondern im Gegenteil «ein Glücksfall für unsere Gesellschaft».[31] Die Biologie kennt zwei Strategien des Überlebens: Eine Strategie mit zahlreichen Nachkommen, die für ein kurzes, riskantes Leben in die Welt geboren werden, und eine zweite Strategie mit wenigen Nachkommen, die dafür aber lange und sicher leben.[32] Die erste Strategie setzt auf Reproduktion durch Quantität, die zweite durch Qualität. «Wirtschaft, soziale Sicherung, Familie und sogar Kultur überleben nicht nur den Fall der Geburtenrate, sie wachsen daran, machen das Beste daraus, erfüllen ihre Aufgaben besser als zu Zeiten des Kinderreichtums», erklärt Hondrich. «Moderne Gesellschaften profitieren offensichtlich von Kindern, die nicht geboren werden.» Er ist überzeugt, «dass kein Grund zur Panik besteht, im Gegenteil».[33] Auch der SPD-Nachhaltigkeitsexperte Marco Bülow hält eine leichte Schrumpfung der Bevölkerung «für volkswirtschaftlich vertretbar und ökologisch sogar für heilsam».[34] Demografischer Wandel ist auch eine Chance.

Der Mensch hat sich im Laufe der Evolution schnell vermehrt, doch nach seiner zahlenmäßigen Ausbreitung auf die Qualitätssicherung umgeschaltet. Quantitative Mehrung des Humankapitals durch Kinderreichtum wurde durch qualitative Mehrung des Humankapitals ersetzt, durch höhere investive Förderung und bessere Versorgung. Wir bekommen weniger Kinder, doch die wenigen, für die wir uns bewusst entscheiden, sind materiell gut ausgestattet und werden intensiv ausgebildet. Die hohe Produktivität macht hohe Geburtenraten überflüssig. Würde unser Wohlstand wirklich von einer jungen Bevölkerung abhängen, dann schwämmen Äthiopien, Bangladesch oder Nigeria im Überfluss. Diese Länder haben noch die angeblich «natürliche» Bevölkerungspyramide. Alle reichen Länder haben die Phase des demografischen Übergangs jedoch hinter sich.

Weniger Kinder heißt auch mehr Freiheit, größere berufliche Optionen, Unabhängigkeit und Selbstverwirklichung. Kinderlosigkeit spart Zeit und Geld, erhält Flexibilität und Souveränität. Die Welt steht offen: Reisen, interessante Praktika, kurzfristige Ortswechsel auch ins Ausland und für längere Zeit, Verwirklichung der eigenen Karriere, viel Zeit für die eigenen Hobbys und Interessen. Mit Kindern ist dies zumindest schwieriger. Kinder konkurrieren mit Freiheitsbedürfnissen, Karriereaussichten und ökonomischen Perspektiven vor allem für junge, hoch qualifizierte Frauen.[35] Kinder sind immer noch Teil des Lebensglücks – aber nicht mehr zwangsläufig. Viele junge Menschen wollen Kinder, doch sie sind nicht mehr bei jedem fester Bestandteil des Lebensplans. Warum auch?

Je produktiver eine Gesellschaft ist, desto eher kann sie auf Kinder verzichten. Sie stabilisiert sich, indem sie auf Alternativen ausweicht. Die sozialen Sicherungssysteme füllen die demografische Lücke, indem Frauen und Zuwanderer stärker in den Arbeitsmarkt integriert werden, ältere Menschen länger arbeiten, junge Leute schneller ins Berufsleben einsteigen und die wirtschaftliche Produktivität angetrieben wird. Die Belastungen bleiben auf diese Weise verkraftbar. Wirtschaft und soziale Sicherung funktionieren auf diese Weise auch bei niedriger Geburtenrate, und wahrscheinlich sogar besser. Waren es wirklich paradiesische Zeiten, als 16 Arbeiter einen Rentner zu versorgen hatten? Wie einfach muss bei einem solchen Altenquotienten die Finanzierung der Rente gewesen sein! Nur dass eben Produktivität und Einkommen niedriger waren als heute – und dieses Defizit mehr schlecht als recht durch hohe Fertilität auszugleichen versucht wurde. Der gesellschaftliche Wohlstandszuwachs ging Hand in Hand mit einem Rückgang der Fertilität und einer Alterung der Bevölkerung.[36]

Die Gesellschaft kennt zahlreiche Mechanismen der Selbststabilisierung. Die Bevölkerungsdebatte, wie wir sie heute führen, ist zu statisch und zu verengt. Der Münchener Soziologe Ulrich Beck nennt daher den «vorherrschenden nationalen Blick auf die Bevölkerung» eine «Nabelschau-Demografie», die zu «falschem Alarmismus, falscher Kausalität und falschen politischen Rezepten» führe.[37] Wo Kinder fehlen, weichen die gesellschaftlichen Subsysteme auf Alternativen aus, um ihre Aufgaben zu erfüllen, und teilweise funktionieren sie dann sogar besser. Die Wirtschaft wird produktiver; der Arbeitsmarkt integriert mehr Menschen; in der scheinbar auseinanderbrechenden Familie wird mehr Wert auf Zusammenhalt gelegt; die Kultur stabilisiert sich durch ihre Ausstrahlungswirkung. Der scheinbare Egoismus der Kinderlosen könnte sich als eigentlicher Altruismus erweisen. Wir müssen mehr auf Qualität anstatt auf Quantität achten, auf kulturelles statt biologisches Wachstum.

Die Katastrophe wird herbeigeredet – und schließlich zur sich selbst erfüllenden Prophezeiung: Die Rating-Agentur Standard & Poors bewertet die Kreditwürdigkeit von Bundesländern auch nach deren Altenquotient. «Eine ungünstige Altersstruktur kann ein Grund sein, ein Land herabzustufen», erklärt der Analyst Christian Esters. Gibt es viele Alte, ist das Rating schlecht, was Investoren abziehen lässt und so das Wachstum verschlechtert – und damit genau den Teufelskreis in Gang setzt, den die Analysten vorhergesagt hatten.[38]

Man habe den demografischen Wandel viel zu lange ignoriert und müsse jetzt handeln, geben sich Politiker einsichtig. So gestand etwa der damalige SPD-Bundesarbeitsminister Franz Müntefering: «Wir Sozialdemokraten haben in der Vergangenheit die drohende Überalterung unserer Gesellschaft verschlafen. Jetzt sind wir aufgewacht. Unsere Antwort heißt: Agenda 2010! Die Demografie macht den Umbau unserer Sozialsysteme zwingend notwendig.»[39] Beim SPD-Sonderparteitag im Sommer 2003 erklärte Bundeskanzler Gerhard Schröder: «Wir müssen anerkennen und aussprechen, dass die Altersentwicklung unserer Gesellschaft, wenn wir jetzt nichts ändern, schon zu unseren Lebzeiten dazu führen würde, dass unsere vorbildlichen Systeme der Gesundheitsversorgung und Alterssicherung nicht mehr bezahlbar wären.»[40] Daher bringe seine Regierung das Reformpaket der Agenda 2010 und damit verbunden empfindliche Kürzungen bei Rente, Gesundheit und Sozialausgaben auf den Weg. Der Sozialstaat sei nur zu retten, indem man ihn abbaue. Für Angela Merkel, damals Oppositionsführerin, gingen diese Maßnahmen nicht weit genug. Als die Agenda 2010 im Bundestag diskutiert wurde, erklärte sie: «All das, was heute hier gesagt wurde, reicht bei weitem nicht aus, um die demografischen Veränderungen in unserer Gesellschaft wirklich zu beschreiben.»[41]

Eine Riege gleichgesinnter Politiker, Wissenschaftler, Journalisten und Lobbyisten hat Generationengerechtigkeit und Nachhaltigkeit entdeckt, um den Rückbau des Sozialstaats zu rechtfertigen. Wie der Politikwissenschaftler Frank Nullmeier in einer Diskursanalyse herausfand, ist der demografische Wandel zu einem der Hauptargumente geworden, auf das man sich beruft, wenn man die sozialen Sicherungssysteme demontieren will.[42]

Tatsächlich haben die heutigen Finanzierungslücken der Sozialversicherungen mit der Alterung denkbar wenig zu tun. «Die Bundesrepublik befindet sich im Gegenteil aus demografischer Sicht immer noch auf der günstigen Seite», betont der Bevölkerungssoziologe Franz-Xaver Kaufmann, einer der bedeutendsten Fachleute auf dem Gebiet. «Die demographische Konstellation ist mit Bezug auf die Renten-, Pflege- und Krankenversicherung noch immer extrem günstig. ... *Der gegenwärtige Altenanteil ist bezogen auf die jüngsten demographischen Entwicklungen extrem niedrig,* was im Wesentlichen auf die Geburtenausfälle und Todesfälle im Gefolge des Ersten Weltkriegs zurückzuführen ist. ... Derzeit wird allerdings die absehbare Bevölkerungsentwicklung gerne als politisches Argument benutzt, um Kürzungen der Sozialleistungen durchzusetzen, deren Finanzierbarkeit *aus ganz anderen Gründen* prekär geworden ist.»[43]

Die demografische Situation ist in der Tat heute noch äußerst günstig: Die geburtenstarken Jahrgänge zwischen 1950 und 1970 befinden sich im erwerbsfähigen Alter, während die aktuelle Rentnergeneration aufgrund des Zweiten Weltkriegs vergleichsweise klein ist. Die momentanen Finanzlöcher der Sozialsysteme können also schwerlich der Alterung der Bevölkerung angelastet werden. Der Chefökonom der *Financial Times Deutschland*, Thomas Fricke, sagt daher: «Bis dato hat Deutschland noch gar keines der viel bemühten strukturellen Alters- und Demografieprobleme.»[44] Erst, wenn demnächst die Babyboomer-Generation (Jahrgänge 1950 bis 1970) in den Ruhestand eintritt, macht sich die demografische Verschiebung bemerkbar.

Die Demografie werde zur «Rechtfertigung für unbequeme Maßnahmen» missbraucht, meint auch Harald Wilkoszewski, Experte für Generationentransfers am Max-Planck-Institut für demografische Forschung in Rostock. Er sieht die Ursachen für die heutigen Löcher in den Sozialkassen auf dem Arbeitsmarkt: Von den etwa 55 Millionen Menschen im erwerbsfähigen Alter zahlen derzeit nur rund 26 Millionen in die Sozialkassen ein. Daher sind «an den heutigen Problemen des Sozialversicherungssystems ja nicht die vielen Alten schuld, sondern hauptsächlich die beträchtlichen Steuer- und Beitragsausfälle aufgrund der hohen Arbeitslosigkeit».[45]

Auf dem Rücken der Generationensolidarität eröffnet das Schreckgespenst Demografie ein reiches Betätigungsfeld für die Gegner des Sozialstaats.[46] Mittels der «Demografisierung» aller Probleme täuscht die Politik über ihr eigenes Versagen hinweg. Die Alterung der Gesellschaft wird als Vorwand für Sozialabbau missbraucht, während unsere heutigen Probleme völlig andere Ursachen haben: Arbeitslosigkeit, Fehler der Steuer- und Finanzpolitik und schwache Binnenkonjunktur bedrohen unseren Wohlstand, nicht aber der demografische Wandel. Die Politik versucht, sich mit dem Verweis auf scheinbar unabänderbare Sachzwänge aus der Verantwortung zu stehlen.

## Wie aussagekräftig sind die Bevölkerungsvorausberechnungen?

Die Bevölkerungsvorausberechnungen des Statistischen Bundesamtes beschreiben keine Naturgesetze. «Die ... Bevölkerungsvorausberechnung ist keine Prognose, welche die Zukunft bis 2050 vorhersagt», erläutert das Statistische Bundesamt. «Sie zeigt vielmehr, wie sich die Bevölkerungszahl und die Bevölkerungsstruktur unter bestimmten Annahmen entwickeln würden. Da der Verlauf der maßgeblichen Einflussgrößen mit zunehmender Vorausberechnungsdauer immer schwerer vorhersehbar ist, haben solche langfristigen Rechnungen Modellcharakter.»[47]

Auch der Bevölkerungssoziologe Franz-Xaver Kaufmann betont mit Blick auf «in der Vergangenheit verbreitete politische Dramatisierungen des Bevölkerungsrückgangs», dass die Bevölkerungsszenarien lediglich einen möglichen Trend beschreiben, «der aber keineswegs irreversibel ist»: «Bevölkerungsvorausberechnungen auf so lange Sicht sollten nicht als Zukunftsprognosen missverstanden werden; es handelt sich um modellartige Schätzungen auf der Basis bestimmter Annahmen. ... Untergangsszenarien stellen wie Fortschrittsszenarien naive Extrapolationen und ideologische Übersteigerungen dar, von denen die Sozialwissenschaften tunlichst Distanz halten.»[48]

Die aktuelle 11. koordinierte Bevölkerungsvorausberechnung des Statistischen Bundesamtes von 2006 geht in ihrem mittleren Szenario von folgenden Annahmen bis zum Jahr 2050 aus:[49]

1. Die Geburtenrate bleibt annähernd konstant bei 1,4 Kindern pro Frau.
2. Die Lebenserwartung nimmt zu um 7,6 Jahren bei Jungen und 6,5 Jahren bei Mädchen.
3. Das Wanderungssaldo beläuft sich je nach Annahme auf 100 000 bzw. 200 000 Menschen pro Jahr. (Zum Vergleich: In der Dekade 1996 bis 2005 lag die Nettozuwanderung bei 160 000 Menschen pro Jahr.)

Alle drei Parameter sind aber keine unabänderlichen Konstanten. Sie unterliegen nicht nur politischen Einflüssen, sondern auch strukturellen Brüchen durch generelle Trends und Ereignisse.

Sämtliche vom Statistischen Bundesamt veröffentlichten Szenarien gehen beispielsweise von einer konstanten Fertilität aus, als ob die Politik nichts gegen die niedrige Geburtenrate unternehmen könnte. Was aber, wenn eine familienfreundlichere Politik betrieben, flächendeckende Kinderbetreuung zur Norm würde, Unternehmen auf Eltern mehr Rücksicht nähmen und das fehlkonstruierte System der Familienunterstützung saniert würde? Auf einmal wäre die Gesellschaft jünger, als die statistischen Szenarien uns denken ließen. Schon jetzt steigen die Kinderwünsche in Deutschland wieder an, dank Elterngeld und Plänen zum Ausbau der Kinderbetreuung. Eine konsequente Familienpolitik würde sich auch in den Geburtenraten niederschlagen – doch die Statistik nimmt davon keine Kenntnis, was bereits von der Demografie-Enquete-Kommission des Deutschen Bundestages kritisiert wurde: «Hingegen besteht über die Entwicklung der künftigen Geburtenhäufigkeit und damit über die Stärke der nachrückenden Jahrgänge große Unsicherheit. Ohne Kenntnis der Stärke der zukünftigen Geburtsjahrgänge können aber keine Aussagen über Zahl und Struktur der Gesamtbevölkerung getroffen werden. Diese Problematik verstärkt sich mit der Zunahme des Zeithorizonts der Vorhersage.»[50]

Die Sterblichkeit als zweite Variable ist zwar weitaus sicherer vorherzusagen als die Geburtenrate, aber sie ist ebenfalls prinzipiell veränderbar. Wenn sich die Lebenserwartung weiter erhöht – wie die Szenarien annehmen –, wäre das ein Grund zur Freude und in jedem Fall begrüßenswert. Zum Glück können wir auch tatsächlich davon ausgehen, dass wir immer länger leben werden. Leider muss sich der positive Trend der Vergangenheit aber nicht fortsetzen: Für breite

Bevölkerungsschichten nimmt der materielle Wohlstand inzwischen ab, sie stürzen in prekäre Lebenslagen, und gerade sozial benachteiligte Schichten neigen zu ungesunden Lebensstilen und Ernährungsmustern. Aufgrund der Kürzung, Rationierung und Privatisierung von Gesundheitsleistungen verschlechtert sich die medizinische Versorgung gerade für diese Menschen. Sicher sind diese Entwicklungen nicht wünschenswert, die erkennbaren Trends müssen jedoch einkalkuliert werden. Für die Altersstruktur der Bevölkerung würde dieser Effekt verjüngend wirken, allerdings aus Gründen, die niemand von uns wollen kann.

Die Zuwanderung ist die dritte Variable, und gerade sie ist durchaus anders und mitunter klüger steuerbar als heute. Ob freilich tatsächlich mehr als durchschnittlich 200 000 Menschen im Jahr zu uns kommen werden, ist zu bezweifeln: In ganz Europa altern und schrumpfen die Bevölkerungen, und ob sich tatsächlich so viele Asiaten in Deutschland niederlassen werden, dürfte fraglich sein. «Noch größere Unsicherheit» als bei den Annahmen zur Fertilität «besteht über Ausmaß und Richtung der zukünftigen Wanderungen», urteilt daher die Demografie-Enquete-Kommission des Deutschen Bundestages: «Hier spielen die Einschätzung der künftigen sozialen, politischen und wirtschaftlichen Entwicklung in Deutschland und der EU eine große Rolle, ebenso die erwarteten, staatlicherseits zu setzenden Rahmenbedingungen (restriktive oder fördernde) der Wanderungen.»[51] Die Annahmen zur Migration sind also eher spekulativ. Mit einer liberalen, zielgerichteten Zuwanderungspolitik wird es allerdings durchaus plausibel, dass tatsächlich so viele – oder noch mehr – Menschen wie in den Szenarien angenommen zu uns kommen und dass es sich dabei vor allem um junge, qualifizierte Menschen handelt.

Die in den Modellrechnungen unterstellten Trends sind also veränderbar und nicht für das nächste halbe Jahrhundert unausweichlich vorgegeben. Der Koblenzer Statistikexperte Gerd Bosbach, früher selbst am Statistischen Bundesamt tätig, nennt die 50-Jahre-Vorausberechnungen daher «moderne Kaffeesatzleserei»:[52] Man stelle sich vor, was man im Jahr 1950 alles hätte vorhersehen müssen, um eine realitätsnahe Bevölkerungsprognose für das Jahr 2000 abzugeben: die Erfindung der Pille, die Anwerbung und den Familiennachzug der Gastarbeiter, die Emanzipationswelle von 1968, den Trend zur Kleinfamilie, den Fall des Eisernen Vorhangs, den Zuzug von Menschen aus Osteuropa, die Wiedervereinigung, die Reform des Asylrechts usw. Solche Strukturbrüche sind nicht vorhersehbar und dennoch nehmen die Bevölkerungsmodelle den Status quo als Voraussetzung ihrer Berechnungen an.

Sozialreformen, die für das Jahr 2050 gemacht werden, sind in ihrem Sinn fraglich. Die Rentenpläne von heute für das Jahr 2030 oder 2050 sind nicht weniger verwegen als es ein Rentenplan der Ära Adenauer für unsere heutige Zeit gewesen wäre. Damit soll nicht bestritten werden, dass es vernünftig ist, bereits heute daran zu denken, wie die Sozialsysteme demografiefest gemacht werden können, doch müssen sie sich auf dynamische Entwicklungen einstellen können: In der aktuellen Bevölkerungsvorausberechnung von 2006 sind zwölf Varianten kalkuliert, nach denen im Jahr 2050 ein Bevölkerungsstand von 67,0 bis 79,5 Millionen Menschen erreicht wird:[53] Eine Spannbreite von immerhin 12,5 Millionen Menschen – es ist also erheblicher Spielraum für Gestaltung und Veränderung vorhanden.

Das ist kein Plädoyer für den generellen Verzicht auf Bevölkerungsmodelle. Im Gegenteil, diese sind nützlich und wichtig. Wir dürfen in den Modellrechnungen aber kein unentrinnbares Schicksal sehen, das wie eine Naturkatastrophe über uns hereinbrechen wird. Bevölkerungsvorausberechnungen sind eben keine Prognosen, sondern mit Unsicherheiten behaftet und aktiv gestaltbar. Demografischer Determinismus ist nicht angebracht.

## Wie dramatisch ist der demografische Wandel wirklich?

Wie dramatisch wird der demografische Wandel tatsächlich ausfallen, sollten die Berechnungen des Statistischen Bundesamtes tatsächlich eintreten?

Ein Blick auf die Zahlen nimmt der Debatte viel Brisanz. Nach dem mittleren Szenario der Bevölkerungsvorausberechnung aus dem Jahr 2006 wird die Gesamtbevölkerung in Deutschland von heute etwa 82 Millionen auf etwa 69 bis 74 Millionen Menschen im Jahr 2050 schrumpfen, je nach Zuwanderungssaldo. Damit würden zur Mitte des Jahrhunderts immer noch in etwa so viele Menschen auf dem Gebiet der heutigen Bundesrepublik leben wie im Jahre 1950.[54] Damals lebten knapp 69 Millionen Menschen in Deutschland. Heute aber gibt es so viele Deutsche wie noch nie zuvor in der Geschichte, erst seit kurzem schrumpft die Bevölkerung.

**Tabelle 1: Entwicklung der Gesamtbevölkerung in Deutschland**

| Jahr | Gesamtbevölkerung |
|---|---|
| 2050 | 74,0 Mio. (Prognose mittleres Szenario, Obergrenze) |
| 2050 | 68,7 Mio. (Prognose mittleres Szenario, Untergrenze) |
| 2007 | 82,5 Mio. (West- und Ostdeutschland) |
| 1950 | 68,7 Mio. (West- und Ostdeutschland) |
| 1950 | 50,8 Mio. (Grenzen Westdeutschlands) |
| 1939 | 43,0 Mio. (Grenzen Westdeutschlands) |

Quelle: Statistisches Bundesamt 2003/2006

Obwohl also im historischen Vergleich die Bevölkerung in den kommenden Jahrzehnten nur mäßig schrumpft, sind wir im politischen Diskurs mit einer Dramatik konfrontiert, die einer kritischen Überprüfung nicht standhält. «Deutschland ist überbevölkert», meint der liberale Politikwissenschaftler und *Zeit*-Herausgeber Josef Joffe und fragt lapidar: «Kinderschwund – na und?»[55]

Nicht nur der Bevölkerungsrückgang wird gerne hochstilisiert, auch die niedrige Geburtenrate in Deutschland wird dramatisiert. Der *Spiegel* schreibt: «Deutschland schrumpft – und ergraut. Die Bundesrepublik rangiert mit ihrer Geburtenrate unter 190 Staaten auf Platz 185. Vier von zehn deutschen Akademikerinnen verzichten auf Mutterglück und Mutterstress.»[56] Einige Zeit später verbreitete sich sogar die Meldung, Deutschland habe die weltweit niedrigste Geburtenrate, abgesehen vom Vatikanstaat.[57]

In der Debatte wurde auch vor Halbwahrheiten nicht zurückgeschreckt. Die zitierten Meldungen, wie sie im *Spiegel*, in der *Süddeutschen Zeitung*, der ARD, dem ZDF und anderen Medien auftauchten, waren schlicht falsch. Im internationalen Vergleich liegt Deutschland mit seiner Fertilität zwar weit hinten. Auf Geburtenraten wie in Saudi-Arabien, Ruanda oder im Kongo kommen wir eben nicht, und das dürfte auch niemand ernsthaft herbeisehnen.

Dennoch liegen wir nur auf dem 170. Platz und eben nicht auf dem 185. Platz und schon gar nicht auf vorletzter Stelle vor dem Vatikan.[58] In vielen unserer europäischen Nachbarländer, wie Österreich, Polen, Tschechien, Ungarn, Spanien oder Italien, bekommen die Menschen noch weniger Kinder als bei uns. Der Vatikanstaat veröffentlicht seine Geburtenrate übrigens gar nicht.

Auch die angeblich hohe Kinderlosigkeit der Akademikerinnen hat sich inzwischen längst als statistisches Artefakt erwiesen: Bedingt durch lange Ausbildungs- und Berufseinstiegsphasen bekommen Akademikerinnen ihre Kinder einfach nur später, wie Wissenschaftler am Bundesinstitut für Bevölkerungsforschung eruiert haben. Nur etwa 30 Prozent der Akademikerinnen statt den angeblichen 40 Prozent bleiben lebenslang kinderlos – immer noch mehr als im allgemeinen Durchschnitt, der bei 20 bis 25 Prozent liegt, aber doch eine weitaus weniger dramatische Zahl.[59]

Auch die angekündigten Verschiebungen in der Altersstruktur sind weniger erschreckend, wenn man die Vorausberechnungen genauer betrachtet. Ein Blick in die Vergangenheit zeigt, dass der demografische Umbruch bereits stattgefunden hat – ohne dass es jemand gemerkt hätte. Alterung ist nichts Neues für unsere Gesellschaft. Der Altenquotient verschärft sich von 3:1 heute auf 2:1 innerhalb von dreißig Jahren, wir haben jedoch weit dramatischere demografische Umwälzungen bereits hinter uns: Der Altenquotient lag im Jahr 1900 noch bei 12:1, im Jahr 1950 bei 7:1, im Jahr 1960 bei 6:1 und im Jahr 2000 bei 4:1. Unsere sozialen Systeme haben die Alterung gut verkraftet, weil unsere Gesellschaft in dieser Zeit ihren Reichtum um ein Vielfaches steigern konnte. Die Produktivität hat sich dermaßen verbessert, dass wir auch in einer älteren Gesellschaft gut leben können.

**Tabelle 2: Entwicklung der Altersgruppen (in % der Gesamtbevölkerung)**

| | 1950 | 1960 | 1970 | 1980 | 1990 | 2000 | 2010 | 2020 | 2030 | 2040 | 2050 |
|---|---|---|---|---|---|---|---|---|---|---|---|
| 0–20 | 30,9 | 28,6 | 30 | 26,7 | 21,8 | 21,1 | 18,3 | 16,9 | 16,6 | 16,0 | 15,4 |
| 20–60 | 54,5 | 53,8 | 50,1 | 54 | 57,8 | 55,3 | 55,4 | 52,9 | 47,6 | 47,0 | 45,7 |
| 60+ | 14,6 | 17,6 | 19,9 | 19,3 | 20,4 | 23,6 | 26,2 | 30,2 | 35,8 | 37,1 | 38,9 |

Quelle: Statistisches Bundesamt 2006 (ab 2010: Prognose, Szenario «mittlere» Bevölkerung Obergrenze)

Darüber hinaus muss der gesundheitliche Fortschritt berücksichtigt werden: Die Alten von heute sind länger jung, aktiv und gesund, dank der besseren medizinischen und materiellen Versorgung. Die Alten von morgen werden noch länger aktiv und gesund sein. Dennoch wird bei den gängigen Szenarien als Messlatte für die Berechnung des Altenquotienten nach wie vor das 60. Lebensjahr angelegt, obwohl das gesetzliche Rentenalter eigentlich schon heute bei 65 Jahren liegt und nach den Beschlüssen der Bundesregierung schrittweise auf 67 Jahre ansteigt. Geht man unverändert vom 60. Lebensjahr aus, kommen im Jahr 2050 auf 100 Menschen mittleren Alters 85 Ältere, im Vergleich zu 45 Älteren heute. Nimmt man eine Trennlinie bei 65 Jahren an, ist den Zahlen einige Brisanz genommen: Dann kommen auf 100 Menschen mittleren Alters nur noch 60 Ältere. Mit der «Rente ab 67» entschärft sich die Quote noch weiter: Das Verhältnis beträgt nur noch 52 Ältere pro 100 Erwerbsfähige.[60] Ein solch moderater Anstieg dürfte in einem entwickelten, wohlhabenden und fortschrittlichen Land wie Deutschland verkraftbar sein.

**Tabelle 3: Altenquotienten bei verschiedenen Abgrenzungen**

| | | 60 Jahre | 65 Jahre | 67 Jahre |
|---|---|---|---|---|
| 2005 | | 45 | 32 | 26 |
| 2050 | «mittlere» Bevölkerung, Untergrenze | 91 | 64 | 56 |
| | «mittlere» Bevölkerung, Obergrenze | 85 | 60 | 52 |
| | «relativ junge» Bevölkerung | 82 | 58 | 51 |
| | «relativ alte» Bevölkerung | 99 | 71 | 62 |

Quelle: Statistisches Bundesamt 2006

Die mittlere, arbeitende Generation muss aber nicht nur die Alten versorgen, sondern auch die Kinder und Jugendlichen. Wenn man also die Gesamtbelastung durch demografisch bedingte Versorgungsausgaben betrachten will, darf der Jugendquotient nicht ignoriert werden. Der so genannte Versorgungsquotient, der den Alten- und Jugendquotienten zusammenfasst, ist daher ein weit aussagekräftigerer Indikator für die demografische Last als der einseitige Altenquotient.

**Tabelle 4: Versorgungsquotienten bei verschiedenen Abgrenzungen**

| | | 60 Jahre | 65 Jahre | 67 Jahre |
|---|---|---|---|---|
| 2005 | | 81,5 | 64,6 | 57,3 |
| 2050 | «mittlere» Bevölkerung, Untergrenze | 124,7 | 93,5 | 83,9 |
| | «mittlere» Bevölkerung, Obergrenze | 118,9 | 89,3 | 80,3 |
| | «relativ junge» Bevölkerung | 120,0 | 91,4 | 82,5 |
| | «relativ alte» Bevölkerung | 130,3 | 97,6 | 87,5 |

Quelle: Statistisches Bundesamt 2006

Den Szenarien zufolge wird sich der Altenquotient bis zur Mitte des Jahrhunderts gegenüber 2000 in etwa verdoppeln, der gesamte Versorgungsquotient erhöht sich bis dahin jedoch um nur um die Hälfte. Die Dramatik der Zahlen ist dadurch bereits halbiert. Verschiebt man die Altersgrenze auf 67 Jahre und vergleicht diese Quote mit dem heutigen Wert bei einer Altersgrenze von 60 Jahren, dann *sinkt* der gesamte Versorgungsquotient im oberen mittleren Szenario sogar von 81,5 heute auf dann nur noch 80,3. Das tatsächliche Renteneintrittsalter muss lediglich auf 67 Jahre erhöht werden, um den demografischen Kollaps zu verhindern. Demografischer Wandel – wirklich Grund zur Panik?

## Entschärfung der Demografie durch Produktivität

Es wird nicht bestritten, dass die demografische Verschiebung den Druck auf die Sozialsysteme erhöht. Wenn weniger Menschen im erwerbsfähigen Alter mehr Menschen im nicht-erwerbsfähigen Alter zu versorgen haben, dann bedeutet das fraglos eine zusätzliche Belastung. Doch wir haben gute Gründe anzunehmen, dass wir diese Lasten schultern können.

Ein erster Grund zur Beruhigung ist der Produktivitätsforschritt. Dank höherer Produktivität können auch weniger Arbeiter mehr Wohlstand erzeugen. Ein oft zitiertes Beispiel ist die Landwirtschaft: Im 19. Jahrhundert konnte ein Bauer gerade mal sich selbst und seine Familie versorgen, zur Mitte des letzten Jahrhunderts versorgte ein Landwirt bereits 14 andere, und heute ernährt er 88 Menschen. In der Landwirtschaft wurde also dank besserer Technik und Organisation innerhalb von gut fünf Jahrzehnten ein Produktivitätsfortschritt von über 500 Prozent erzielt.[61] In den übrigen Wirtschaftsbereichen ist ebenfalls eine erhebliche Steigerung der Produktivität zu verzeichnen: Das gesamte Arbeitsvolumen ist in Westdeutschland seit 1960 um ein Fünftel geschrumpft, während sich gleichzeitig das Bruttoinlandsprodukt (BIP) verdreifachte. Die gleiche Wirtschaftsleistung kann also mit immer weniger Arbeit erreicht werden.

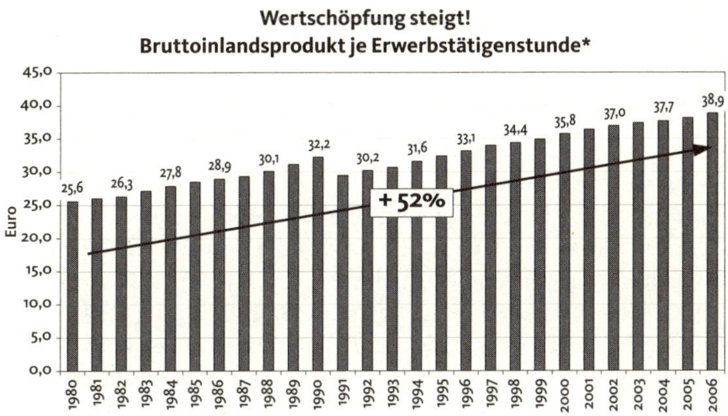


* ab 1991 Gesamtdeutschland; preisbereinigt

Quelle: Statistisches Bundesamt: Volkswirtschaftliche Gesamtrechnung. Inlandsproduktberechnung, Wiesbaden 2006. © ver.di

**Abbildung 1: Entwicklung der Wertschöpfung (1980–2006)**

Nach den Schätzungen der 2003 von der CDU eingesetzten Herzog-Kommission zur Reform der Sozialversicherungen wird sich die Produktivität in den nächsten Jahrzehnten weiter um durchschnittlich 1,25 Prozent jährlich erhöhen. Bis zur Mitte des Jahrhunderts würde sich daraus ein Produktivitätsfortschritt von insgesamt 84 Prozent gegenüber dem Jahr 2000 ergeben. Die von der damaligen sozialdemokratisch geführten Bundesregierung einberufene Rürup-Kommission veranschlagte den Produktivitätsfortschritt sogar auf 1,8 Prozent jährlich, was einen eindrucksvollen Gesamtzuwachs von 140 Prozent bedeuten würde: Jeder Beschäftigte erbringt danach deutlich mehr als doppelt so viel wirtschaftliche Leistung wie im Jahr 2000.

Der wirtschaftliche Reichtum unserer Gesellschaft würde sich also bei gleichem Arbeitsvolumen mehr als verdoppeln. Bei einer höheren Erwerbstätigenquote würde sich das Pro-Kopf-BIP sogar fast verdreifachen.[62] Mit einem zwei- bis dreimal so großen Kuchen sollte jeder, vom Säugling bis zum Greis, ein so großes Stück abbekommen können, dass es zu guten Lebensbedingungen reicht. Daher sollten Wirtschaftswachstum und Produktivität im Mittelpunkt der Debatte stehen und nicht die Alterung.

Mit der Wirtschaftskraft und der Produktivität können auch die Einkommen steigen. Die Beschäftigten und die Unternehmen werden weit bessere materielle Voraussetzungen haben, die es ihnen ermöglichen, vom größeren Kuchen auch ein kleines Stück mehr an die Kinder und Rentner abzugeben, ohne selbst auf einen etwas höheren Wohlstand verzichten zu müssen. Einschnitte in die Sozialsysteme sind also nicht nötig; man muss lediglich dafür sorgen, dass der zunehmende Wohlstand auch gerecht verteilt wird und nicht in den Taschen einiger weniger verschwindet.

Eine Überschlagsrechnung illustriert die Auswirkung des Produktivitätsfortschritts: Heute zahlt ein Arbeitnehmer mit einem Einkommen von 3000 Euro brutto einen Beitrag von rund 20 Prozent (also 600 Euro) in die Rentenkasse ein. Übrig bleiben ihm 2400 Euro. Bei einem Produktivitätsfortschritt von konservativ gerechneten 1,25 Prozent pro Jahr und einer daran orientierten Lohnsteigerung würde sich das Einkommen unseres Beispiel-Arbeitnehmers von 3000 Euro auf inflationsbereinigt gut 5500 Euro in fünfzig Jahren erhöhen. Selbst bei einem Rentenbeitrag von angenommen 30 Prozent würden ihm immer noch ca. 3900 Euro übrig bleiben. Er hätte also trotz gestiegener Rentenzahlungen immer noch ca. 63 Prozent mehr im Geldbeutel als heute.[63] «Die verfügbaren Einkommen der Erwerbstätigen werden – trotz steigender Beitragssätze – im Jahr 2035 die heutige Höhe vermutlich weit übersteigen», beruhigt daher das Deutsche Institut für Wirtschaftsforschung (DIW).[64]

Das entscheidende Problem ist nicht, dass unsere Gesellschaft altert, sondern inwieweit wir es schaffen, die Produktivität zu steigern und das erwirtschaftete Sozialprodukt gerecht zu verteilen. Wissenschaftler wie der US-Starökonom Robert J. Shiller von der Elite-Universität Yale raten daher zu mehr Gelassenheit. Im *Handelsblatt* erklärte er: «Die Rürup-Kommission kam zu dem Ergebnis, dass die Sozialversicherungsbeiträge bis auf 25 Prozent ansteigen würden. Die Auswirkungen werden jedoch weit überschätzt. Denn wenn das Wirtschaftswachstum in Deutschland so bleibt, wie es in der Vergangenheit war, würde das Pro-Kopf-Einkommen im Jahr 2030 ungefähr zweimal so hoch sein, wie es heute ist. Die Erhöhung des Beitragssatzes würde nichts anderes bedeuten als den Unterschied, ob ein Mensch im Jahr 2030 nun ein 90 oder 100 Prozent höheres Einkommen hätte. Ist das aber das Thema, das Deutschland zurzeit intensiv beschäftigen sollte?»[65]

## Entlastung der Demografie durch höhere Beschäftigung

Neben dem Produktivitätsfortschritt gibt es einen zweiten Grund zur Beruhigung: Entscheidend für die Finanzierung der Sozialsysteme ist nicht der Altenquotient, also das Verhältnis zwischen den Personen im *erwerbsfähigen Alter* und den Personen im *Rentenalter*, sondern das Verhältnis zwischen den *tatsächlich Erwerbstätigen* und den *tatsächlichen Rentenbeziehern*. Schließlich gilt: Wer arbeitslos ist, zahlt weder in die Rentenkasse ein noch in die Krankenkasse oder für die Pflege, noch zahlt er viel Steuern wird aber in den Bevölkerungsstatistiken als erwerbsfähig verbucht und infolgedessen als potenzieller Beitragszahler. Andererseits gilt ebenso: Wer schon vor dem gesetzlichen Rentenalter mit 60 oder noch früher in Rente geht, fällt zwar statistisch noch ins erwerbsfähige Alter, erhält aber bereits Transferleistungen aus den Sozialversicherungen. Nicht die Quote Jung/Alt gilt es also zu beleuchten, sondern die Quote Beschäftigte/Rentner.

Momentan sind nur ca. zwei Drittel der erwerbs*fähigen* Bevölkerung auch wirklich erwerbs*tätig*. Dieser niedrige Anteil resultiert hauptsächlich aus der hohen Arbeitslosigkeit und der im internationalen Vergleich immer noch niedrigen Frauenerwerbsquote. Das Verhältnis von Erwerbstätigen zu Rentnern beträgt daher heute nur etwa 2,3 zu 1, könnte aber nach den demografischen Daten bei etwa 3 zu 1 liegen, wenn die Erwerbsquote höher wäre.

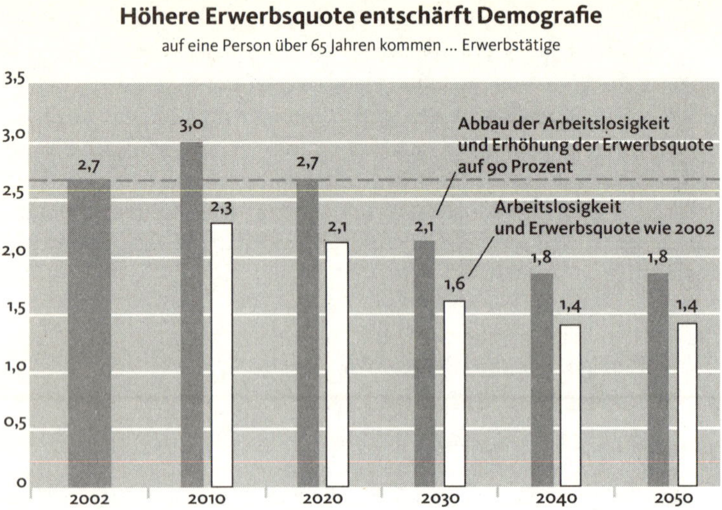


Abbau der Arbeitslosigkeit und höhere Erwerbsbeteiligung führen zu einer günstigeren Entwicklung des Verhältnisses von Erwerbstätigen und Alten.

© ver.di 2003

**Abbildung 2: Erwerbstätige pro Über-65-Jährigem bei unterschiedlichen Erwerbsquoten (2002–2050)**

Die demografischen Verschiebungen würden wesentlich entschärft, wenn die Beschäftigungskrise entspannt werden könnte. Das Max-Planck-Institut für demografische Forschung hat berechnet: Wenn bis 2025 nur erreicht würde, dass die 50- bis 60-Jährigen so viele Stunden arbeiten wie die 35- bis 49-Jährigen und sich die Arbeitszeit der über 65-Jährigen auf 20 Wochenstunden erhöht, bliebe das Arbeitsvolumen auch bei einer alternden Erwerbsbevölkerung konstant. Angenommen, die Menschen würden bis zu einem Alter von 65 Jahren gleich viel arbeiten und Menschen bis 70 würden maßvoll in das Erwerbsleben eingebunden, ließe sich sogar eine Entlastung für andere Altersgruppen realisieren – man denke etwa an junge Menschen, die gerade eine Familie gründen.[66]

Für die Bekämpfung der Massenarbeitslosigkeit steckt im demografischen Wandel eine große Chance: Wenn mehr alte Menschen von weniger jungen Menschen versorgt werden müssen, dann bedeutet dies, dass wir dem Problem der Massenarbeitslosigkeit Herr werden können. Die Bevölkerung insgesamt wird kaum schrumpfen, aber die Erwerbsbevölkerung. Weil aber eine kleinere Erwerbsbevölkerung mehr Wirtschaftsleistung erbringen muss, rechnen die meisten Ökonomen damit, dass sich im Zuge der Alterung der Gesellschaft die Situation auf dem Arbeitsmarkt entspannen wird. Dadurch würden auch die horrenden fiskalischen Kosten der Arbeitslosigkeit deutlich reduziert und die Beiträge zur Arbeitslosenversicherung würden sinken.

Einige Experten geben sich zwar weniger optimistisch hinsichtlich der Auswirkungen auf den Arbeitsmarkt. In welchem Umfang sich die demografische Entlastung realisieren lässt, ist insbesondere von unsicheren Annahmen über Wirtschaftswachstum und Migration abhängig. Auch die strukturellen Verfestigungen auf dem Arbeitsmarkt verhindern die volle Ausschöpfung des demografischen Entlastungspotenzials. Die Demografie wird nicht alle Probleme beiseite schieben können, sie bildet aber – so viel steht fest – einen Teil der Lösung.[67] Die Enquete-Kommission zum Demografischen Wandel zieht in diesem Kontext folgendes Fazit: «Im demografischen Wandel wird sich für den deutschen (aber auch für den europäischen) Arbeitsmarkt längerfristig eine deutliche Entlastung von der Angebotsseite her ergeben. Von dieser Seite besteht die Chance, die Arbeitslosigkeit zu überwinden, um sich der Vollbeschäftigung anzunähern.»[68]

Durch den demografischen Wandel sowie eine klügere Beschäftigungspolitik ist es also durchaus denkbar, eine Erwerbsquote von rund 90 Prozent zu erzielen, wie das andere Industrieländer, etwa die Schweiz, vormachen. Die Arbeitslosigkeit von rund vier Millionen Arbeitssuchenden verursacht nach Angaben der Bundesagentur für Arbeit fiskalische Kosten in Höhe von rund 75 Milliarden Euro im Jahr.[69] Einen guten Teil dieser Summe werden wir in Zukunft für die Bewältigung der demografischen Veränderungen aufwenden können.

Freilich wird auch in Zukunft nicht jeder im erwerbsfähigen Alter auch wirklich arbeiten können: Einige studieren, andere sind gesundheitlich nicht dazu in der Lage, wieder andere müssen sich um ihre Kinder kümmern oder pflegebedürftige Angehörige betreuen. Doch wenn eine fortschrittliche Wirtschafts- und Arbeitsmarktpolitik betrieben würde, könnten wir durchaus erreichen, dass neun von zehn

Menschen im Alter von 15 bis 67 Jahren arbeiten. «Durch bestmögliche Nutzung unserer ‹versteckten Reserven› können wir die Alterung der Gesellschaft mindestens teilweise kompensieren», meint Thomas Straubhaar, Direktor des Hamburger Weltwirtschaftsinstituts.[70]

Dafür ist es dringend nötig, endlich die Vereinbarkeit von Familie und Beruf zu fördern, um auch Frauen für den Arbeitsmarkt zu aktivieren. Außerdem ist der immer noch praktizierten Frühverrentungspraxis endlich ein Riegel vorzuschieben, damit die Menschen bis zum gesetzlichen Rentenalter arbeiten können. Wir müssen die jungen Leute schneller ins Berufsleben bringen anstatt selbst hoch qualifizierte Hochschulabsolventen in prekäre Beschäftigung abdriften zu lassen.

## Drei-Säulen-Strategie für demografische Zukunftsfähigkeit

Eine Entwicklung ist zukunftsfähig, wenn sie Bestandssicherheit sowie Erfolg auch in der Zukunft, also für künftige Generationen, verspricht. Daraus folgt: Eine demografische Entwicklung ist zukunftsfähig, wenn sie die Bevölkerungsgröße auf einem bestimmten Niveau erhält (quantitative Dimension) und das Gebot der Generationengerechtigkeit (qualitative Dimension) beachtet.[71] Die erste Maxime, die Bestandserhaltung, erfordert eine langfristige Stabilisierung der Geburtenrate auf dem Ersatzniveau der Bevölkerung (2,1 Kinder pro Frau), wobei Abweichungen von diesem Niveau durch Zuwanderung ausgeglichen werden können. Eine liberale und überdachte Zuwanderungs- und Integrationspolitik sollte deswegen eine aktive Geburtenpolitik flankieren.

Eine vorübergehende Schrumpfung (oder ein vorübergehendes Wachstum) der Bevölkerung ist mit diesem Grundsatz durchaus vereinbar. Eine ständige Schrumpfung wäre aber in letzter Konsequenz absurd – bei Fortschreibung der heutigen Fertilität hätte ganz Deutschland im Jahr 2300 dann nur noch drei Millionen Einwohner, so viel wie heute Berlin.[72] Genauso abwegig wäre ein ständiges Wachstum der Bevölkerung.

Die zweite Maxime demografischer Zukunftsfähigkeit ist die Beachtung der Generationengerechtigkeit. Sie ist dann erfüllt, wenn die demografische Entwicklung es ermöglicht, dass die Chancen nachrückender Generationen auf Befriedigung ihrer eigenen Bedürfnisse mindestens so groß sind wie die der ihnen vorangegangenen Generationen.

Da der Wohlstand nachrückender Generationen in Wechselwirkungen mit deren Altersstruktur und zahlenmäßiger Stärke steht, bildet das Gebot der Generationengerechtigkeit die Grundlage für Überlegungen zur gewünschten Bevölkerungsgröße und zum gewünschten Tempo des demografischen Übergangs. Eine «optimale» Bevölkerungsgröße lässt sich wissenschaftlich nicht bestimmen, aber dennoch sollte sich die Gesellschaft ein Bild davon machen, wohin sie sich entwickeln will. Am günstigsten scheint, wenn die Bevölkerung zwar kleiner wird, der Übergang aber so behutsam verläuft, dass die Anpassungsfähigkeit der Gesellschaft nicht überfordert wird. Zwar sind demografische Prozesse gerade in einer liberalen Gesellschaft nicht exakt steuerbar, doch die politische Zielrichtung muss klar sein, um die gesellschaftliche Entwicklung durchdacht gestalten zu können.

Diese qualitative Dimension demografischer Zukunftsfähigkeit unterstreicht, dass es auf weit mehr ankommt als auf eine bloße Steigerung der Geburtenrate. Wer nur auf die Geburtenrate setzt, läuft Gefahr, dass zwar mehr Kinder auf die Welt kommen, es diesen aber schlechter geht als der Generation davor. Geburtensteigerung, die zulasten der Generationengerechtigkeit geht, ist verfehlt. Neben Geburten- und Zuwanderungspolitik muss ein dritter Baustein einer Politik für demografische Zukunftsfähigkeit in der Anpassung an die Auswirkungen des demografischen Wandels bestehen.

Erforderlich ist also eine Drei-Säulen-Strategie, wie sie auch vom Institut für demografische Zukunftsfähigkeit (idz) vorgeschlagen wird: erstens eine aktive Geburtenpolitik, zweitens eine weltoffene Zuwanderungs- und Integrationspolitik und drittens eine Politik zum Management der Alterung.

## *1. Säule: Aktive Geburtenpolitik – Mehr Kinder wagen!*

Vorübergehend sind niedrige Geburtenraten durchaus wünschenswert, weil eine kleinere Bevölkerung Vorteile für künftige Generationen mit sich bringt, etwa für den Umweltschutz. Auf lange Sicht wäre alles andere als eine Stabilisierung der Bevölkerung aber abwegig. Das Plädoyer für aktive Geburtenpolitik und das Plädoyer für eine kleinere Bevölkerungszahl stehen daher nicht im Widerspruch zueinander.

Mit einer Erhöhung der Fertilität kann es gelingen, die Bevölkerung langfristig zu stabilisieren. Dafür sollte die Fertilitätsrate[73] schrittweise auf rund 1,8 Kinder pro Frau angehoben werden, verbunden mit einer mittelstarken Zuwanderung von rund 150.000 Menschen im mittleren Alter von 25 Jahren.[74] Eine Erhöhung auf das Bestandserhaltungsniveau von 2,1 Kindern ist also – bei entsprechender Zuwanderung – demografisch nicht erforderlich.

Das Ziel von 1,8 Kindern pro Frau ist durchaus realistisch: Es bewegt sich im Rahmen der Geburtenziffern von vielen unserer europäischen Nachbarn und liegt sogar knapp unter dem durchschnittlichen Kinderwunsch in Deutschland (1,9 Kinder pro Frau).[75] Mut macht die Einschätzung von 80 Prozent der Frauen mit (weiterem) Kinderwunsch, dass eine andere Politik es ihnen leichter machen würde, so viele Kinder zu bekommen, wie sie sich wünschen, und dass sogar 20 Prozent der Frauen ohne Kinderwunsch ihre Entscheidung überdenken würden.[76] Eine zukunftsfähige Geburtenpolitik kann das Ziel erreichen, wenn sie an vier Koordinaten ansetzt: Geld, Arbeitsmarkt, Zeit und Kinderfreundlichkeit.

***Koordinate 1: Geld.*** Kinder machen nicht nur Freude – sie kosten auch Geld. In Deutschland versucht der Staat traditionell, über den Familienlasten- bzw. Familienleistungsausgleich[77] Eltern einen Teil der Kosten abzunehmen (mit Kindergeld und Kinderfreibeträgen im Kern). Doch das staatliche Transfersystem krankt daran, dass es uneinheitlich und unübersichtlich, auf viele Leistungen und Träger verstreut und zu wenig transparent ist, um seine volle Wirkung entfalten zu können.[78]

Der Familienleistungsausgleich steht zusätzlich vor dem grundlegenden Problem, dass die strukturellen Rücksichtslosigkeiten unseres Steuer-, Sozial- und Abgabensystems Eltern bereits derart belasten, dass selbst auf den ersten Blick vielleicht hoch erscheinende Transferzahlungen diese Benachteiligungen nicht auszugleichen vermögen: Nur ein Viertel der direkten Kosten der Kindererziehung wird durch staatliche Leistungen gedeckt – und davon finanzieren Familien wiederum ein Drittel durch Steuern selbst. Im Familienleistungsausgleich wird zudem nur am Rande beachtet, dass die Eltern zusätzlich zu den direkten Kosten noch weitaus größere Opportunitätskosten in Form von entgangenen Erwerbseinkommen und Einschnitten bei der sozialen Absicherung (z. B. bei der Rente) verkraften müssen.[79] «Der Staat holt die Sau vom Hof und gibt ein paar Koteletts zurück», sagt daher der Sozialrichter und Regierungsberater Dr. Jürgen Borchert.[80] Familien müssen in erster Linie wieder in die Lage versetzt werden, sich selbst finanzieren zu können. Die Mehrwertsteuererhöhung, steigende Preise bei Lebensmitteln, Energie und Mieten treffen insbesondere Familien, Familien mit Durchschnittseinkommen unterschreiten bei mehr als einem Kind unweigerlich das steuerliche Existenzminimum.[81]

Familie ist nicht mit Geld zu bezahlen – aber sie ist ihr Geld wert: Zwar werden Kinder nicht in Profitabsicht gezeugt und sind nicht mit Marktpreisen bewertbar. Aber die finanziellen Risiken sind einer der wichtigsten Gründe dafür, dass junge Menschen nicht den Mut zu Kindern aufbringen. Im internationalen Vergleich scheint dieser Zusammenhang zwischen Fertilität und staatlichen Ausgaben für die Familie nur schwach ausgeprägt, was auch damit zu tun hat, dass sich die nationalen Fördersysteme erheblich voneinander unterscheiden und sich auf ganz andere sozioökonomische Rahmenbedingungen beziehen. Als entscheidend gilt die Art der Förderung: In geburtenfreudigen Ländern wie Skandinavien oder Frankreich konzentriert sich die staatliche Förderung auf Dienstleistungen (insbesondere Kinderbetreuung). Allgemeine, nicht zielgerichtete finanzielle Transfers sind dagegen eher weniger wirksam.[82]

Eine geburtenaktivierende Politik erfordert daher nicht unbedingt mehr Geld, vielmehr müssen die vorhandenen Mittel effizienter eingesetzt werden. Das Transfersystem muss also einerseits die Konstruktionsmängel unseres Steuer-, Sozial- und Abgabensystems korrigieren und andererseits die Förderung von Familien mit Kindern in wenigen Leistungen bündeln und auf jene Familienphasen mit besonderer Belastung konzentrieren. Dabei geht es nicht um eine staatliche Vollfinanzierung der Kinderkosten, denn die Eltern sollen und wollen die Erstverantwortung für ihre Kinder wahrnehmen. Vielmehr hat das Prinzip zu gelten, dass der Staat nicht mit der Steuer- und Abgabenschraube auf diejenigen Einkommensanteile zugreifen soll, die Eltern für den Unterhalt ihrer Kinder brauchen. Die Zusammenlegung von Kinderfreibeträgen, Kindergeld und Kinderzuschlag zu einem neuen, transparenten Kindergeld, ein Kinderbonus für das dritte Kind sowie die Aufwertung von Erziehungszeiten in den Sozialversicherungen sind Elemente einer solchen Neugestaltung des Familienleistungsausgleichs. Das altbackene Ehegattensplitting kann dagegen abgeschafft werden, denn wir wollen Kinder fördern, nicht die Ehe.

***Koordinate 2: Arbeitsmarkt.*** Mit der Reform des Sozialstaats allein lässt sich die Nachwuchsschwäche nicht überwinden. Als zweite Koordinate einer aktiven Geburtenpolitik müssen die Erwerbschancen für Frauen – und komplementär dazu die Familienchancen für Männer – verbessert werden: also eine gerechte innerfamiliäre Arbeitsteilung. In Deutschland passen heute Kind und Karriere nicht zusammen, deswegen werden vor allem junge Mütter aus dem Arbeitsmarkt gedrängt. Sie müssen Erziehung und Hausarbeit übernehmen – und auf berufliche Selbstverwirklichung, eigene Einnahmen und soziale Sicherung verzichten.

Eine bessere Vereinbarkeit von Erziehungs- und Erwerbstätigkeit für beide Geschlechter ist Grundvoraussetzung, um Mut zu mehr Kindern zu machen. Feminisierung der Erwerbssphäre und Maskulinisierung der Familiensphäre sind dabei zwei Seiten einer Medaille, denn ohne Gleichberechtigung und ohne ein neues, egalitäres Bild der Geschlechterrollen werden sich weder dauerhaft stabile Partnerschaften bilden können noch werden sich junge Frauen unter dem Risiko der Dreifachbelastung (Beruf, Haushalt, Kinder) zu Kindern entschließen wollen. Die daraus resultierenden Handlungsfelder sind markiert durch die *«drei B»*: Betreuung, Bildung, Betriebe.

Das erste Handlungsfeld ist die Betreuungslandschaft für Kinder und Kleinkinder: Das Land, das der Welt das Wort «Kindergarten» geschenkt hat, liegt mit der Versorgung an Kinderbetreuung weit zurück. Insbesondere für Kinder unter drei Jahren sind Betreuungsmöglichkeiten selten: Nur für 13,7 Prozent aller Kinder stehen in Deutschland öffentliche Betreuungsplätze zur Verfügung (zum Vergleich: in Frankreich sind es 56,4 Prozent, in Schweden 45,2 Prozent – und im kinderarmen Italien nur 7,4 Prozent), in den alten Bundesländern sieht die Bilanz noch schlechter aus.[83] Folge der Betreuungslücke ist, dass die Mütter ihre Berufstätigkeit unterbrechen.[84]

Die früheren ideologiegeladenen Debatten um familiäre versus öffentliche Kinderbetreuung, die schon immer an der Lebenslage von Familien vorbeigingen, scheinen heute obsolet geworden zu sein.[85] An ihre Stelle sind Bemühungen getreten, das Betreuungsangebot zu verbessern. Im Mai 2007 verständigte sich die große Koalition darauf, die Krippenplätze auf 750 000 zu verdreifachen und einen Rechtsanspruch auf einen Krippenplatz einzuführen. Für jedes Kind ab dem ersten Geburtstag muss ab dem Jahr 2013 ein Betreuungsangebot vorhanden sein.[86] Bis zur Umsetzung ist es aber noch ein langer Weg.

Das zweite Handlungsfeld ist die Bildungslandschaft. Wir sind neben Österreich die einzige Nation in Europa mit der Halbtagsschule als Regelschule. Die Initiativen der letzten Zeit für eine Ganztagsschule müssen bundesweit durchgesetzt werden. Dann haben auch Eltern von Kindern im Schulalter Gewissheit, dass ihre Kinder tagsüber gut aufgehoben sind. Es versteht sich von selbst, dass die Ganztagsschule nicht nur Lernort sein darf, sondern als Lebensraum begriffen werden muss.[87] Außerdem muss die Bildung schon im Vorschulalter beginnen, und die frühkindliche Betreuung muss an Qualität zunehmen, um individuelle Defizite frühzeitig auszugleichen. Denn es ist nicht qua Geburt bestimmt, ob ein Kind später Abitur macht oder nicht – entscheidend ist, wie es aufwächst. Mit Bildung kann man daher gar nicht früh genug beginnen.

Das dritte Handlungsfeld sind die Betriebe, denn mit Krippen und Kindergärten allein ist es nicht getan. Vielmehr müssen auch die Unternehmen familienfähiger werden. Grundsatz sollte sein, die Arbeitswelt den Bedürfnissen der Familien anzupassen und nicht umgekehrt: Familiengerechte Jobs, nicht jobgerechte Familien. Heute sind vielerorts die Arbeitszeiten kaum mit den Öffnungszeiten von Kindergärten, geschweige denn von Arztpraxen oder Geschäften vereinbar, was für Erziehende zur täglichen Herausforderung im Zeitmanagement wird. Der größte Handlungsbedarf liegt daher bei flexiblen und selbstbestimmten Arbeitszeiten, so jüngst eine Umfrage unter erwerbstätigen Eltern.[88] Auch das arbeitgebernahe Institut der deutschen Wirtschaft sieht in «Formen der Arbeitszeitflexibilisierung das wichtigste Instrument zur Vereinbarkeit von Familie und Beruf».[89] Entscheidend ist, die Zeitsouveränität der Eltern zu stärken, anstatt einseitig die Flexibilisierung zugunsten der Interessen der Unternehmen an produktionsdienlichen Markterfordernissen auszurichten.[90] Es braucht mehr Betriebs-Kitas und es sollte selbstverständlich werden, dass kranke Kinder einfach zur Arbeit mitgebracht werden können und neben dem Schreibtisch spielen.

***Koordinate 3: Zeit.*** Die «Rush-Hour des Lebens», in der junge Leute sich von ihrem Elternhaus trennen und eine eigene Existenz aufbauen müssen, ist kurz und überladen, und damit auch das Zeitfenster, in dem sich Kinderwünsche verwirklichen lassen. Jungen Erwachsenen, die wegen langer Ausbildungs- und Berufseinstiegsphasen ökonomisch auch lange von ihren Eltern abhängig sind, fällt es schwer, sich mit einem Partner von den Eltern zu emanzipieren und ihre Zukunft selbstständig zu planen.

Studien und internationale Vergleiche zeigen, dass sich die Fertilität erhöhen würde, wenn durch frühere ökonomische Selbstständigkeit die Familiengründung nicht mehr mit anderen Lebensentscheidungen kollidiert.[91] Junge Menschen sollten daher möglichst früh «geordnete Verhältnisse» vorfinden, so auch das Plädoyer der Sachverständigenkommission beim Bundesfamilienministerium.[92] Dafür muss die Rush-Hour des Lebens entzerrt werden, um Gelegenheiten für die Entscheidung zu Kindern zu schaffen: Eine bessere soziale Absicherung junger Eltern, frühere und kompaktere Bildung, schneller Berufseinstieg und Abschaffung der Wehrpflicht können in jungen Jahren mehr Zeit geben.

***Koordinate 4: Kinderfreundlichkeit.*** Wenn die Gesellschaft sich mehr Nachwuchs wünscht, müssen wir den jungen Menschen aber auch vermitteln, dass ihre Kinder in einem kinderfreundlichen Umfeld aufwachsen können. Die Deutschen schätzen Familie und Kinder zwar sehr hoch, aber nur 25 Prozent der Bevölkerung glauben, in einem kinderfreundlichen Land zu leben – anders in Frankreich, wo eine explizite Geburtenpolitik und eine breite gesellschaftliche Anerkennung für Familien existiert: Dort halten 80 Prozent ihr Land für kinderfreundlich.[93] Kinderfreundlichkeit kann natürlich nicht gesetzlich verordnet, allerdings durch viele kleine Maßnahmen jenseits von Plakat- und Flugblattaktionen gefördert werden. Ganz besonders stehen Städte und Gemeinden in der Pflicht. Eine Art «Familienverträglichkeitsprüfung» in der kommunalen Stadt- und Raumplanung sollte die Kinder wieder ins Alltagsleben zurückholen, um so der Entwöhnung von Kindern entgegenzuwirken und Belastungen für Eltern zu vermeiden. Das Leitbild ist die «Stadt der kurzen Wege»: Dafür braucht es mehr Innovation in Krippen und Kultur und weniger in Beton und Asphalt.[94]

Frühere ideologische Restriktionen für einen Neuentwurf der Geburtenpolitik scheinen heute überwunden.[95] Der Weg für eine aktive Geburtenpolitik ist frei. Es sollte selbstverständlich sein, dass dabei nicht die quantitative Erhöhung der Geburtenrate, sondern die qualitative Bildung von Humanvermögen im Vordergrund stehen muss – dass also nicht nur die Zahl der Köpfe zählt, sondern in erster Linie deren Fähigkeiten und Kompetenzen.[96] Kinder sind nicht nur nützliches Humanvermögen, sondern Menschen mit vollen Rechten und eigenen Wünschen.[97]

Die große Koalition in den 1960er Jahren schrieb mit ihrem «magischen Viereck der Wirtschaftspolitik» eine Erfolgsgeschichte. Die heutige große Koalition könnte eine ähnliche Erfolgsgeschichte werden: Sie könnte den demografischen Wandel aktiv gestalten und mit dem «magischen Viereck der Geburtenpolitik» pronatalistische Impulse setzen, um den Weg zu mehr Kindern in Deutschland freizumachen.

### 2. Säule: Weltoffene Zuwanderungs- und Integrationspolitik

Geburtenpolitische Programme greifen erst schleppend. Daher sind wir auf mehr qualifizierte Zuwanderung angewiesen, um zusätzlich junge, qualifizierte Menschen zu gewinnen. Deutschland, das lange kein Einwanderungsland sein wollte, ist faktisch längst zum Einwanderungsland geworden. Wir sind eine multikulturelle Gesellschaft. Unter allen Industrienationen lebt hier die in absoluten Zahlen zweitgrößte Bevölkerungsgruppe von Zugewanderten. Ohne Zuwanderung wäre die Bevölkerung in Deutschland bereits seit 1972 geschrumpft, unser wirtschaftlicher Erfolg wäre ohne die «Gastarbeiter» nicht möglich gewesen.[98]

Doch auch Migration ist kein Königsweg: Wollten wir die Altersstruktur allein mittels Zuwanderung konstant halten, bräuchten wir einen Zuzug von durchschnittlich 3,4 Millionen Menschen im Jahr, eine Größenordnung also, die jenseits aller realistischen Konzepte liegt: Im Jahr 2050 würden dann fast 300 Millionen Menschen in Deutschland leben, was freilich undenkbar ist.[99] Die mittlere Variante der Bevölkerungsmodelle unterstellt eine Zuwanderung von netto 100 000 bzw. 200 000 Menschen im Jahr. Seit 2004 kommen jedoch netto deutlich unter 100 000 Menschen pro Jahr nach Deutschland, die Immigrationszahlen sinken.[100] Ohne eine entschieden weltoffene Zuwanderungspolitik wird sich diese Zahl kaum auf die gewünschte Größenordnung erhöhen. Das Potenzial der Zuwanderung nach Deutschland ist also begrenzt. Auch andere Industrieländer sind vom demografischen Wandel betroffen, ferner gleicht sich die Fertilität der hier lebenden ausländischen Bevölkerung rasch an das deutsche Niveau an. Zuwanderung kann also eine aktive Geburtenpolitik flankierend ergänzen, aber nicht ersetzen.

Zuwanderung birgt viele Chancen und Vorteile. Sie hat unser Land kulturell bereichert, viele Anstöße für Innovation gegeben und Potenzial für grenzüberschreitende Zusammenarbeit eröffnet. Insbesondere in der Gastronomie ist die ausländische Bevölkerung nicht mehr wegzudenken. Zuwanderung kann aber mit hohen Integrationserfordernissen verbunden sein, die ökonomisch betrachtet gegen die Gewinne abzuwägen sind. Viele Zuwanderer haben nur ein niedriges Qualifikationsniveau. Während die erste Generation der Gastarbeiter für die unbesetzten Arbeitsplätze in der Industrie gebraucht wurde, sind heute die Arbeitsplätze in diesen Branchen weggebrochen. Die Familien der Gastarbeiter sprechen oft nur schlecht Deutsch und haben schlechte berufliche Perspektiven. Ihre Kinder erreichen im Schnitt deutlich niedrigere Bildungsabschlüsse als Einheimische: Mehr als doppelt so oft wie Einheimische haben sie gar keinen Schulabschluss und mehr als doppelt so oft lediglich einen Hauptschulabschluss. Die geringere Qualifikation führt zwangsläufig zu einem schlechteren Status auf dem Arbeitsmarkt. Ausländer sind daher etwa doppelt so oft arbeitslos wie Einheimische, ihre Sozialhilfequote liegt beinahe drei Mal so hoch.[101] Das ist weder gut für die Menschen noch gut für die Sozialsysteme.

Versucht man – ungeachtet der unbestreitbaren menschlichen und kulturellen Gewinne einer weltoffenen Zuwanderungspolitik – eine fiskalische Bilanz der Zuwanderung zu ziehen, fällt das Ergebnis je nach Standpunkt der Beobachter unterschiedlich aus.[102] Die Studien haben jedoch gemeinsam, dass die Menschen, die gezielt für den deutschen Arbeitsmarkt angeworben wurden und lange in Deutschland leben, ökonomische Gewinne für die Volkswirtschaft erbringen, ungesteuerte Migration und fehlgeschlagene Integration jedoch Belastungen hervorrufen. Die schlechte Integration kostet den deutschen Staat derzeit zehn bis zwanzig Milliarden Euro pro Jahr an entgangenen Steuer- und Beitragseinnahmen.[103] Die langjährigen Defizite und Versäumnisse in der deutschen Migrations- und Integrationspolitik kommen uns teuer zu stehen.

Wir sollten die Attraktivität Deutschlands für Ausländer nicht überschätzen. Als die Schröder-Bundesregierung im Jahr 2000 die so genannte «Green Card» einführte, mit der 20 000 ausländische IT-Spezialisten angeworben werden sollten, kamen nur wenige: Die Arbeitserlaubnis war auf fünf Jahre begrenzt, daher gingen die umworbenen Fachkräfte lieber in andere Länder. Als damals der hessische Ministerpräsident Roland Koch «Kinder statt Inder» plakatierte, ignorierte er nicht nur, dass der Wettbewerb um die besten Köpfe schon längst entbrannt war, sondern offenbarte auch eine überkommene und undifferenzierte Einschätzung der Migrationssituation in unserem Land.

Eine demografisch zukunftsfähige Politik muss Deutschland aktiv als modernes Einwanderungsland definieren und eine progressive, liberale Zuwanderungspolitik sowie eine engagierte Integrationspolitik auf den Weg bringen. Sie hat zu klären, wer von wo warum und wie lange kommen kann, was von den Zuwanderern erwartet wird und was sie im Gegenzug von uns erwarten können. In Zukunft sollte Zuwanderung nicht mehr passiv hingenommen, sondern aktiv gestaltet werden. Zuwanderer sollten gezielt angeworben werden. Sie sollten wissen, dass sie in Deutschland willkommen sind und hier langfristige Lebensperspektiven haben. Ihnen sollte also eine dauerhafte Aufenthaltserlaubnis angeboten werden. Mit dem Zuwanderungsgesetz von 2005 ist dies nur für einen kleinen Teil der Zuwanderer möglich. Für den Großteil selbst der Akademiker ist immer noch eine Vorrangprüfung vorgesehen, wenn sie in Deutschland arbeiten wollen. Dies wird nicht so bleiben können, wollen wir von den Chancen der Migration profitieren. Den Zuwanderern müsste ein dauerhaftes Bleiberecht angeboten und die deutsche Staatsbürgerschaft für sich und ihre Familien in Aussicht gestellt werden. Anderenfalls werden die Besten nicht hierher kommen. Klassische Einwanderungsländer wie Neuseeland, Australien oder Kanada werben anhand kriteriengeleiteter Quotensysteme (Sprachkenntnisse, Alter, Qualifikationen usw.) um Zuwanderer. Daran kann sich Deutschland ein Beispiel nehmen.

Den Zuwanderern und deren Nachkommen, die bereits hier leben und oft schlecht integriert sind, müssen umfassende Integrationsangebote gemacht werden. Wirksame Bildungs- und Sprachprogramme müssen flächendeckend durchgeführt werden. Die betroffene Bevölkerung sollte durch Anreiz- und Sanktionsmechanismen («Fördern und Fordern») zur Beteiligung motiviert werden. Der zentrale Schalthebel ist die frühkindliche Bildung des Nachwuchses aus Zuwandererfamilien: Nur wenn sie so früh wie möglich die deutsche Sprache lernen und mit einheimischen Altersgenossen in Kontakt kommen, kann der Grundstein für Bildung (und spätere Beschäftigung!) gelegt werden. Es ist daher zu überlegen, ob Vorschulbildung für alle obligatorisch sein sollte. Allein dadurch können wir die Bildungspotenziale unserer Gesellschaft aktivieren und ein tolerantes, gemeinsames Zusammenleben ermöglichen.

Die Integrationsprobleme in unserem Land sind größtenteils hausgemacht. Sie sind deshalb auch lösbar. Eine demografisch zukunftsfähige Politik muss sich dieser Probleme annehmen, um die Potenziale einer gesteuerten Zuwanderung für die Abmilderung des demografischen Wandels nutzbar zu machen. Von einer weltoffenen, engagierten und differenzierten Zuwanderungs- und Integrationspolitik werden letztlich alle profitieren. Die Finanzierbarkeit der Renten in 30 oder 40 Jahren wird viel mehr davon abhängen, wie in unserem Land qualifizierte Zuwanderung und Integration gelingt, als von der Geburtenrate.

### *3. Säule: Management des demografischen Wandels – Altern, ohne zu veralten!*

Zur Mitte des Jahrhunderts werden nach den gängigen Vorausberechnungen immer noch 69 bis 74 Millionen Menschen in Deutschland leben. Die Republik wird also nicht zum entvölkerten Raum. Unbestritten bleibt dennoch, dass die Bevölkerungsschrumpfung bei gleichzeitigem Anstieg des Anteils alter und sehr alter Menschen unsere Gesellschaft verändern wird. Gerade wenn der demografische Wandel abrupt verläuft wie derzeit in Ostdeutschland, wo noch andere sozioökonomische Probleme und Fehlsteuerungen hinzukommen, ist der Anpassungsbedarf zweifellos hoch.

Doch Schrumpfen kann man lernen. Waren Politik, Wirtschaft und Gesellschaft bislang auf stetes Bevölkerungswachstum eingestellt, so müssen wir nun umdenken und auf eine schrumpfende Bevölkerung und eine andere Altersstruktur reagieren. «Es gibt keinen Grund, in Bezug auf eine schrumpfende und alternde Gesellschaft an Katastrophenszenarien zu glauben. Aber ein systematisches und umfassendes Vorgehen ist notwendig, um die Probleme zu lösen, die mit diesem Phänomen verbunden sind», sagt Michael Hüther, Direktor des Instituts der deutschen Wirtschaft (IW).[104] «Die Katastrophenstimmung verliert viel von ihrer scheinbaren Brisanz, und wir können sogar positive Effekte erkennen», meint auch Dr. Thomas Straubhaar, Direktor des Hamburger Weltwirtschaftsinstituts: «Anders als die landläufige Meinung behauptet, führt die demografische Entwicklung mitnichten zwangsläufig zu ökonomischen Problemen, wenn rechtzeitig die notwendigen Maßnahmen getroffen werden.» Er glaubt: «Also, was bleibt übrig vom demografischen Monster? Nicht viel!»[105]

Ein paar Stellschrauben müssen bewegt werden, um die Alterskrise zu verhindern. Denn diese existiert nur, wenn wir in einem statischen Zustand verharren, anstatt ihr entgegenzuwirken. Eine aktive Anpassungspolitik zum Management des demografischen Wandels muss daher an die Stelle von Larmoyanz und Zukunftsangst treten. Wenn es mehr Ältere gibt, müssen wir die Älteren länger jung halten. Die Gesellschaft ist und bleibt gestaltbar, ob sie jung oder alt ist. Die Demografie ist kein Problem ohne Lösung. Wir sollten handeln statt jammern! Das heißt:

– *Arbeitsmarkt:* Die Lebensarbeitszeit muss erhöht werden. Junge müssen früher in den Arbeitsmarkt integriert und das Potenzial der Älteren muss aktiviert werden. Wenn es mehr Alte gibt, müssen wir uns bemühen dafür zu sorgen, dass sie länger fit bleiben. Die Unternehmen müssen sich wieder trauen, Leute über 50 einzustellen, und dürfen nicht nur Lippenbekenntnisse abliefern. Alternsgerechtes Arbeiten und lebenslanges Lernen müssen flächendeckend in die Tat umgesetzt werden. Das erfordert den Aufbau eines systematischen Weiterbildungssystems für Erwachsene. Das Senioritätsprinzip auf dem Arbeitsmarkt, nach dem Ältere besser entlohnt und besser sozial geschützt werden, ist überholt und daher abzuschaffen.

- *Bildung:* Im Bildungs- und Ausbildungssystem stehen wir vor der Herausforderung, einen «mismatch» auf dem Arbeitsmarkt (d. h. eine Unausgewogenheit zwischen den Qualifikationen der Arbeitslosen und den eigentlich gebrauchten Qualifikationen) zu einem Zeitpunkt zu vermeiden, zu dem die geburtenstarken Jahrgänge das Rentenalter erreichen. Eine schrumpfende Erwerbsbevölkerung bedeutet vor allem auch, dass alle jungen Menschen dringend gebraucht und daher unbedingt qualifiziert werden müssen. Das Schulsystem muss besser und es muss massiv in die frühkindliche Bildung investiert werden. Die Ausbildungszeiten müssen kürzer werden und wir müssen eine Berufsausbildung für alle garantieren. Jeder Einzelne ist zu fördern, keiner darf verloren gehen.
- *Infrastruktur:* Wenn es weniger Menschen gibt, wird es mancherorts schwierig, die Infrastruktur zu erhalten. Kanalsysteme werden dann nicht mehr ausreichend genutzt, das Nahverkehrssystem ist unausgelastet, Schulen, Krankenhäuser und Postämter müssen schließen. Die Städtebau- und Landschaftsplanung muss sich bewusst auf das Schrumpfen der Gesellschaft einstellen. Dezentrale Versorgungsanlagen (z. B. erneuerbare Energien, Pflanzenkläranlagen) und flexible Angebote (z. B. Ruftaxi statt Buslinie, Internet-Services statt lokaler Filialen, mobile Kinos) können helfen, die öffentliche Daseinsvorsorge zu gewährleisten. Planmäßige Entsiedelung, der Rückbau von Stadträndern, Renaturierung, das Prinzip «Sanierung vor Neubau» und Abriss überflüssiger Wohnhäuser sind Elemente einer Strategie der Stadtverschlankung. Der kommunale Finanzausgleich muss dafür Anreize setzen und darf sich nicht nur nach Einwohnerzahlen bemessen.[106]
- *Wohnen:* Alte wünschen sich ein anderes Wohnen als Junge. Wir brauchen mehr Angebote zu betreutem Wohnen und müssen über neue Wohnformen wie z. B. «Alten-WGs» nachdenken, in denen sich Ältere gegenseitig unterstützen. Insbesondere sollte sich die Idee von Mehrgenerationenhäusern durchsetzen, in denen Jung und Alt von ihrem Zusammenleben profitieren.[107]

- *Sozialversicherungen:* Rente-, Kranken- und Pflegeversicherung müssen stabilisiert werden, damit sie eine höhere Altenquote verkraften können. Der demografische Wandel muss nicht zwangsläufig zum Kollaps der Sozialversicherungen führen, weil er durch steigende Wirtschaftskraft und höhere Beschäftigung neutralisiert werden kann. Doch unbestritten besteht Reformbedarf. Zur Stabilisierung der Einnahmebasis sollten die Sozialversicherungen zu einer Bürgerversicherung umgebaut werden, die alle Bürger einschließt. Die Ausgaben in der Krankenversicherung sind konsequent am medizinisch Notwendigen auszurichten und Sparpotenziale sind auszuschöpfen.
- *Demokratie:* In einer älteren Gesellschaft drohen die Wünsche und Interessen der Jugend missachtet zu werden. Die Rechte junger Menschen müssen daher gestärkt und in allen Bereichen die Mitsprache- und Mitbestimmungsrechte Jugendlicher ausgeweitet werden. Insbesondere muss über eine radikale Absenkung des Wahlalters nachgedacht werden.

Für die Zukunft einer Gesellschaft ist die Demografie wichtig – aber zentral ist nicht die Frage, *ob* wir altern, sondern *wie* wir altern: mit gut ausgebildeten Fachkräften, mit massiven Investitionen in Forschung und Entwicklung, mit anpassungsfähiger Infrastruktur, mit stabilen Sozialsystemen, mit einer lebendigen Demokratie – oder ohne all das.

Wir müssen uns fragen: Wie soll die Demografiedividende aussehen? Was fangen wir mit dem Geld an, das wir z. B. durch sinkende Schülerzahlen einsparen? Setzen wir es für einen besseren Betreuungsschlüssel und die Modernisierung der Bildungssysteme ein? Oder kürzen wir gerade hier, um das Geld pünktlich zur nächsten Wahl als Extra-Renten an die Alten auszuschütten? Die Verteilungskämpfe werden nicht auf sich warten lassen, und an der Verwendung der Demografiedividende werden wir ablesen können, wer sich durchgesetzt hat. Das dringende Plädoyer für eine zukunftsfähige Demografie muss dazu führen, dass das eingesparte Geld in Qualitätsverbesserungen investiert wird. Jede Umschichtung zulasten einer demografisch zukunftsfähigen Anpassungsstrategie wäre ein Pyrrhussieg.

Wenn wir es heute versäumen, unsere Gesellschaft demografisch zukunftsfähig zu machen, werden die nachrückenden Generationen dadurch belastet und deren Wohlstand gemindert. Noch kann eine entschiedene Anpassungsstrategie die negativen Auswirkungen der Bevölkerungsschrumpfung und -alterung eindämmen und die positiven Chancen nutzen. Das kommt aber nicht von selbst. Nur wenn wir vorausschauend handeln, können wir die Potenziale des demografischen Wandels ausschöpfen. Bereits in der griechischen Antike wusste man schließlich: «Es kommt nicht darauf an, die Zukunft vorherzusagen, sondern es kommt darauf an, auf die Zukunft vorbereitet zu sein.»

# Generationenvertrag am Ende?

## Warum das Umlageverfahren der Sozialversicherungen trotz allem die beste Alternative bleibt

«Die Rente ist sicher», hatte noch Arbeitsminister Norbert Blüm unter Blitzlichtgewitter an die Litfasssäulen plakatiert. Dieses Vertrauen ist verflogen. Nur noch sieben Prozent der Deutschen glauben an Blüms Credo, wohingegen 89 Prozent denken, die Rente sei nicht mehr sicher.[1] Die Rente sei «nicht mehr finanzierbar und belastet künftige Generationen», erklärt der Freiburger Finanzwissenschaftler Bernd Raffelhüschen: «In der mittleren bis langen Frist stellt vor allem der demografische Alterungsprozess die Tragfähigkeit der umlagefinanzierten Sozialversicherungen fundamental in Frage.»[2] Der bekannte Münchener Ökonom Hans-Werner Sinn sieht ein «demografisches Defizit» auf uns zurollen und hält eine Halbierung der Rente für unvermeidbar: «Kaum irgendwo sonst wird den Aktiven so viel von ihrem Arbeitseinkommen weggenommen, wie es in Deutschland geschieht, um den Alten ein auskömmliches Transfereinkommen zu sichern.»[3]

Die Rente steht unter Beschuss. Die Angriffe richten sich gegen den im Umlageverfahren organisierten Generationenvertrag: Diese auf gesellschaftlichen Werten und Normen basierende ideelle Übereinkunft besagt, dass die mittlere Generation für den Unterhalt sowohl der noch nicht erwerbstätigen Jungen als auch der nicht mehr erwerbstätigen Alten sorgt, in dem Wissen, ihrerseits in der Jugend versorgt worden zu sein und im Alter ebenfalls auf eine entsprechende Versorgung vertrauen zu können. Gegenstand des Generationenvertrags ist ein Austausch von Ressourcen, der weder auf strikter Äquivalenz von Leistung und Gegenleistung noch auf voller Reziprozität beruht.[4]

Der gesellschaftliche Generationenvertrag wurde freilich nie schriftlich niedergelegt oder unterschrieben, er bildet aber die ideelle Grundlage unseres Sozialsystems. Er entstammt dem traditionellen Generationenvertrag der Familie, der auf die Gesellschaft übertragen wurde und heute ein solidarisches Tauschverhältnis zwischen Alt und Jung begründet.

Der moderne Generationenvertrag im Rentensystem funktioniert als Umlageverfahren: Die gezahlten Rentenbeiträge werden nicht in einem Kapitalstock angespart, um später ausbezahlt zu werden, sondern sie werden «umgelegt», d. h., die laufenden Einnahmen werden sofort laufend als Renten an die Alten ausgeschüttet. Auch die Gesundheits- oder Pflegeversicherung funktioniert nach der Idee des Generationenvertrags. Dieser gesellschaftliche Vertrag hilft allen: Von der Pflegeversicherung profitieren auch die Jüngeren, weil sie nicht mehr zwangsläufig die Pflege ihrer Angehörigen schultern müssen; und erst die Rente ermöglicht es älteren Menschen, ein selbstbestimmtes Leben zu führen, ohne auf Almosen ihrer Kinder angewiesen zu sein. Die Gesellschaft arbeitet zusammen, um allen möglichst viel Freiheit und Sicherheit zu gewährleisten.

Sinn und Zweck der Rente ist nicht primär die Vermeidung von Altersarmut – das ist Aufgabe der Sozialkasse – oder die «Versicherung» für unvorhergesehene Unglücksereignisse, wie etwa bei der Unfallversicherung, sondern die gleichberechtigte Teilhabe der älteren Generation am gesellschaftlichen Wohlstand. Daher sind die Renten an die allgemeine Einkommensentwicklung gekoppelt: Steigen die Einkommen, dann steigt die Rente; sinken die Einkommen, dann sinkt die Rente ebenfalls.

Genau diese Idee vom Generationenvertrag sei jedoch ungerecht, schallt es derzeit aus den Bataillonen der Generationenkrieger. Fette Renten machten die Alten reich und plünderten die Jungen aus. Die Renten würden zu stark steigen, während die Jungen unter den wachsenden Beitragssätzen stöhnten. Noch nie habe sich eine Altengeneration derart schamlos aus dem Geldbeutel ihrer Nachkommen bedient. Es sei an der Zeit, der Übermacht der Alten zu begegnen und den Generationenvertrag zu kündigen.[5] Auf zum letzten Gefecht: Generation Golfplatz gegen Generation Golf.

Der Sozialwissenschaftler Meinhard Miegel hält das Umlageverfahren für «ein wirtschaftlich dummes System» und fordert stattdessen eine «staatlich organisierte Grundsicherung in Verbindung mit einer breit angelegten, vermögensfundierten privaten Vorsorge».[6] Der Politikwissenschaftler Dr. Daniel Dettling, Gründer der Denkfabrik berlinpolis, erklärt: «Das Prinzip des Umlageverfahrens will, dass die Generation der Eltern und Großeltern auf Kosten nachrückender Generationen lebt.»[7] Oswald Metzger meint: «Der Generationenvertrag war eine gute Idee, aber er taugt nicht, die Zukunft zu gestalten.»[8] Die *Zeit* titelt «Betrug an der Jugend» und «Fluch der späten Geburt».[9]

Die unter rot-grüner Regierungsverantwortung vorgenommenen Rentengesetze bewegen sich bereits in diese Richtung: Mit der Riester- und der Rürup-Reform wurde ein Systemwechsel in der Altersversorgung eingeläutet und Abschied vom Ziel der Lebensstandardsicherung genommen. Der umlagefinanzierte Generationenvertrag wird demontiert, stattdessen soll jeder privat fürs Alter sparen. Vor dem Abdriften in die Altersarmut schützt lediglich eine steuerfinanzierte Grundsicherung knapp über dem Sozialhilfeniveau. Ist der Generationenvertrag am Ende?

## Der demografische Wandel – Todesstoß für das Rentensystem?

Der demografische Wandel lasse das Rentensystem kollabieren; die Alterung der Gesellschaft führe zu inakzeptabel hohen Beiträgen;[10] immer mehr Geld versickere in den Sozialkassen; eine den Lebensstandard sichernde gesetzliche Rente sei nicht mehr zu leisten, die Rentner müssten unweigerlich Abstriche hinnehmen. Es ist dringend an der Zeit, all diese Thesen vom drohenden Untergang des Generationenvertrags zu hinterfragen, die vermeintliche Anwälte der jungen Generation unters Volk bringen.

Wahr ist, dass die deutsche Bevölkerung älter wird. Folgerichtig müssen immer mehr Rentner, die zudem länger leben und daher immer länger Rente beziehen, von immer weniger Menschen im Erwerbsalter versorgt werden – bis zum Wendepunkt etwa um das Jahr 2030, ab dem sich das Altersverhältnis wieder langsam angleichen wird.

Der Rentenbeitrag wird ansteigen müssen, wenn das Leistungsniveau der gesetzlichen Rente auf dem heutigen Stand gesichert werden soll: um ca. fünf bis sechs Prozentpunkte bis zum Jahr 2030. Zum Vergleich: Seit Mitte der 1960er Jahre ist der Beitragssatz ungefähr im gleichen Ausmaß angestiegen – von etwa 15 Prozent damals auf um die 20 Prozent heute.

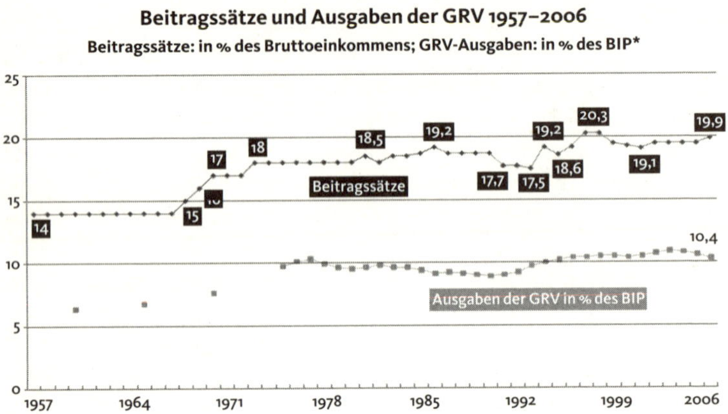


* Wert für 2005: vorläufig; Wert für 2006: geschätzt
Quelle: Deutsche Rentenversicherung Bund (2007); Rentenversicherung in Zeitreihen, Berlin: Bundesministerium für Arbeit und Soziales (2007); Sozialbudget 2006, Berlin
© Sozialpolitik-aktuell.de

**Abbildung 3: Beitragssätze und Ausgaben der GRV (1957–2006)**

Obwohl die Beitragssätze gestiegen sind, haben sich der Lebensstandard und die verfügbaren Einkommen der Erwerbstätigen mit der günstigen Entwicklung der wirtschaftlichen Produktivität und der damit zusammenhängenden Lohnsteigerung deutlich verbessert. Bei einer auf Leistung und Gerechtigkeit basierten Wirtschafts- und Arbeitsmarktpolitik werden auch künftig Produktivität und Einkommen weiter wachsen können.

So prognostiziert eine Studie des Basler Prognos-Instituts von 1998 (ohne Berücksichtigung der Riester- und Rürup-Reformen), dass bis 2040 aufgrund des demografischen Wandels zwar eine höhere Belastung der Arbeitgeber und Arbeitnehmer erwartet werden müsse (mit einem Gesamtsozialbeitrag von 45,4 bis 51,2 Prozent) und das verfügbare Nettoeinkommen relativ zurückgehe, es aber in absoluten Zahlen wegen der zunehmenden Wirtschaftskraft dennoch steige, und zwar zwischen zwei Drittel und dem Doppelten des heutigen Niveaus. «Mit anderen Worten bedeutet dies, dass – von heute aus betrachtet – in Zukunft zwar der Nettoeinkommens*zuwachs* erheblich geschmälert, das Nettoeinkommens*niveau* aber nicht angegriffen wird.»[11] Das Deutsche Institut für Wirtschaftsforschung (DIW) sagt ebenfalls voraus: «Die verfügbaren Einkommen der Erwerbstätigen werden – trotz steigender Beitragssätze – im Jahre 2035 die heutige Höhe weit übersteigen.»[12] Bei einem insgesamt höheren Einkommensniveau kann auch ein prozentual höherer Rentenbeitrag durchaus verkraftet werden. Die gesetzliche Rente könnte also auch künftig den Lebensstandard sichern, wenn langfristig der Anstieg des Beitragssatzes auf rund 26 Prozent akzeptiert würde.

Abbildung 3 zeigt deutlich, dass die Rentenbeiträge *pro Arbeitnehmer* in den vergangenen Jahren zwar sichtlich erhöht wurden, die *volkswirtschaftliche* Abgabenquote für die Altersversorgung hingegen beharrlich an der 10-Prozent-Marke stagniert. Mal liegt sie ein oder zwei Prozentpunkte darüber, mal unterschreitet sie diese Marke um ein bis zwei Prozentpunkte. Die Annahme, dass wir immer mehr Geld in unser Sozialsystem pumpen würden, hält einer Überprüfung an Fakten nicht stand. Die These vom ausufernden Sozialstaat, der sich einen immer größeren Teil des erwirtschafteten Reichtums unter den Nagel reißt, ist eine Verdrehung der Tatsachen, die auch durch ständige Wiederholung nicht wahrer wird.

Alle Sozialtransfers sind ausnahmslos an die Leistungsfähigkeit einer Volkswirtschaft gebunden. Denn wie groß die Kuchenstücke sind, die in einer Gesellschaft verteilt werden (können), hängt davon ab, wie groß der Kuchen ist, und nicht, wie alt die Bevölkerung ist, die diesen Kuchen bäckt. Nicht die bloße Altersstruktur garantiert die Funktionsfähigkeit des Rentensystems, sondern das Volkseinkommen.

Das Volkseinkommen hat in den letzten Jahren und Jahrzehnten beachtliche Steigerungsraten vorzuweisen. In den meisten Jahren lag der Anstieg deutlich über vier Prozent. Selbst im Rezessionsjahr 1993 war noch ein Anstieg von 1,1 Prozent zu verzeichnen.

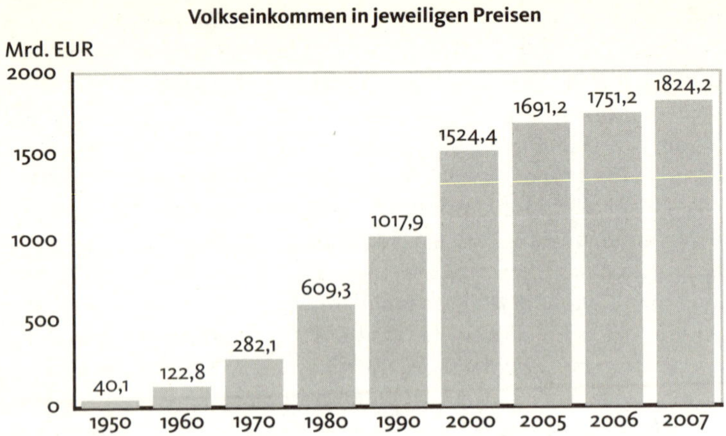


Quelle: Statistisches Bundesamt 2008

**Abbildung 4: Entwicklung des Volkseinkommens (1950–2007)**

Es gibt keinen Grund anzunehmen, das Volkseinkommen könne in Deutschland künftig nicht mehr weiter wachsen. Der gesellschaftliche Reichtum, also der Kuchen, den wir zwischen erwerbstätigen, noch nicht erwerbstätigen und nicht mehr erwerbstätigen Menschen verteilen können, wird auch in Zukunft tendenziell größer und nicht kleiner. Auf politischer Ebene wird es also auch in Zukunft in erster Linie eine Verteilungsfrage sein, wie Wohlstand auf solidarische Weise für alle sicherzustellen ist.

Warum aber steigen die Beitragssätze, obwohl die Sozialleistungsquote selbst unverändert bleibt? Dafür lassen sich Gründe anführen, zu denen der demografische Wandel allerdings gerade nicht gehört: Zum einen bestimmt die Struktur des Arbeitsmarkts die Einnahmebasis der Sozialversicherungen. In Zeiten stagnierender (oder gar real sinkender) Löhne, hoher Arbeitslosigkeit und einer rapiden Zunahme von beitragsfreien Mini-Jobs trocknen die Einnahmequellen lohnbasierter Beitragssysteme zwangsläufig aus.[13] Gäbe es keine vier Millionen Arbeitslosen in diesem Land, wäre der Engpass der Rentenversicherung überwunden.

Zum anderen werden der Rentenversicherung eine Reihe versicherungsfremder Leistungen aufgebürdet, die eigentlich nicht in das System der gesetzlichen Rente gehören, wie z. B. die Anerkennung von

Kindererziehungszeiten, die Witwen- und Waisenrenten oder der Transferbedarf nach Ostdeutschland. Es handelt sich hierbei um gesamtgesellschaftliche Aufgaben, die Leistungen wurden dennoch auf die Sozialversicherungen abgewälzt. Ihnen stehen keine Beiträge gegenüber, daher erhält die Rentenkasse einen Bundeszuschuss aus dem Steuertopf. Der Bundeszuschuss belief sich gegenüber den 77,4 Milliarden Ausgaben im Jahr 2003 jedoch auf nur 57,8 Milliarden Euro, dadurch ergibt sich eine erhebliche Finanzierungslücke. Nach der Versicherungslogik müssten die versicherungsfremden Leistungen vollständig steuerfinanziert werden. Dies hätte den Beitragssatz von 19,5 Prozent auf 17,2 Prozent spürbar gesenkt.[14] Der Bundeszuschuss wird aber heute je nach politischer Großwetterlage festgesetzt, ist also von der Willkür der Regierenden abhängig, anstatt transparenten Kriterien unterworfen zu sein.

Die Tragfähigkeit der Rentenversicherung ist folglich von vielen Faktoren beeinflusst: von der korrekten Berechnung des Bundeszuschusses, von den Entwicklungen auf dem Arbeitsmarkt, vom Fortschritt der Produktivität, des Volkseinkommens und dessen Verteilung – und von der Altersstruktur der Bevölkerung. Der demografische Wandel ist nur ein Faktor unter mehreren und auch keineswegs von derart bestimmendem Gewicht, dass er die Fundamente des solidarischen Generationenvertrags in Frage stellen würde.

## Private Vorsorge – Königsweg für die Rente der Zukunft?

Durch die Riester- und die Rürup-Reform wird der solidarische Generationenvertrag zunehmend durch private Vorsorge ersetzt. Ist dies der Königsweg für die Rente der Zukunft? Die Vorschläge für eine «nachhaltige» und «generationengerechte» Altersversorgung, die in letzter Zeit von diversen Reformern und Publizisten gemacht wurden, peilen zumeist eine vollständige oder weitgehende Umstellung des Umlage- zum Kapitaldeckungsverfahren an. Jeder solle künftig mehr private Eigenvorsorge leisten. Begründet wird der Wechsel mit der Abhängigkeit des Umlagesystems vom demografischen Wandel und mit höheren Renditen des Privatsparens. Bundeskanzler Gerhard Schröder rechtfertigte seine Rentenreformen mit dem Wohl nachrückender Generationen: «Die zweite Säule der Altersversorgung ist im Aufbau. Und damit ist die Gerechtigkeit zwischen den Generationen gewahrt.»[15]

Gegen einen weitgehenden Übergang zum Kapitaldeckungssystem sind jedoch einige gravierende Bedenken anzumelden.

***Erstens:*** Bei einer Umstellung auf die Kapitaldeckung wird die jüngere Generation doppelt belastet («Sandwich-Generation»). Die heutige Rentnergeneration hatte keine Chance, sich eine eigene Kapitalrente anzusparen, und müsste deshalb schließlich weiter versorgt werden, während die Jüngeren nicht nur für die heutigen Renten aufkommen, sondern zusätzlich selbst für ihre eigene Rente sorgen müssten. Die Jungen müssten also ein Fünftel ihres Einkommens für die heutigen Rentner aufwenden und zugleich, etwa ein weiteres Fünftel ihres Einkommens, für ihre eigene Rente sparen. Die junge Generation wäre demnach die Verliererin eines Systemwechsels, der geradezu auf das Gegenteil von Generationengerechtigkeit hinausläuft.[16] Ein Umstieg auf die Kapitaldeckung ist eben «nicht kostenlos» zu haben, so das Deutsche Institut für Wirtschaftsforschung (DIW).[17]

Dieses Problem sehen die prominentesten Verfechter des Systemwechsels selbst. So merkt etwa Hans-Werner Sinn an: «In jedem Fall entsteht eine enorme Belastung für die Übergangsgeneration, die sie veranlassen wird, die Reform abzulehnen.»[18] Mit Bezug auf den Wechsel zur Kapitaldeckung bei der Pflegeversicherung erklärt Bernd Raffelhüschen ausdrücklich: «Die Gruppe der heute 30- bis 50-Jährigen muss, so bitter es ist, doppelt zahlen. Die geburtenstarken Jahrgänge müssen sich privat absichern, aber zugleich zur Finanzierung der Leistungen für alte Pflegefälle herangezogen werden.»[19] Die Verletzung der Generationengerechtigkeit ist offensichtlich. Daher plädiert auch die Stiftung für die Rechte zukünftiger Generationen entschieden gegen einen Systemwechsel. Stiftungsdirektor Jörg Tremmel: «Der Übergang ist der entscheidende Haken an der Sache.»[20]

***Zweitens:*** Auch das Kapitaldeckungsverfahren ist abhängig vom demografischen Wandel. Kapitalsysteme werden zwar aus privat angelegten Kapitalstöcken finanziert und nicht aus laufenden Sozialbeiträgen. Doch die Demografie-Enquete-Kommission warnt: «Daraus zu folgern, dieses Rentensystem sei demografieimmun, ist aus mehreren Gründen vorschnell.»[21] Das Deutsche Institut für Wirtschaftsforschung (DIW) macht deutlich: «Die Vorstellung, das Kapitaldeckungsverfahren, bei dem eine Versichertenkohorte ihre späteren Leistungen anspart, sei immun gegen Veränderungen der Bevölkerungs- und Erwerbstätigenstruktur, ist in der Öffentlichkeit weit verbreitet, gleichwohl aber falsch.»[22]

Denn die junge Generation muss immer für die ältere aufkommen, egal ob durch Umlagebeiträge oder Versicherungsprämien. Eine Volkswirtschaft kann keine Rente «ansparen», vielmehr müssen die aktuell laufenden Renten immer aus der aktuellen Wirtschaftsleistung der Jungen aufgebracht werden. Die Ersparnisse bunkern nicht in Banktresoren, die nach dreißig Jahren geöffnet werden könnten, sondern werden auf dem Markt angelegt.

Dieser Sachverhalt ist bereits in den 1950er Jahren als «Mackenroth-Theorem», benannt nach dem Sozialtheoretiker Gerhard Mackenroth, in die Debatte eingegangen: «Nun gilt der einfache und klare Satz, dass aller Sozialaufwand immer aus dem Volkseinkommen der laufenden Periode gedeckt werden muss. Es gibt keine andere Quelle und es hat nie eine andere Quelle gegeben, aus der Sozialaufwand fließen könnte, es gibt keine Ansammlung von Fonds, keine Übertragung von Einkommensteilen von Periode zu Periode, kein ‹Sparen› im privatwirtschaftlichen – es gibt einfach gar nichts anderes als das laufende Volkseinkommen als Quelle für den Sozialaufwand. Das ist auch nicht eine besondere Tücke unserer Zeit, die von der Hand in den Mund lebt, sondern das ist immer so gewesen und kann nie anders sein.»[23] Daher ist *jede* Rente letztlich umlagegedeckt, in dem Sinne, dass sie *immer* von der jeweils erwerbstätigen Generation erwirtschaftet werden muss, respektive ist *jede* Rente letztlich kapitalgedeckt, in dem Sinne, dass sie *immer* aus den Erträgen des jeweils genutzten Sachkapitals bezahlt werden muss.[24]

Das Kapitaldeckungsverfahren ändert weder die demografischen Daten noch die Belastung der Jungen. In einer älteren Gesellschaft müssen die Rentenbelastungen für die Jüngeren unabhängig vom Rentensystem immer wachsen. Mit einem Umstieg auf private Vorsorge lässt sich das nicht ändern. Ob die Renten im Jahr 2030 durch Umlage oder Kapitalstock finanziert werden, ändert nichts daran, dass x Erwerbstätige y Rentner zu versorgen haben. Entscheidend wird auf Dauer bleiben, welchen Umfang an Gütern und Dienstleistungen unsere Volkswirtschaft produzieren kann. «Die Ansprüche auf Leistungen zur Alterssicherung sind in jedem Finanzierungssystem von der jeweils erwerbstätigen Generation zu erfüllen», stellt auch die Demografie-Enquete-Kommission nüchtern fest.[25]

Alle Systeme sind also zwangsläufig an die realwirtschaftliche Entwicklung gebunden; auch die Renditen bei der Kapitaldeckung müssen produziert werden. Der einzige Unterschied zwischen Umlage und Kapitaldeckung besteht darin, dass Erstere solidarisch organisiert und demokratisch gesteuert ist, während Letztere von der individuellen Leistungskraft abhängt und den Finanzmarktverschiebungen überlassen ist.

Die Erhöhung der Lebenserwartung zwingt auch bei Kapitaldeckungssystemen zu höheren Sparbeiträgen oder geringeren Rentenauszahlungen, um die längeren Bezugszeiten auszugleichen. «Jedes – wie auch immer gestaltete – Alterssicherungssystem wird von der steigenden Lebenserwartung betroffen. Auch beim Kapitalstockverfahren bestehen bei einer steigenden Lebenserwartung der Rentenempfänger lediglich die Möglichkeiten, die Altersbezüge zu kürzen oder – sollen diese konstant bleiben – die Beiträge zu erhöhen», so die Demografie-Enquete-Kommission.[26]

Außerdem gilt: Wenn die geburtenstarken Jahrgänge ins Rentenalter eintreten und ihren Kapitalstock «entsparen» wollen, also ihr Kapital auflösen (z. B. ihre Aktien verkaufen), dann steht das große Kapitalangebot einer großen alten Bevölkerung der geringeren Kapitalnachfrage der kleineren jüngeren Bevölkerung gegenüber. Infolgedessen sinken demografiebedingt die Wertpapierkurse und Immobilienpreise, und damit schmelzen die Renditen.[27] «Daraus folgt, dass auch kapitalbasierte Renditen nicht gegen den Bevölkerungsrückgang immun sind», so die Demografie-Enquete-Kommission.[28] Der Effekt ist bei beiden Systemen derselbe.

Darauf weisen inzwischen auch Banken, wie z. B. die HypoVereinsbank oder die Deutsche Bundesbank, vehement hin. Die Angehörigen der Babyboomer-Generation, analysiert die HypoVereinsbank, «könnten Probleme bekommen, ihre Finanztitel einer immer kleiner werdenden Sparerklientel zu verkaufen».[29] Der Nachhaltigkeitsrat der Bundesregierung warnt, dass in Gebieten mit sinkenden Einwohnerzahlen eine Preisminderung auf dem Immobilienmarkt abzusehen sei. Die Existenzsicherung von Menschen, die ihre Altersvorsorge auf Immobilien stützen, werde dadurch bedroht.[30] Die Behauptung, die Renditen bei privater Vorsorge seien demografieresistener als beim Umlageverfahren, hat also eine denkbar schwache Grundlage.

Das Deutsche Institut für Wirtschaftsforschung urteilt: «Die Möglichkeiten der Kapitaldeckung als Finanzierungsverfahren der Alterssicherung werden in vielerlei Hinsicht überschätzt: Die Folgen einer alternden Bevölkerung können nicht durch den Wechsel des Finanzierungsverfahrens gelöst werden. Während die Aufrechterhaltung des Versorgungsniveaus bei einer Umlagefinanzierung wegen der erforderlichen Beitragssatzanhebung unmittelbar Probleme bereitet, schlägt sich die ungünstige demografische Entwicklung bei der Kapitaldeckung mittelbar in einer Verminderung der zukünftigen Renditen nieder. ... Langfristig ist dann aber Kapitaldeckung keine der Umlage deutlich überlegene Finanzierungsalternative für die Altersvorsorge.»[31]

Unabhängig vom System ist ein Anstieg der Beitragssätze bei einem steigenden Altenquotient unausweichlich. Daran kann auch keine noch so ausgeklügelte Reform etwas ändern: Wird die gesetzliche Rente gekürzt, müssen die heute Jungen irgendwie ihre Versorgung im Alter sichern. Sie tun dies durch private Eigenvorsorge, wie es ihnen von Politik und Versicherungswirtschaft unisono geraten wird. Laut den Riester-Plänen sollen die gesetzlichen Rentenbeiträge im Jahr 2030 bei maximal 22 Prozent liegen, plus vier Prozent für die private Vorsorge. Rechnet man allerdings die gesetzlichen Beiträge und die Beiträge zur Teilkapitaldeckung zusammen, kommt man wieder auf dieselbe Belastung, wie man sie ohne die Rentenkürzung hatte: 26 Prozent.[32] Die Forderung nach mehr Eigenvorsorge ist also nichts weiter als bloße Augenwischerei.

***Drittens:*** Die soziale Gerechtigkeit wird gefährdet. Wenn jeder auf sich allein gestellt ist, wird das Solidarprinzip über Bord geworfen. Wer zahlt die Beiträge, wenn jemand krank oder arbeitslos wird oder Kinder erzieht? Und wie viele sozial Schwache sind überhaupt in der Lage, laufend in eine Zusatzversicherung einzuzahlen? Und: Wer von schlechten Beratern zu einer schlechten Geldanlage überredet wird, bekommt weniger als diejenigen, die sich gute Berater leisten können. In den USA, wo die private Altersvorsorge dominiert, nehmen soziale Ungleichheiten nach Eintritt in die Rente erkennbar zu, in Deutschland dank des Umlagesystems bislang noch nicht.[33]

***Viertens:*** Die Renditen im Kapitaldeckungsverfahren sind schon per se mit einem größeren Risiko behaftet als im Umlageverfahren. Die Annahme, private Altersvorsorge bringe höhere Renditen, stammt aus den Zeiten der Spekulationsblasen an den Aktienmärkten. Im März 1997 lag der Aktienindex des Neuen Marktes noch bei 505 Punkten und ist auf 8559 Punkte im September 2000 explosionsartig gestiegen – viele hofften auf schnellen Reichtum. Die Aktien der meisten Internet-Firmen waren aber hoffnungslos überzeichnet. Zwei Jahre später stürzte der Kurs auf 413 Punkte ab.[34] Damit waren die Seifenblasen der New Economy geplatzt, die Versprechungen hoher Renditen, die Sparbücher lächerlich aussehen ließen, stellten sich als brüchig heraus. Die *Zeit* kommentierte das Platzen der Dotcom-Blase: «Mehr als 100 Milliarden Euro haben die Versicherer in den vergangenen drei Jahren an der Börse verbrannt.»[35] Wenn die Menschen ihr Geld in tausend Kästen Bier statt in Telekom- oder New-Economy-Aktien angelegt hätten, dann hätten sie nicht nur jeden Tag ein kühles Weizen trinken können, sondern hätten auch noch mehr Geld für das Flaschenpfand zurückbekommen als für ihre hochgejubelten Internet-Aktien. Viele der Berechnungen, mit denen noch um die Jahrtausendwende eine ungleich höhere Rendite beim privaten Sparen nachgewiesen werden sollte, waren nach dem Börsencrash nur noch sinnlose Zahlenspielereien; übrigens auch deshalb, weil die Privatversicherer über Jahre hinweg mit veralteten Sterbetafeln gearbeitet hatten.

Unsere Altersversorgung wäre bei der Privatvorsorge den unkalkulierbaren Bewegungen des Finanzmarkts ausgeliefert.[36] In den USA lässt sich bereits heute beobachten, worauf sich eine Volkswirtschaft mit privater Rentenversicherung einlässt. Die Babyboomer-Generation blickte lange Zeit sorglos aufs Alter und hatte sich auf einen gut situierten Ruhestand in den Seniorenresidenzen Floridas eingestellt, Sonne, Golf und Rundumpflege inklusive. Nach dem Börsencrash waren die mühsam erarbeiteten Kapitaleinlagen plötzlich verschwunden. Einst unbesorgt, stehen viele Alte jetzt ohne Ersparnisse und Rente da und müssen sich mit schlecht bezahlten Jobs durchschlagen – sie packen die Tüten im Supermarkt, kontrollieren die Tickets im Kino oder arbeiten als Straßenreiniger.[37] Soll Altersarmut auch in Deutschland wieder zum Alltag werden, nachdem wir sie endlich erfolgreich besiegt zu haben glaubten? Wollen wir unsere Altersversorgung tatsächlich auf das wacklige Fundament von Kapitalanlagen bauen?

Die Renditeberechnungen der Versicherungswirtschaft sind zu hoch gegriffen. Wenn große Summen neu auf den Kapitalmarkt kommen, ist ein Sinken der durchschnittlichen Rendite vorprogrammiert, da mit steigendem Investitionsvolumen auf weniger profitable Anlagemöglichkeiten ausgewichen werden muss. Berechnungen der Versicherungswirtschaft, die vergangene Renditen in die Zukunft fortschreiben, stehen daher auf denkbar wackliger Grundlage – von den Risiken der Inflation ganz zu schweigen. Bei Anlage im Ausland kommen noch die Risiken von Wechselkursschwankungen hinzu.

Wollen wir unsere Altersversorgung wirklich spekulativen Währungsturbulenzen aussetzen, nach den leidvollen Erfahrungen der letzten Jahrzehnte, als schon mehrfach Weltbank und Währungsfonds einspringen mussten, um mit Milliardenhilfen das Weltwährungssystem wieder ins Lot zu bringen?

Das Umlageverfahren überstand, anders als private Versicherungen, Rezessionen und Inflationen, Börsenkrachs und Währungskrisen. Lateinamerikakrise, Asienkrise, Russlandkrise, Dotcom-Blase und US-Immobilienkrise sollten uns Lehre genug sein.

***Fünftens:*** Die Rendite im Kapitaldeckungsverfahren ist tendenziell keineswegs höher als die Rendite im Umlageverfahren. Für einen durchschnittlich verdienenden Versicherten mit 45 Beitragsjahren, der 2006 in Rente ging, ergeben die Modellrechnungen je nach Geschlecht, Familienstand und Alter des Versicherten bei Rentenbeginn Renditen im Umlageverfahren zwischen 3,5 und 4,1 Prozent. Da in der gesetzlichen Rentenversicherung für Männer und Frauen mit gleichem Einkommen auch die monatlichen Renten gleich hoch sind, ist die Rendite für Frauen deutlich höher – sie haben durchschnittlich eine höhere Lebenserwartung und erhalten entsprechend länger Rente. Auf lange Sicht wird die Rendite nach den aktuellen Berechnungen fallen, aber deutlich positiv bleiben. Für Rentenzugänge des Jahres 2040 wird sie voraussichtlich noch zwischen 2,7 und 3,2 Prozent liegen.[38]

Demgegenüber mussten die privaten Versicherer die Mindestverzinsung mehrmals senken: von vier Prozent im Jahr 2000 auf nur noch 2,25 Prozent heute.[39] Mit Blick auf die Kapitalmärkte erklärt daher Norbert Walter, Chefvolkswirt der Deutschen Bank, mit deutlichen Worten: «Dort wird man sich von den Renditen der Vergangenheit verabschieden müssen. Die Hälfte der Renditen der Vergangenheit anzusetzen, ist realistisch, zwei Drittel sind optimistisch, aber möglich.»[40]

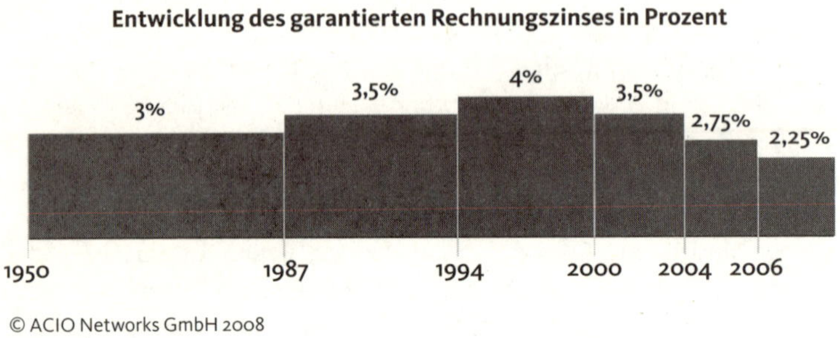


**Abbildung 5: Entwicklung der Mindestverzinsung bei der privaten Rentenversicherung**

Die Demografie-Enquete-Kommission konstatiert: «Aufgrund der Heterogenität des Kapitalmarkts stellt sich ferner das Problem, mit welchem konkreten Zinssatz die Wachstumsrate der Lohnsumme [und damit die Renditegrundlage für das Umlageverfahren] verglichen werden soll. ... Darüber hinaus verbietet es sich, die Kapitalmarktrendite der Vergangenheit linear in die Zukunft fortzuschreiben und mit den in der Zukunft erwartbaren Lohnsummenzuwächsen zu vergleichen. Denn die Kapitalmarktrenditen der Vergangenheit sind immer auch das Ergebnis des durch das Regime des Umlageverfahrens gekennzeichneten Kapitalangebots. Käme es infolge einer Substitution des Umlageverfahrens durch das Kapitalstockverfahren zu den regelmäßig erwarteten zusätzlichen Ersparnissen, kann dies zur Folge haben, dass der Zins als Preis des Kapitals sinkt. ... Wegen der Heterogenität der Kapitalanlagemöglichkeiten und großen Schwankungen in den vergangenen Jahrzehnten kann ohne weitere detaillierte Annahmen über die Anlageform und Risiken keine Rendite angegeben werden, die als Vergleichsziffer dienen könnte.»[41]

Direkte Renditevergleiche zwischen gesetzlicher und privater Altersvorsorge sind generell zugunsten der Kapitaldeckung verzerrt, weil sie unterschiedliche Leistungspakete umfassen: «Dabei wird die ‹Rendite› in der Gesetzlichen Rentenversicherung der privaten Alterssicherung gegenübergestellt, was ein verzerrtes Bild ergibt, da in der Gesetzlichen Rentenversicherung die Invalidität mit abgesichert wird und auch eine Hinterbliebenenversorgung besteht. Besonders deutlich wird die verzerrte Sicht dann, wenn bei der Altersvorsorge Produkte ohne Absicherung biometrischer Risiken (also ohne Risikoausgleich) herangezogen werden, die ceteris paribus notwendigerweise zu einer höheren Rendite führen, da die Absicherung biometrischer Risiken nicht kostenfrei ist.»[42] Die Gegenüberstellung der Renditen von Kapitaldeckungs- und Umlagesystem ist also ein Vergleich von Äpfel und Birnen.

***Sechstens:*** Eine vollständige oder auch nur weitgehende Umstellung auf die Kapitaldeckung ist ohnehin illusorisch. Das dafür nötige Finanzvolumen wird für die Bundesrepublik auf bis zu 5,1 Billionen Euro geschätzt, was das Doppelte bis Dreifache des Bruttoinlandprodukts ausmacht.[43] Anlagemöglichkeiten für eine derart immense Summe existieren nicht. Daher «kann es bei einem kapitalfundierten Verfahren schon wegen der Größenordnungen der Rentenansprüche in Wirklichkeit kaum um eine vollständige Ablösung gehen», stellt die Demografie-Enquete-Kommission fest. «Auch ist zu befürchten, dass die mit einem Kapitalstock in dieser Größenordnung verbundene Machtzusammenballung negative Einflüsse auf das demokratische politische System ausüben könnte.»[44]

Einziger Ausweg wäre, das Kapital im Ausland anzulegen. Doch diese Möglichkeit ist als eher heikel einzuschätzen: Schließlich erfahren alle westlichen Gesellschaften derzeit ähnliche demografische Prozesse wie wir, sodass auch dort nach mehr Anlagemöglichkeiten zur Altersvorsorge gesucht wird. Auch die großen Volkswirtschaften China und Indien befinden sich aufgrund ihrer restriktiven Geburtenpolitik in einem massiven Alterungsprozess. Hinzu kommen Unsicherheitsfaktoren hinsichtlich der wirtschaftlichen und politischen Entwicklungen im Ausland.[45] Wir sollten uns gut überlegen, ob wir unsere Rente wirklich beispielsweise den südostasiatischen Ländern anvertrauen wollen, in denen schon einmal eine Finanzkrise alle Investitionen binnen kürzester Zeit vernichtet hat – ganz zu schweigen von den Unwägbarkeiten der Inflationsgefahr und Wechselkursrisiken.

***Siebtens:*** Ökonomen befürchten negative konjunkturelle Effekte infolge größerer Kapitaldeckung, wenn durch das erhöhte Sparen für die Rente der Konsum zurückgeht. Wird mehr gespart, leidet zwangsläufig die Nachfrage – und dadurch gehen auch die Einnahmen der Unternehmen zurück. Aufgrund der in Deutschland strukturell verfestigten Schwäche der Binnennachfrage wirkt sich ein solcher Nachfragedämpfer negativ auf die wirtschaftliche Entwicklung aus.[46]

Die Investitionstätigkeit droht mit dem höheren Kapitalangebot trotz sinkender Zinsen zu erlahmen: Das gesparte Geld verdirbt das Geschäft der Unternehmen, weil sie weniger verkaufen können. Jeder Euro für die Privatvorsorge ist ein verlorener Euro für die Geschäftsbilanzen der Unternehmen. Will ein Unternehmen investieren, muss es mehr Geld bei den Banken leihen und dafür Zinsen zahlen. Hätten wir nicht gespart, hätte es das Geld direkt durch den Verkauf seiner Produkte eingenommen. Also sinkt nicht nur die Nachfrage, sondern die Investitionen nehmen auch ab – und unsere Volkswirtschaft sorgt denkbar schlecht für die Zukunft vor.[47] Die Kapitaldeckung erreicht in gesamtwirtschaftlicher Betrachtung eher das Gegenteil von dem, was sie eigentlich bezweckt.

***Achtens:*** Das Umlageverfahren ist kostengünstiger zu organisieren als private Kapitaldeckung. Es ist nicht wie Investmentfonds und private Versicherungen auf einen großen Verwaltungsapparat angewiesen und kommt ohne Analysten, PR-Agenturen und Vertreter aus. Es gibt keine Bankgebühren und keine Provisionen. Gerade 1,5 Prozent der Beitragseinnahmen fließen in die Verwaltung.[48] Demgegenüber bewegen sich die Verwaltungskosten der Privatversicherungen bei rund zehn Prozent und mehr (Personal- und Sachaufwand, Werbung, Marketing usw.). In Großbritannien werden sogar 40 Prozent der eingezahlten Gelder für Verwaltung und Vertrieb aufgewendet.[49] Die Privaten wollen an ihrem Geschäft verdienen – die gesetzlichen

Sozialversicherungen dagegen sind nicht auf Profit ausgelegt und daher kostengünstiger.

***Fazit:*** Ein weitgehender oder vollständiger Systemwechsel zur kapitalgedeckten Eigenvorsorge verletzt die intergenerationelle und die soziale Gerechtigkeit, gibt keine Antwort auf den demografischen Wandel, macht die Renditen unsicherer und dämpft die Konjunktur. Kapitaldeckung ist also eine denkbar schlechte Alternative zum solidarischen Generationenvertrag.

Das ständige Schlechtreden der sozialen Sicherungssysteme hat das Vertrauen in die Rente systematisch untergraben. Dabei ist das Umlageverfahren alles andere als schlecht, falsch oder marode. Im Gegenteil: Es funktioniert selbst unter dem Vorzeichen des demografischen Wandels. «Die Rente ist sicher», sagte Norbert Blüm – jedenfalls ist die Umlagerente sicherer als jedes kapitalgedeckte System.[50]

Das Deutsche Institut für Wirtschaftsforschung kommt zu dem Urteil: «Probleme einer unzureichenden Zukunftsvorsorge werden durch freiwillige Kapitaldeckung nicht gelöst. ... Gegen einen Umstieg vom Umlage- auf das Kapitaldeckungsverfahren in der Altersvorsorge sprechen nicht nur makroökonomische Probleme, wie sie seit langem diskutiert werden, sondern auch mikroökonomische Gründe einer optimalen Zukunftsvorsorge in einer unsicheren Welt.»[51]

Private Eigenvorsorge ist freilich als Ergänzung zur solidarischen Vorsorge durchaus sinnvoll, aber sie sollte nicht gegen das Umlagesystem ausgespielt werden.[52] Die Euphorie der Kapitaldeckung ist nach den negativen Erfahrungen in jüngster Zeit verflogen. Im Grunde sind sich die Experten einig, dass eine Mischung aus Umlage- sowie privater und betrieblicher Kapitaldeckung am besten wäre. Über die genauen Anteile in diesem Mischsystem lässt sich dagegen streiten. Wie das beste Mischverhältnis aussieht bzw. ob es ein «optimales» Mischverhältnis überhaupt gibt, lässt sich letztlich wissenschaftlich nicht beurteilen,[53] sondern kann nur politisch entschieden werden.

Vor einem weiteren Zurückdrängen des Umlagesystems kann aus den geschilderten Gründen nur gewarnt werden. Unsere Altersversorgung sollte nicht kapitalgedeckt, sondern kapitalunterstützt sein. Privates Vorsorgen muss selbstverständlich möglich sein, aber nicht überdimensioniert und unsinnig staatlich subventioniert werden. Das Umlagesystem muss die mit Abstand wichtigste Säule bei der Alterssicherung bleiben.

## Die Alten von heute: Eine gierige Generation?

Die gierige Generation der Alten kassiert fette Renten auf Kosten der Jungen und hat nichts anderes zu tun, als in Saus und Braus ihre dicken Portemonnaies auf weltweiten Urlaubsreisen zu leeren – das ist das Bild, das die Medien von den Rentnern zeichnen. «Noch partizipieren die Alten an der Fun-Gesellschaft. Heerscharen von Rentnern lassen sich, finanziert vom deutschen Umlagesystem, von Luxuslinern durch die Weltmeere schaukeln und von Jet-Clippern zu den entlegensten Stränden dieser Erde transportieren», so Hans-Werner Sinn.[54] Man hat sogar schon ein Label für die reiche Altenclique gefunden: Die WOOPIES, *well-off older people*, die gut situierten Alten. Jeder dritte Porschefahrer ist laut Statistiken über 60 Jahre alt, und die Hälfte aller Reisen wird von Kunden jenseits der 55 gebucht. Die Alten leben wie die Made im Speck und verjubeln die Renten der Jungen.[55]

Wie realitätsnah ist dieses Bild? Die meisten Rentner sind sicherlich keine reichen Raffkes. Selbst von weniger begüterten Rentnern wissen wir, dass sie freiwillig ihre Kinder und Enkel finanziell unterstützen, bei der Kinderbetreuung helfen oder sich in der Vereinsarbeit ehrenamtlich engagieren.[56] Viele Alte akzeptieren auch Rentenkürzungen ohne großes Wehklagen, wenn glaubwürdig ist, dass sie der jungen Generation dadurch helfen können. Zahlreiche Renteneinschnitte, die bereits seit den 1990er Jahren unter der CDU und später unter der SPD vorgenommen wurden, haben die Rentner von damals und heute bereits verkraftet. Der langjährige Geschäftsführer des Verbands Deutscher Rentenversicherer, Franz Ruland, sagt daher: «Betrachtet man die Summe der Einschnitte, ist die … Forderung, dass nun auch die ‹Rentner zur Kasse gebeten werden müssten›, Unfug.»[57]

Dennoch: Die heutige Altengeneration ist die reichste Altengeneration aller Zeiten. Altersarmut existiert praktisch nicht. Die Sozialhilfequote der Menschen über 65 liegt bei lediglich 1,3 Prozent, während der gesamtgesellschaftliche Durchschnitt mit 3,3 Prozent mehr als doppelt so hoch ist – und 6,6 Prozent aller Kinder von Sozialhilfe leben.[58] Die Armut hat sich von den Alten zu den Jungen verschoben. Der US-Ökonom Samuel Preston hat hierauf bereits in den 1980er Jahren hingewiesen. Durch das Rentensystem sei es gelungen, Wohlfahrt im Alter öffentlich zu institutionalisieren, während dies für Kinder und Familien nicht erreicht wurde. Er macht die größere politische Macht der Alten für dieses Phänomen verantwortlich.[59] Auch nach dem Konzept der relativen Altersarmut (weniger als 50 Prozent des durchschnittlichen Nettoäquivalenzeinkommens) stehen die Alten gut da: Die so berechnete Armutsquote beläuft sich für die 61- bis 70-Jährigen auf 5,7 Prozent und für die über 70-Jährigen auf 4,8 Prozent, während der gesamtgesellschaftliche Durchschnitt mit 9,1 Prozent deutlich höher liegt.[60]

Eine Analyse der altersabhängigen Einkommensentwicklung zeigt: Mit dem Alter steigt das Einkommen an und beginnt ab dem Rentenalter wieder zu fallen – umso mehr, je länger der Ruhestand dauert. Laut Einkommens- und Verbrauchsstichprobe des Statistischen Bundesamtes verfügen Haushalte, deren Haupteinkommensbezieher zwischen 45 und 54 Jahre alt ist, mit 3.350 Euro pro Monat über das höchste Nettoeinkommen. Die 55- bis 64-Jährigen verfügen immer noch über 85 Prozent des Nettoeinkommens der einkommensstärksten Altersgruppe, die 65- bis 69-Jährigen noch über zwei Drittel. Ab dem 70. Lebensjahr nehmen die Nettoeinkommen dann deutlich ab, sie liegen hier mit 1850 Euro pro Monat nur noch bei 55 Prozent des höchsten Wertes. Der Kaufkraftschwund fällt allerdings geringer aus, wenn die Konsumausgaben betrachtet werden, denn im Alter geht auch die Sparquote zurück. Laut Eurostat erreichen die Konsumausgaben der über 60-Jährigen durchschnittlich 74 Prozent des Wertes der 45- bis 55-jährigen Altersgruppe.[61]

Ein Vergleich der Vermögen nach Altersgruppen belegt, dass die Alten finanziell gut abgesichert sind. Bis zu einem Alter von 25 Jahren verfügen junge Menschen über ein Gesamtvermögen von netto weniger als 4000 Euro. Erst mit dem Eintritt in das Berufsleben können sie sparen und ein Vermögen bilden. Zugleich erhöht sich die Wahrscheinlichkeit von Erbschaften. Die reichste Altersgruppe sind die 56- bis 65-jährigen Alten, die durchschnittlich ein Vermögen von knapp 130 000 Euro besitzen. Besonders ausschlaggebend ist dabei, dass Hypotheken für Häuser normalerweise bis zum Rentenalter abbezahlt sind und daher nach der Schuldentilgung Nettovermögen aufgebaut werden kann. Nach dem Eintritt ins Rentenalter ab ca. 65 Jahren nimmt das Vermögen wieder ab, da es zunehmend aufgebraucht und an die Kinder und Enkel verschenkt wird. Trotzdem verfügen die über 65-Jährigen immer noch über ein individuelles Vermögen von durchschnittlich über 100 000 Euro.[62] Nicht «die Rentner» sind also die reichste Altersgruppe hierzulande, sondern diejenigen Alten, die kurz vor dem Ruhestand stehen oder kürzlich in den Ruhestand getreten sind.

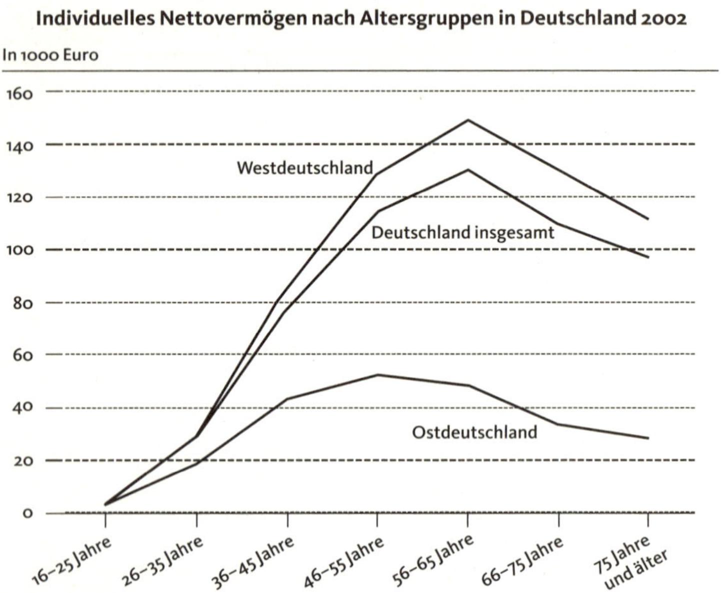


Quelle: SOEP; Berechnungen des DIW Berlin © DIW Berlin 2007

**Abbildung 6: Vermögensverteilung nach Altersgruppen**

Die Alten verfügen im Vergleich zu den Jungen durchaus über stattlichen Reichtum. Allerdings ist der Reichtum innerhalb der Altengeneration ausgesprochen ungleich verteilt – weshalb die Gleichung «alt = reich» nicht aufgeht. Allein der Unterschied zwischen Ost und West führt das deutlich vor Augen: Während die 66- bis 75-Jährigen in den alten Bundesländern über ein Vermögen von ca. 160 Prozent des gesamtdeutschen Mittelwerts verfügen, erreicht dieselbe Altersgruppe in den neuen Ländern lediglich ca. 40 Prozent des Mittelwerts, insbesondere weil weniger Menschen eigene Häuser und Wohnungen besitzen.

Bei Betrachtung der Vermögensverteilung in Deutschland zeigt sich, dass beim oberen Zehntel der Bevölkerung nahezu 60 Prozent des Reichtums und allein beim obersten Prozent der Bevölkerung über 20 Prozent des Reichtums konzentriert sind, während mehr als zwei Drittel der Bevölkerung kein oder nur ein sehr geringes Vermögen besitzen. Die unteren 70 Prozent der Bevölkerung zusammen haben lediglich einen Anteil von unter zehn Prozent am gesellschaftlichen Reichtum. Der Gini-Koeffizient – ein statistisches Maß, das die Reichtumsverteilung angibt – liegt daher für Deutschland relativ hoch. Im Jahr 2002 hatte er einen Wert von 0,790 und reichte damit nahe an den Maximalwert 1 heran.[63] Ein Wert von 1 würde bedeuten: Sämtliches Vermögen ist bei einer einzelnen Person konzentriert, alle anderen würden überhaupt nichts besitzen.

Die ungeheure Kaufkraft der Altengeneration, von der sich einige Wirtschaftsexperten bereits einen «silbernen Markt» versprechen, sagt daher wenig über die tatsächliche soziale Situation des durchschnittlichen Rentners aus. Nach Erhebungen des Statistischen Bundesamtes hat jeder fünfte Zwei-Personen-Rentnerhaushalt wegen fehlender Geld- und Immobilienanlagen keine Einnahmen.[64]

Dies spiegelt sich auch in den Erbschaften wider. Zwar werden Schätzungen zufolge pro Jahr etwa 150 bis 250 Milliarden Euro vererbt oder verschenkt,[65] doch das Deutsche Institut für Wirtschaftsforschung (DIW) stellt fest, «dass besonders solche Personen erben, denen es in ökonomischer Hinsicht ohnehin gut geht.»[66] Wie die Vermögen sind also auch die Erbschaften auf einen kleinen Teil der Bevölkerung konzentriert.

Die Bedeutung dieser Zahlen für das Rentensystem ist vorsichtig zu beurteilen. Wer allein von der gesetzlichen Rente lebt, der wird nicht reich. Die ausbezahlte gesetzliche Rente liegt heute durchschnittlich bei rund 971 Euro für Männer und 519 Euro für Frauen.[67]

Durchschnittszahlen bedeuten immer auch: Viele bekommen weniger, manche mehr. Die Höhe der jeweils ausbezahlten Renten differiert erheblich. Die ausgeprägte Heterogenität in der Verteilung wird von Abbildung 7 illustriert. Arme Rentner sind dringend auf die staatliche Versorgung angewiesen, die reichen Rentner würden dagegen auch mit weniger staatlicher Unterstützung auskommen. Bei pauschaler Rentenkürzung würde das Risiko der Altersarmut verschärft, wovon insbesondere Alleinerziehende mit Kindern betroffen wären, während die gut situierten Alten davon nicht viel merken würden.

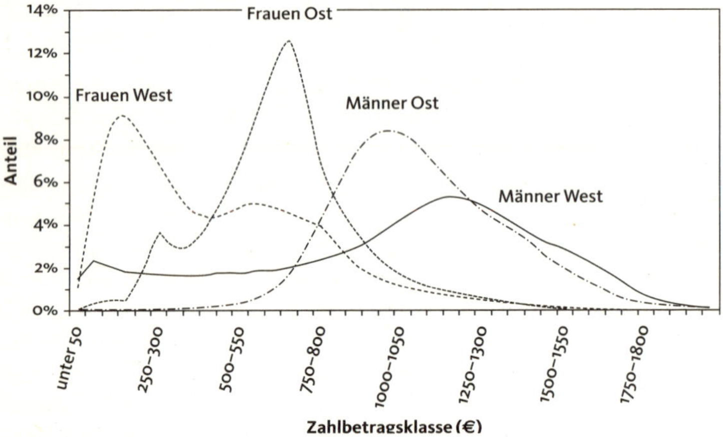


© Schmähl 2005. Entnommen aus: Fünfter Altenbericht (2005): 194, Datenbasis: VDR

**Abbildung 7: Verteilung der Altersrenten aus der GRV (2002)**

Aufgrund der insgesamt relativ guten materiellen Situation der Älteren ist es vernünftig, sie verstärkt in die Finanzierung der öffentlichen Aufgaben einzubeziehen. Die Einführung der nachgelagerten Rentenbesteuerung war daher ein richtiger Schritt. Auch über die Wiederbelebung der Vermögens- und Erbschaftsteuer lohnt es sich nachzudenken. Diese Maßnahmen haben den Vorteil, dass nur die vermögenden Älteren belastet werden, im Gegensatz zu einer allgemeinen Rentenkürzung, die auch die weniger Begüterten treffen würde.

Durch die Demontage des Umlageverfahrens im Rahmen der Reformmaßnahmen der vergangenen Jahre rückt für die heute Jüngeren allerdings die Frage der Altersarmut wieder in den Blick: Bereits in den letzten Jahren flachten die Einkommenszuwächse der Rentner «beträchtlich» ab, meldet das Statistische Bundesamt.[68] Die Forschungsabteilung der Deutschen Bank stellt fest: «Ob die finanzielle Situation der deutschen Älteren langfristig so rosig bleibt, ist zumindest angesichts der unausweichlichen Reformnotwendigkeiten unsicher.»[69]

Die momentan erwerbstätige und die nachwachsende Generation können nicht mehr sorgenfrei auf das Alter blicken. Mit der Riester- und der Rürup-Reform haben sich die Lebensperspektiven der jungen Generation deutlich verschlechtert.

## Riester-Rente: Der Übergang zur Teilkapitaldeckung

Die unter SPD-Sozialminister Walter Riester im Jahre 2001 durchgesetzte Rentenreform verabschiedete sich vom Ziel der Sicherung des Lebensstandards und erhob das Prinzip der Beitragsstabilität zum neuen Ziel. Die Bundesregierung hatte es sich zur politischen Vorgabe gemacht, dass die Beiträge zur gesetzlichen Rentenversicherung bis zum Jahr 2030 nicht über 22 Prozent steigen sollten. Durch Modifikation der Rentenformel und den Einbau eines Abschlagfaktors wurde die Rentenentwicklung daher so verlangsamt, dass das Rentenniveau von 70,8 Prozent des Nettolohns im Jahr 2001 auf ca. 64 Prozent im Jahr 2030 sinkt (häufig wird auch ein Niveau von 67 Prozent zitiert, hierbei ist allerdings die modifizierte Rentenformel nicht einkalkuliert).[70] Als Ausgleich für die niedrigere Umlagerente soll jeder Bundesbürger vier Prozent seines Einkommens in privater Vorsorge anlegen (die so genannte «Riester-Rente»). Um das Privatsparen attraktiver zu machen, wurden staatliche Zuschüsse aus Steuergeldern und steuerliche Absetzmöglichkeiten eingeführt.

«Wir werden erstmals eine Generationengerechtigkeit herbeiführen in der Form, dass wir die Probleme nicht auf die nächste Generation verschieben», lobte Walter Riester seine Reform.[71] Die Belastungen des demografischen Wandels würden gerecht auf die Generationen verteilt. Die Rente sei wieder zukunftssicher und bezahlbar für die junge Generation.

An dieser Darstellung müssen jedoch einige Zweifel angebracht werden. Die intergenerationelle Lastenverteilung gestaltet sich faktisch anders, als die offizielle Lesart suggeriert. Die jungen Beitragszahler werden durch die Reform künftig nicht entlastet, sondern nur anders belastet als bisher: Sie werden in der Zeit des demografischen Scheitelpunkts um das Jahr 2030, wenn besonders wenige Erwerbstätige für besonders viele Rentner aufkommen müssen, nach Riesters Berechnungen rund 22 Prozent ihrer Bruttolöhne an Beiträgen für die staatliche Umlagerente entrichten. Zusätzlich werden sie aber vier Prozent ihrer Bruttolöhne privat sparen müssen, um etwa die gleiche Versorgung zu erhalten wie die heutigen Ruheständler. Die Logik der Stabilisierung der Beitragssätze, um die Rente auch für die junge Generation bezahlbar zu machen, geht nicht auf: Denn mit den niedrigeren Beitragssätzen für die gesetzliche Altersversorgung geht schließlich ein niedrigeres Sicherungsniveau einher, das durch zusätzliche Beiträge ausgeglichen werden muss. Kalkuliert man diese mit ein, bleibt von der anvisierten Senkung der Beiträge nichts mehr übrig.

Von Oppositionspolitikern wurde daher der Vorwurf erhoben, die Reform sei ein Betrug der jungen Generation. Der CDU-Finanzpolitiker Friedrich Merz kritisierte: «Jetzt sind die Sozialdemokraten dabei, ein Rentenniveau von 64 Prozent, wahrscheinlich noch weniger, ausschließlich für die junge Generation festzuschreiben. Und alles das, was zusätzlich an Altersversorgung vorhanden sein soll, muss die junge Generation selbst ansparen. ... Das ist ... eine so grobe Verletzung der Generationengerechtigkeit, dass ich sagen muss, auf dieser Basis wird es mit uns einen Rentenkonsens nicht geben können. Wir sind nicht bereit, die gesamten Lasten der demografischen Entwicklung der Bevölkerung in unserem Land ausschließlich auf den Schultern der jungen Generation abzuladen.»[72] Ebenso wie andere Unions- und FDP-Politiker forderte er allerdings nicht, den im Umlageverfahren organisierten Generationenvertrag auch für die kommende Generation zu erhalten, damit auch die Jungen auf eine staatliche Altersversorgung vertrauen können, sondern plädierte für eine kräftige Kürzung der Rentenbezüge der gegenwärtigen Alten.[73]

Eine zweite Gerechtigkeitslücke tut sich auf: Armut und soziale Ungleichheit im Alter werden für die heute Jungen wieder relevant. Denn einkommensschwache Schichten können nur wenig oder gar nichts sparen. Sie nutzen die vorgesehene private Zusatzvorsorge daher kaum. Von den steuerfinanzierten Zulagen für die Riester-Sparverträge profitieren sie also nicht, leiden jedoch unter den Rentenkürzungen.

**Abbildung 8: Jugendliche tragen Generationengerechtigkeit zu Grabe (Foto: © Stiftung für die Rechte zukünftiger Generationen, SRzG, 2001)**

Die staatliche Förderspritze für die Riester-Versicherungen sollte Haushalte mit niedrigem Einkommen in die Lage versetzen, häufiger und mehr in der privaten Kapitalrente anzulegen. Inzwischen sind auch bereits knapp elf Millionen Versicherungspolicen abgeschlossen.[74] Diese Zahl ist jedoch nicht allzu aussagekräftig, weil sie nicht besagt, ob die Menschen wirklich mehr als bisher sparen oder ob sie ihre Ersparnisse nur von nichtgeförderten Anlageformen in die staatlich bezuschussten Riester-Verträge umschichten. Genau Letzteres ist jedoch der Fall, wie der Berliner Finanzwissenschaftler Giacomo Corneo in einer aktuellen Studie ermittelte.[75] Die gewaltige Subventionierung des Riester-Sparens ist nicht nur horrend teuer, sondern auch unsinnig: Jährlich kostet die Riester-Förderung den Steuerzahler rund 12,5 Milliarden Euro, ohne dass sie das Gesamtvolumen der Ersparnisse wirklich vergrößert. Von ihr profitieren nicht die einkommensschwachen Haushalte, sondern hauptsächlich die einkommensstarken Schichten, die ohnehin bereits privat sparen und die nun obendrein die staatliche Zulage abgreifen können. «Die Förderung hat in erster Linie Mitnahmeeffekte», sagt Corneo. Für die Riester-Rente wird daher viel Steuergeld sinnlos verschwendet.[76]

Die Riester-Reform lässt die soziale Kluft im Alter weiter auseinanderdriften – obendrein auf Kosten des Steuerzahlers – und führt sich insgesamt selbst ad absurdum. «Riester mogelt auch bei seinem Bekenntnis zur Generationengerechtigkeit», kommentierte Elisabeth Niejahr in der *Zeit*.[77] Kein Wunder, dass die nachwachsende Generation, in deren Namen die Riester-Reform gemacht wurde, gegen die Rentenpläne auf die Straße ging. Vor dem Reichstag protestierten junge Menschen gegen die Riester-Rente und trugen die Generationengerechtigkeit symbolisch zu Grabe.

## Die Rürup-Reform: Wie nachhaltig ist der «Nachhaltigkeitsfaktor»?

Obwohl also bereits mit der Riester-Reform fühlbare Einschnitte in der Umlagerente gemacht wurden, beschloss die rot-grüne Bundesregierung wenig später auf Empfehlung der «Kommission für die Nachhaltigkeit in der Finanzierung der sozialen Sicherungssysteme» (nach ihrem Vorsitzenden, dem Wirtschaftsweisen Bert Rürup, auch als Rürup-Kommission bekannt) zusätzliche drastische Kürzungen. Im Dezember 2003 verabschiedete das Kabinett weitgehende «Maßnahmen zur Sicherung der Generationengerechtigkeit in der gesetzlichen Rentenversicherung», die ein Jahr später in das «Gesetz zur Sicherung der nachhaltigen Finanzierungsgrundlage der gesetzlichen Rentenversicherung» (kurz: RV-Nachhaltigkeitsgesetz) mündeten. Das Gesetz beinhaltete die Modifikation der Rentenformel durch einen Nachhaltigkeitsfaktor, ein Paket aus «Notmaßnahmen» (z. B. Aussetzung der Rentenanpassung), die Streichung der Anrechnung von Schul- und Hochschulzeiten sowie die Anhebung des Rentenalters von 65 auf 67 Jahre.

Der Nachhaltigkeitsfaktor führt zu einer Rentenanpassung nach dem Verhältnis von Rentnern zu Beitragszahlern (im Unterschied zum Blüm'schen Demografie-Faktor, der einseitig lediglich die höhere Lebenserwartung einberechnete). Müssen aufgrund der Entwicklungen bei der Altersstruktur der Bevölkerung oder auf dem Arbeitsmarkt weniger Beitragszahler für einen Rentner aufkommen, fallen die Rentenanpassungen entsprechend schwächer aus. Verbessert sich die Relation, erhöhen sich die Renten dagegen stärker als normal.

Dies ist keine dumme Konstruktion. Bereits der Vater unseres Rentensystems, der Nationalökonom Wilfried Schreiber, wies in seinem als «Schreiber-Plan» bekannten Papier von 1955 darauf hin, dass es im Falle eines ungünstigen Altersaufbaus notwendig sein kann, etwa über eine vorübergehende Aussetzung der Rentendynamisierung oder über Beitragserhöhungen nachzudenken, wenn «das Verhältnis zwischen der Zahl der Altersrentner und der der vollkräftigen Erwerbstätigen sich stetig verschlechtert». Übrigens schlug auch Schreiber bereits vor, mit einem höheren Rentenalter die steigende Lebenserwartung auszugleichen.[78]

Belastungen für das Rentensystem, wie demografischer Wandel oder Arbeitslosigkeit, müssen solidarisch von beiden Generationen getragen werden. Ebenso sollten beide Generationen entlastet werden, wenn sich die Verhältnisse wieder bessern. Auch wenn sich über die konkrete Ausgestaltung des Nachhaltigkeitsfaktors (wer trägt wie hohe Einschnitte?) streiten lässt, kommt er doch der Teilungslösung, wie sie von der Stiftung für die Rechte zukünftiger Generationen vorgeschlagen wurde,[79] sehr nahe. Diese Teilungslösung besagt: Die Beiträge dürfen nur dann erhöht werden, wenn die Rentenanpassung im selben Ausmaß sinkt.

Der Nachhaltigkeitsfaktor beschleunigt das Sinken der Renten. Das Bruttorentenniveau fällt den Prognosen zufolge von 48 Prozent im Jahr 2003 auf 39,7 Prozent im Jahr 2030, im Vergleich zu 42,4 Prozent bei unveränderter Fortschreibung der Riester-Reform. Die Beitragssatzentwicklung wird entsprechend gedämpft und liegt im Jahr 2030 um ca. 2,3 Prozentpunkte niedriger.

Die Rente ist schon heute niedriger, als sie noch vor 15 Jahren war. Bereits in den 1990er Jahren hatte es unter CDU-Minister Norbert Blüm von der Mehrheit der Bevölkerung kaum wahrgenommene Einschnitte in die Rente gegeben, die für die Rentner von heute deutlich spürbar werden. Die Rentenanpassung wurde zudem unter SPD-Minister Walter Riester in den Jahren 2000 und 2001 ausgesetzt und nur nach der Inflationsrate angehoben. Hinzu kommt die unter SPD-Ministerin Ulla Schmidt im Juli 2004 erfolgte einmalige Aussetzung der Rentenanpassung. Hierdurch schrumpft auch die Basis

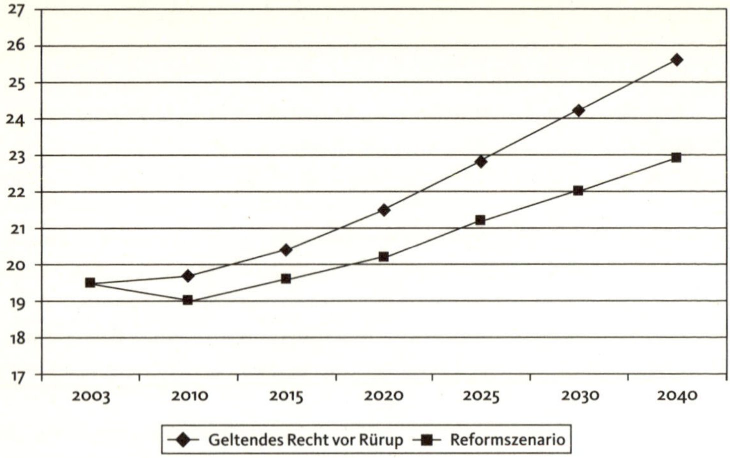


© Fuest 2007, Ursprungsdaten: Rürup-Kommission

**Abbildung 9: Projektion der Beitragssätze in der GRV 2003–2040**

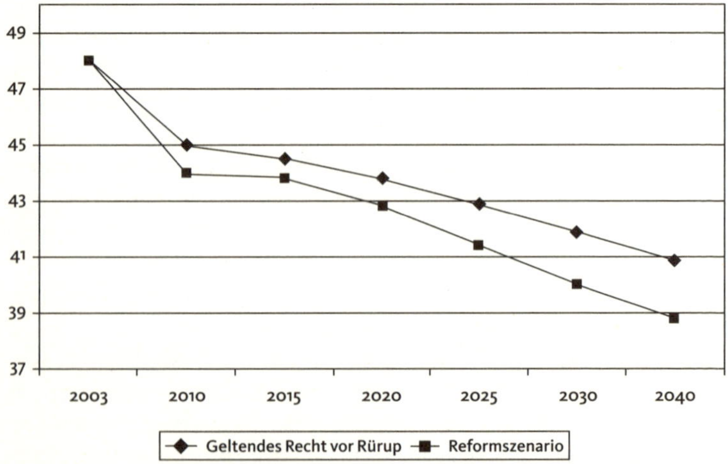


© Fuest 2007, Ursprungsdaten: Rürup-Kommission

**Abbildung 10: Projektion des Rentenniveaus in Prozent des Bruttolohns 2003–2040**

für künftige Rentenanpassungen im Vergleich zu einer interventionsfreien Entwicklung, die Kürzungen wirken also in den Folgejahren weiter fort.

Die jeweilige Rentnergeneration wurde zudem seit der Blümschen Rentenreform 1992 mit der Umstellung der Rentenanpassung von der Brutto- zur Nettolohnentwicklung an der Bewältigung auftretender Lasten beteiligt. Eine Art Teilungslösung wurde in die Rentenformel integriert: Wenn die Beiträge steigen, sinken zugleich auch die Nettolöhne und dadurch werden auch die Rentensteigerungen gedämpft.

Diese Einschnitte haben dazu geführt, dass bereits seit Jahren die Renten deutlich langsamer steigen und so das Rentenniveau immer weiter fällt, bereits für die heutigen Alten, aber noch deutlicher für die Jungen.[80] Das Schmerzliche an all diesen Reformen ist: Je weiter jemand vom Rentenalter entfernt ist, desto stärker ist er von den Wirkungen der Kürzungen betroffen. Gerade die Jungen, die durch die Reformen *ent*lastet werden sollen, werden also am meisten *be*lastet. Sie können nicht mehr auf die soziale Sicherung im Alter vertrauen, wie es die Generation vor ihnen noch konnte. Die insgesamt seit der Wiedervereinigung unter dem Primat der Beitragssatzorientierung getroffenen Maßnahmen führen dazu, dass z. B. im Jahr 2030 bei einem Renteneintritt mit 65 Jahren mehr als 37 Entgeltpunkte notwendig sein werden, um eine Rente über dem Sozialhilfeniveau zu erreichen. Das bedeutet, dass ein Durchschnittsverdiener 37 Jahre lang Beiträge für einen Rentenanspruch zahlen muss, der gerade so hoch ist wie die Sozialhilfe, worauf er ohnehin Anspruch hätte.[81] So sieht die Zukunft der Jungen aus, die also ganz zu Recht nicht mehr daran glauben, dass sie im Alter noch eine Rente bekommen.

Dennoch werden die Kürzungen unbeirrt als «nachhaltig» und «generationengerecht» etikettiert: Im Bericht der «Kommission zur nachhaltigen Sicherung der Sozialversicherungssysteme» wurde als Ziel deklariert, man wolle «aus Gründen der generativen Gerechtigkeit die Nachhaltigkeit in der Finanzierung der Gesetzlichen Rentenversicherung» erhöhen.[82] Die rot-grüne Bundesregierung bezeichnete ihr auf diesem Rürup-Bericht basierendes Gesetz, mit dem sie das Rentenniveau für die junge Generation massiv beschnitt, entsprechend als «Rentenversicherungs-Nachhaltigkeitsgesetz».

Das von der Versicherungswirtschaft gegründete Deutsche Institut für Altersvorsorge lobt die Rentenreform als lohnend für die nachrückende Generation: «Diese Reformen sind für die jüngeren Jahrgänge vorteilhaft, weil sie durch die private kapitalgedeckte Altersvorsorge höhere Erträge erwirtschaften können. Sie kommen daher insgesamt mit geringeren Beiträgen (einschließlich der privaten Vorsorge) aus als im Falle einer Fortführung des alten Systems. Doch auch ihre privaten Sparbeiträge müssen in aller Regel über vier Prozent des Bruttoentgeltes betragen.»[83]

Diese Einschätzung ist vor dem Hintergrund der fallenden und unsicheren Renditen auf dem Kapitalmarkt zumindest als optimistisch zu bezeichnen. Die Annahme, kapitalgedeckte Altersvorsorge sei ertragreicher als die Rendite im Umlageverfahren, hat sich gerade in jüngerer Zeit als falsch erwiesen. Die nachrückende Generation wird daher mit einem bescheidenen Rentenniveau leben müssen; viele werden nicht ausreichend privat sparen können. Generationengerechtigkeit lässt sich auf diese Weise nicht verwirklichen.

Besonders irritierend ist die Stellungnahme der Industrieländer-Denkfabrik OECD. «Deutschland hat mit den Reformen der vergangenen Jahre die finanzielle Nachhaltigkeit des Systems deutlich erhöht», lobt die OECD, doch fährt im nächsten Satz fort: «Allerdings müssen Arbeitnehmer nun verstärkt privat vorsorgen, um eine ausreichende und im OECD-Vergleich übliche Rente zu erhalten. … Altersarmut könnte zur Gefahr werden.»[84] Die *Financial Times Deutschland* kommentiert: «Jungen Arbeitnehmern droht im Alter Armut.»[85] Die Nachhaltigkeit werde erhöht, doch eine auskömmliche Rente werde es für die heute Jungen nicht mehr geben und die Altersarmut werde zurückkehren – wie passt das zusammen? Die jüngsten Rentenreformen stellen sich als bloße Augenwischerei heraus: Nach Angaben der Rürup-Kommission muss, wenn im Jahr 2030 ein Brutto-Gesamtversorgungsniveau von 48 Prozent erreicht werden soll (ein Niveau, wie das Umlageverfahren ohne Reformen versprochen hätte), ein Beitragssatz von 22 Prozent für die (geringere) Umlagerente und ein zusätzlicher Beitrag von vier Prozent für die private Zusatzrente entrichtet werden.[86] Zusammen ergibt dies einen Beitragssatz von 26 Prozent – so viel, wie auch das Umlageverfahren ohne Intervention erfordert hätte. Die Entlastung der Jungen entpuppt sich als Trugbild. Die nachrückende Generation wird nicht entlastet, sondern nur anders belastet – und wahrscheinlich höher, da die Rendite im Kapitaldeckungsverfahren derzeit tendenziell überschätzt wird.

Eine Reform, die die junge Generation in die Gefahr der Altersarmut bringt und ihr nur noch eine karge Rente bietet, wird als generationengerecht dargestellt. Die Funktion der Lebensstandardsicherung wird von der gesetzlichen Rentenversicherung nicht mehr erfüllt werden können.[87] Das soziale Sicherungsniveau und der Wohlstand für die junge Generation werden insbesondere aufgrund der unter sozialdemokratischer Regierungsverantwortung vorgenommenen Eingriffe in den Generationenvertrag abnehmen. Als generationengerecht ist dies schlechterdings nicht zu bezeichnen.

## Rentensystem und Generationengerechtigkeit

Jede Generation hat Anspruch auf gleichberechtigte Teilhabe am gesamtwirtschaftlichen Wohlstand.[88] Ein Rentensystem ist dann generationengerecht, wenn es die nachrückende Generation mindestens ebenso an der gesamtgesellschaftlichen Wohlstandsentwicklung beteiligt wie die vorangegangene Generation. Dann steigen die Renten, wenn die Einkommen der beitragszahlenden Generation steigen, und sie fallen, wenn die Einkommen der beitragszahlenden Generation sinken. Die sich aus der Veränderung der Erwerbsstruktur ergebenden Verteilungswirkungen müssen durch entsprechende Mechanismen ausgeglichen werden, um eine Überforderung der Beitragszahler auszuschließen.

Es existieren mehrere mögliche Indikatoren zur Beurteilung der Generationengerechtigkeit einer Rentenformel.[89] Am anschaulichsten sind sicherlich die Höhe des Beitragssatzes und des Rentenniveaus. Sie geben aber nur ein unvollständiges Bild der Belastungsverteilung zwischen den Generationen. Daher müssen wir auf weitere Kennzahlen zurückgreifen.

Ein zentraler Indikator ist die interne Rendite, also das Verhältnis der erhaltenen Leistungen zu den eingezahlten Beiträgen. Versteht man Nachhaltigkeit als Fließgleichgewicht, dann kann eine nachhaltige Rentenpolitik bedeuten, dass die Rendite der Rentenversicherung für alle Generationen gleich sein soll. Diese Meinung wird von vielen Experten geteilt, so vom Sozialbeirat zum Rentenversicherungsbericht: «Von Generationengerechtigkeit kann gesprochen werden, wenn es zu keiner Begünstigung oder Benachteiligung einer Generation auf Kosten oder zu Gunsten einer anderen Generation kommt. Für die gesetzliche Rentenversicherung bedeutet dies, dass Generationengerechtigkeit dann vorliegt, wenn sich das Verhältnis von Beiträgen zu Leistungsansprüchen zwischen den Generationen nicht verändert.»[90] Ebenso sieht auch der Wirtschaftssachverständigenrat «eine für alle Jahrgänge gleich hohe Rendite als Maßstab für die intergenerative Gerechtigkeit in der Rentenversicherung» an.[91] Für die Rürup-Kommission hat zwar «die Senkung der Lohnzusatzkosten im Zusammenhang mit der Diskussion um mehr Nachhaltigkeit der Finanzierung der Sozialen Sicherungssysteme politische Priorität» (wobei Nachhaltigkeit als Stabilität der Lohnnebenkosten definiert wird), doch gilt auch für sie in Bezug auf Generationengerechtigkeit das Ziel der Renditegleichheit: «Neben der Entlastung des Faktors Arbeit ist das zentrale Element für mehr Nachhaltigkeit in der Finanzierung der Sozialen Sicherungssysteme die Stärkung der intergenerativen Gerechtigkeit. ... Intergenerative Verteilungswirkungen ... können mit Hilfe des Konzepts der ‹impliziten Renditen› abgeschätzt werden.»[92] Mag diese breite Übereinstimmung wegen der personellen Überschneidung in den zitierten Gremien nicht sonderlich überraschen, so definieren auch unabhängige Experten wie die Stiftung für die Rechte zukünftiger Generationen die Gleichheit der Renditen als Richtschnur für die Verwirklichung von Generationengerechtigkeit in der Rentenversicherung.[93]

Nach Berechnungen des Rürup-Berichts wären die Renditen der künftigen Rentner deutlich niedriger ausgefallen als die der heutigen Rentner. Mit den jüngsten Rentenreformen wurde daher eine Angleichung der Renditen bewirkt. Der Maßstab der Rendite weist jedoch Schwächen auf. Die Demografie-Enquete-Kommission bezeichnet den Indikator gar als «verengt».[94] Die Betrachtung der Umlagerenditen macht erst im Vergleich zu Kapitalrenditen Sinn. Wenn die Renditen im Kapitaldeckungsverfahren gleich hoch oder niedriger sind, ist bei Kürzungen der Umlagerente mit dem Ziel der Renditeangleichung nichts für die Generationengerechtigkeit gewonnen. Verkompliziert wird die Problematik durch die begrenzte Vergleichbarkeit der Renditen von Umlage- und Kapitaldeckung, wie oben ausführlich erläutert. Das Kriterium der Renditesicherheit und -berechenbarkeit, die bei Umlagesystemen tendenziell in höherem Maße gegeben ist, müsste zusätzliche Berücksichtigung finden.[95]

Geht man von der Gerechtigkeitsvorstellung aus, dass höhere Leistungsfähigkeit auch höhere Belastbarkeit nach sich zieht («Starke Schultern sollten mehr Lasten tragen als schwache Schultern»), dann können höhere Beitragssätze in Zukunft trotz sinkender Renditen gerechtfertigt werden, da die absoluten Einkommen künftiger Erwerbstätiger spürbar höher sein werden als heute, sodass auch höhere relative Beitragsbelastungen leichter geschultert werden können.[96]

Die Rendite als Indikator bildet daher in isolierter Betrachtung die Lastenverteilung zwischen den Generationen nur unzureichend ab. Die Renten müssten stark gekürzt werden, die nachrückende Generation würde niedrigere Beiträge für die gesetzliche Rente zahlen, dafür aber selbst nur mehr auf eine schmale Umlagerente vertrauen können. Die wenig erfreulichen Ergebnisse einer solchen Politik können momentan beobachtet werden.

Ein anderer Indikator ist die implizite Einkommensteuer. Sie gibt an, welchen Anteil des Lebenseinkommens ein zu einem bestimmten Zeitpunkt geborenes Individuum für die Umlagerente aufbringen muss. Die implizite Einkommensteuer weist als Indikator einen wichtigen Vorteil auf: Sie berücksichtigt, ob der aufzubringende Einkommensanteil und damit die relative Belastung steigt oder fällt. Eine konstante implizite Einkommensteuer stellt infolgedessen einen weit aussagekräftigeren Indikator für Generationengerechtigkeit dar als die Rendite. «Für die Gerechtigkeit *zwischen* den Generationen gibt es eine verblüffend einfache Antwort. Wenn Gerechtigkeit heißt, dass aufgrund der Leistungsfähigkeit besteuert werden sollte, so sind Schwankungen der impliziten Einkommensteuer zwischen den Jahrgängen ungerecht», argumentieren die Ökonomen Jakob von Weizsäcker von der EU-Denkfabrik Bruegel und Marcel Thum vom ifo-Institut.[97] Aktuelle Berechnungen für die Entwicklung der impliziten Einkommensteuer liegen jedoch meines Wissens nicht vor.

Zwei weitere Indikatoren sind aussagekräftig, die bislang in der öffentlichen Diskussion kaum eine Rolle spielen. Aus dem Blickwinkel der jeweiligen Rentnergeneration rückt das Gesamtversorgungsniveau der Altersversorgung (als Summe der gesetzlichen, privaten und betrieblichen Rente) in den Fokus, für die beitragszahlende Generation die entsprechende Gesamtbelastung durch die Rentenbeiträge. Letzteres lässt sich jedoch an individuellen Beitragssätzen nicht befriedigend ablesen, da die Belastbarkeit mit einem absolut höheren Wohlstandsniveau steigt. Als Indikator ist daher der Anteil der Rentenausgaben am BIP (alternativ: dem Volkseinkommen) heranzuziehen, was die tatsächliche Belastung der Volkswirtschaft – und damit der erwerbstätigen Generation – durch die Rentenzahlungen besser widerspiegelt. Bleibt der für die Alterssicherung benötigte Anteil am BIP für ein gegebenes Rentenniveau konstant, ist das Rentensystem als generationengerecht anzusehen, auch wenn die relativen Beitragssätze pro Beitragszahler steigen. Entsprechende Vorausberechnungen für die am BIP gemessene Beitragsentwicklung sind mir jedoch nicht bekannt.

## Alle für alle: Die Bürgerversicherung

Fernab aller Sozialromantik lässt sich zeigen: Der im Umlageverfahren organisierte Generationenvertrag ist zwar durch die demografischen Veränderungen belastet, kann aber zukunftsfest gemacht werden: durch seinen Umbau in eine Bürgerversicherung. Durch eine Erweiterung der Solidargemeinschaft hin zu einer Bürgerversicherung können sowohl die Renten gesichert als auch die Beiträge stabilisiert werden. Gerechtigkeit und Solidarität müssen keine Nullsummenspiele sein, bei denen die Einen gewinnen und die Anderen verlieren.

Die Einnahmebasis der Rentenversicherung erodiert nicht (nur) wegen des demografischen Wandels, sondern wegen der ungünstigen Entwicklung auf dem Arbeitsmarkt. Aufgrund der Finanzierung der Renten über lohnbasierte Abgaben sind bei Vollbeschäftigung die Rentenkassen prall gefüllt, doch bei den heutigen Arbeitslosenquoten um die zehn Prozent und einem steigenden Anteil nicht-sozialpflichtiger Beschäftigung (wie Mini-Jobber, Freiberufler, Selbstständige, Beamte) sind sie entsprechend leer. Darüber hinaus bleiben Einnahmen aus Vermögen und Vermietung vollständig außen vor.

Selbst die Einkommen aus sozialversicherungspflichtiger, abhängiger Erwerbsarbeit werden nicht vollständig berücksichtigt. Einkommen oberhalb einer Beitragsbemessungsgrenze von derzeit brutto 5300 Euro werden nicht belastet. Da die Löhne infolge des Globalisierungsprozesses zunehmend unter Druck geraten, was zu stagnierenden Einkommen im unteren und mittleren Bereich führt, während die hohen Einkommen überproportional wachsen, konzentriert sich die Beitragslast auf diejenigen Beschäftigten, die ohnehin nur mäßige Einkommensfortschritte erzielen.

Gerade die einkommensstarken Berufsgruppen sind nicht oder zumindest nicht vollwertig in die Solidargemeinschaft des Generationenvertrags eingebunden, was dessen Finanzgrundlage schwächt. Die reine Lohnbasiertheit ist der zentrale Konstruktionsfehler der Rentenversicherung.

Hohe Arbeitslosigkeit und sich wandelnde Beschäftigungsmuster unterlaufen die Solidargemeinschaft. Würde die Solidargemeinschaft des Generationenvertrags alle Angehörigen einer Generation einschließen, könnten die Lasten auf mehr und auf kräftigere Schultern verteilt werden. Die Beitragssätze könnten sinken. Infolge der Einbeziehung aller Einkommensquellen wäre die Beitragsgrundlage stabiler und weitgehend unabhängig von Strukturverschiebungen zwischen abhängiger und selbstständiger Beschäftigung einerseits und Arbeit und Kapital andererseits. Ein ausreichender Lebensstandard im Alter wäre für alle Mitglieder der Gesellschaft sicher, während die finanziellen Belastungen der jungen Generation sowie die Lohnnebenkosten begrenzt würden. Das Deutsche Institut für Wirtschaftsforschung hat berechnet, dass durch ein solches System der Beitragssatz in der Rentenversicherung um etwa drei Prozentpunkte sinken könnte, bei gleichzeitig höheren Durchschnittsrenten.[98] Mit der Erweiterung der Solidargemeinschaft sind zwar in Zukunft auch höhere Rentenansprüche verbunden,[99] doch selbst in getrennten Systemen wäre die demografische Wirkung keine andere.

Die gesamte Bevölkerung einschließlich Politikern, Beamten und Selbstständigen wäre nach dem Modell in einer Rentenkasse versichert. Anders als im bisherigen System, in dem sich der Rentenbeitrag am Bruttolohn orientiert, sollen alle Einkommensarten beitragspflichtig sein, also auch Erträge aus Vermögen usw. Die Beitragsbemessungsgrenzen sind schrittweise deutlich zu erhöhen. Als Grundsatz sollte gelten: Jeder verdiente Euro soll beitragspflichtig sein. Zugleich wird eine Höchstrente eingeführt. Die Pension von Beamten wird sich in dem neuen System nicht mehr nach ihrem letzten Gehalt vor dem Rentenübertritt richten, sondern – wie bei allen anderen Versicherten auch – nach ihrem durchschnittlichen Verdienst im gesamten Berufsleben.

Durch eine Ausweitung der Versicherungspflicht auf alle Berufsgruppen und Einkommensarten lässt sich der zentrale Konstruktionsfehler der Rentenversicherung – die reine Lohnbasiertheit der Einnahmen – beheben. Durch mehr Solidarität und eine faire Lastenverteilung zwischen und innerhalb der Generationen kann künftigen Finanzengpässen begegnet werden.

Die Schweiz hat mit einer solchen Bürgerversicherung gute Erfahrungen gesammelt. Dort sind alle Bürger – egal ob Student, Arbeiter, Unternehmer oder Millionär – ab dem 18. Lebensjahr versicherungspflichtig, alle Einkommen werden berücksichtigt. Eine Beitragsbemessungsgrenze existiert nicht. Der Beitragssatz liegt bei zehn Prozent und wird von Arbeitnehmer und Arbeitgeber paritätisch finanziert, hinzu kommt ein Zuschuss aus Steuermitteln. Seit über dreißig Jahren wurden die Beiträge nicht erhöht, zum Teil wurden sogar Überschüsse erwirtschaftet. Die Rente bewegt sich in einem engen Korridor zwischen einer Mindestrente von ca. 1100 Franken und einer Höchstrente von ca. 2200 Franken. Die Anpassung des Rentenkorridors erfolgt alle zwei Jahre entlang dem Mittel zwischen Inflationsrate und der Entwicklung der Lohnsumme. Mit Blick auf den demografischen Wandel kommentiert der langjährige Präsident des schweizerischen Bundesamtes für Sozialversicherung, Otto Piller, man dürfe die wachsende Zahl an Rentnern «nicht überbewerten». Entscheidend sei nicht die Zahl der Versicherten, «sondern nur die Entwicklung der Wirtschaft». Wenn das Volkseinkommen weiter wachse, «können wir das ausgleichen».[100]

Die gesetzliche Rentenversicherung in der Schweiz, «eine echte Volksversicherung» (Piller), allein reicht jedoch nicht, um davon im Alter zu leben. Als zweite Säule sind daher die kapitalgedeckten Betriebsrenten der betrieblichen Pensionskassen von großer Bedeutung. Doch Börsencrashs haben die Pensionskassen nicht verschont: Allein wegen der Kurseinbrüche am Anfang des Jahrzehnts sind 60 Milliarden Franken bzw. zehn Prozent des Versichertenkapitals verloren gegangen. Dadurch wurden 70 Prozent der Pensionskassen zu Sanierungsfällen.[101] Neidisch auf die Schweizer müssen wir also nicht sein – sie hätten gut daran getan, der Umlagesäule mehr Gewicht zu geben.

## Rente nach Kinderzahl?

Bevor die gesetzliche Rentenversicherung eingeführt wurde, war jedem klar, dass er auf Kinder angewiesen ist, um fürs Alter vorzusorgen. Mit der Einführung des heutigen Umlageverfahrens im Jahre 1957 kann man auch ohne Nachwuchs auskommen, da die Kinder anderer Leute die eigene Rente mitfinanzieren, ohne dass man selbst einen Beitrag zur Kindererziehung hat leisten müssen. Zugleich wird Kindererziehung gar nicht als Beitrag anerkannt, sondern lediglich die abhängige Erwerbsarbeit. Ganz zu Recht erregte vor einigen Jahren der Fall einer Mutter Aufmerksamkeit, deren fünf Kinder monatlich 3250 DM in die Rentenkasse einzahlten, die aber nur eine Rente von rund 150 DM erhielt.[102]

Bislang werden nur drei Jahre Erziehungszeit anerkannt, sowie weitere sieben Jahre so genannte Berücksichtigungszeit.[103] Seit das Bundesverfassungsgericht mehrfach einen Ausgleich für die Elternleistungen innerhalb der Sozialversicherungen angemahnt hat,[104] sind deshalb Forderungen nach einem grundlegenden Systemumbau, einer «Rente nach Kinderzahl», laut geworden.[105] Die bisherige Umlagerente soll auf eine Grundsicherung abgeschmolzen und dafür zusätzlich pro Kind eine fixe, umlagefinanzierte Elternrente gewährt werden. Kinderlose müssten sich eine kapitalgedeckte Eigenvorsorge ansparen. Konkret könnte dies so gestaltet werden, dass eine Pflicht zur Eigenvorsorge eingeführt wird, wobei vom Kapitalstock bei jedem Kind ein Drittel der Ersparnis frei und der Pflichtbeitrag um ein Drittel reduziert wird. Nach drei Kindern wäre die Eckrente auf heutigem Niveau erreicht. Ein Lastenausgleich zwischen Eltern und Kinderlosen wäre ermöglicht, die Liquidität junger Familien gesichert, und es wäre ein Fertilitätsanreiz gesetzt.

Für eine solche Reform spricht der finanzwissenschaftliche Grundsatz, doppelte Intervention zu vermeiden: Kinderwünsche erst durch das Rentensystem zu vertreiben und dann durch Transferzahlungen wieder wecken zu wollen, führt zu ungewünschten Verzerrungen und ist wohl wenig effektiv. Zweckmäßiger ist es, die Fehlanreize gleich direkt im Rentensystem zu korrigieren.

Mit einer solchen Rentenreform wäre allerdings ein erheblicher Verstoß gegen die Generationengerechtigkeit verbunden, der aus dem vorgesehenen Systemwechsel zur Kapitaldeckung resultiert, und man würde sich auch auf die anderen Nachteile des Kapitaldeckungsverfahrens einlassen. Die Elternrente würde außerdem erhebliche Finanzmittel binden, die dann an anderer Stelle, wo sie effektiver jungen Familien helfen könnten, fehlen. Wenn man begrenzte Gelder verteilen muss, sollte man sich gut überlegen, ob man sie für Rententransfers einsetzt oder lieber in Kinderbetreuung und Bildung investiert.[106]

Mit der Rente nach Kinderzahl sind auch erhebliche administrative Probleme verbunden: Welchem der Elternteile sind die Ansprüche zuzuschlagen? Beiden Eltern zu gleichen Teilen, obwohl nur ein Elternteil die Erziehung übernimmt? Wie ist mit Eltern umzugehen, deren Kinder schon früh sterben? Wie ist bei Ehescheidungen oder bei Adoptionen zu verfahren? Was ist mit Menschen, die – vielleicht auch unfreiwillig – kinderlos bleiben und dennoch nicht über hohe Einkommen verfügen? Erhalten die Eltern auch dann eine Zusatzrente, wenn ihre Kinder gar keine Beiträge leisten, weil sie entweder arbeitslos oder ins Ausland abgewandert sind oder weil sie als Beamte, Freiberufler oder Selbstständige nicht in die gesetzliche Rentenkasse einzahlen?[107] Diese Fragen müssten erst aufwändig geklärt werden.[108]

Problematisch erscheinen vor allem die langen Übergangszeiten. Das neue System könnte erst nach mehreren Jahrzehnten voll greifen, während aber die demografische Umsteuerung jetzt erfolgen muss. Die entscheidenden Fertilitätsimpulse würden zu spät kommen.

Statt eines Systemwechsels sollten die Möglichkeiten des bestehenden Systems genutzt werden, um die wünschenswerte Aufwertung von Kindererziehung bei den Rentenansprüchen zu erzielen. Da monetäre Anreize vor allem Zweit- und Drittgeburten stimulieren, sollte die Förderung hierauf konzentriert werden. Hierzu könnte z. B. für das zweite Kind ein Bonus von weiteren zwei Entgeltpunkten und ab dem dritten Kind ein Bonus von weiteren vier Entgeltpunkten angerechnet werden. Für viele Mütter wäre dies eine durchaus fühlbare Verbesserung ihrer Rente.[109] Diese Berücksichtigung der Kindererziehung in einer «Elternrente» würde insbesondere den hohen gesellschaftlichen Stellenwert von Kindererziehung bewusstmachen.

Wenn die Lebenserwartung und infolgedessen die Rentenbezugszeiten steigen, dann ist es nur fair, auch das Renteneintrittsalter anzupassen. Die Bundesregierung unter Merkel setzt daher den von der Rürup-Kommission erarbeiteten Vorschlag um, das Rentenalter schrittweise auf 67 Jahre zu erhöhen.[110] Zwischen 2012 und 2029 wird die Altersgrenze von 65 auf 67 Jahre angehoben. Alle Jahrgänge ab 1964 können erst mit 67 Jahren abschlagsfrei in den Ruhestand gehen. Wer schon mit 65 in Ruhestand gehen möchte, muss eine Kürzung seiner Rente von 7,2 Prozent verkraften. Nur wer 45 Jahre lang Beiträge gezahlt hat, für den ist auch ein früherer Ruhestand ohne Abschläge möglich.

Die Anhebung des Rentenalters wird die Beitragssätze langfristig nur um ca. 0,6 Prozentpunkte entlasten.[111] Bei vorzeitigem Renteneintritt müssen im Gegenzug geringere Rentenzahlungen hingenommen werden. Daher gibt es noch erheblichen Bedarf an flankierenden Maßnahmen:[112] Vor dem Hintergrund einer Arbeitsmarktlage, in der Ältere auf dem Arbeitsmarkt keine Chance mehr haben, führt die Rente ab 67 faktisch zu drastischen Renteneinbußen bei Neurentnern.[113] Daher lehnten einige Mitglieder der Rürup-Kommission die Rente ab 67 als unrealistisch und sozial destruktiv ab.[114]

Damit die Rente ab 67 mehr als nur eine verkappte Rentenkürzung ist, insbesondere für Kranke und Arbeitslose, muss auf dem Arbeitsmarkt nachgesteuert werden. Wer bis 67 arbeiten soll, der ist auf humane Arbeitsbedingungen angewiesen, um überhaupt körperlich und psychisch in der Verfassung zu sein, länger zu arbeiten. Ohne Gesundheitsvorsorge, lebenslanges Lernen und alternsgerechtes Arbeiten wird man die Integration Älterer in den Arbeitsmarkt nicht erreichen. Denn länger arbeiten kann nur, wer gute Arbeit hat. Für die sinnvolle Erhöhung des Rentenalters ist die Stellschraube Arbeitsmarkt entscheidend.

Hierzu gehört auch eine Stärkung der Erwerbsminderungsrenten.[115] Sie muss dafür sorgen, dass Menschen, die noch als erwerbsfähig gelten, aber zu krank sind, um Aussicht auf einen angemessenen Arbeitsplatz zu haben, nicht verarmen. Unabhängige Fachärzte müssen den Gesundheitszustand überprüfen, und wer aus gesundheitlichen Gründen nicht mehr arbeiten kann, der muss eine ausreichende Erwerbsminderungsrente erhalten. Gerade unter dem Vorzeichen des demografischen Wandels sollte dieses Instrument ausgebaut werden.

Das Renteneintrittsalter sollte fließend gestaltbar sein. Durch Betriebsmodelle und private Vorsorge kann das Ausscheiden aus dem Erwerbsleben vorverlagert und der Zeitraum bis zum Beginn der gesetzlichen Rente überbrückt werden.[116] Auch flexible Arbeitszeitmodelle sind gefragt – damit gehen wir in Deutschland noch zu zaghaft um.

## Vorschläge zur Konsolidierung der Rentenversicherung

### *1. Bundeszuschuss an versicherungsfremde Leistungen koppeln*

Die gesetzliche Rentenversicherung muss viele Leistungen erbringen, die eigentlich nicht in ihren Aufgabenbereich fallen, sondern als gesamtgesellschaftliche Aufgaben vom Staat übernommen werden müssten. Diesen Leistungen stehen keine regulären Beitragseinnahmen gegenüber, weshalb sie zwangsläufig zu steigenden Beiträgen führen, wenn sie nicht über Steuern finanziert werden.

Aus Gründen der Transparenz und der Versicherungslogik darf der Bundeszuschuss nicht mehr nach Kassenlage und politischem Kalkül der jeweiligen Regierung bestimmt werden, sondern muss exakt an die Höhe der versicherungsfremden Leistungen gekoppelt werden. Er darf also weder höher noch niedriger liegen, sondern muss die Ausgaben in diesen Bereichen genau abdecken. Auf diese Weise wird die Rente leichter berechenbar und die Rentenbeiträge können sinken.

### *2. Einführung einer Höchstrente*

Da im Rahmen der Bürgerversicherung die Beitragsbemessungsgrenzen stark erhöht werden, sollten Rentenanwartschaften nach oben bei einem bestimmten Höchstrentensatz begrenzt werden. In Anbetracht juristischer, aber auch ökonomischer Bedenken gegen eine radikale Verletzung der Beitragsgerechtigkeit durch eine vollständige Kappung der Renten ist eine degressiv-proportionale Anrechnung sinnvoll, z. B. könnten die Anwartschaften aus den Beiträgen oberhalb der aktuellen Beitragsbemessungsgrenze durchschnittlich nur zur Hälfte berücksichtigt werden.[117] Mit dem vom Grundgesetz verlangten Äquivalenzprinzip, das eine Rente gemessen an den eingezahlten Beiträgen garantiert, ist eine solche Umstellung durchaus vereinbar, wie nicht zuletzt aus den Arbeiten der Frankfurter Verfassungsrechtlerin Anna Lenze hervorgeht: Einerseits ist das Äquivalenzgebot mit der Sozialpflichtigkeit des Eigentums mindestens gleichrangig, und andererseits ist es rechtlich nicht zu begründen, warum die Äquivalenz zwar für die Rente gelten solle, nicht aber für die Kranken-, Pflege- oder Arbeitslosenversicherung.[118]

### 3. *Arbeitgeberanteil vom Faktor Arbeit entkoppeln*

Die Bemessung der Sozialversicherungsbeiträge nach dem Lohneinkommen der Arbeitnehmer ist oft als «Strafsteuer» auf Arbeit kritisiert worden. Tatsächlich muss ein Arbeitgeber desto mehr Sozialbeiträge entrichten, je mehr Löhne er auszahlt, unabhängig von seiner Unternehmensbilanz. Diese Systematik entlässt Unternehmen, die Arbeitsplätze wegrationalisieren und gleichzeitig hohe Gewinne machen, aus ihrer gesellschaftlichen Verantwortung.

Diskutiert wird daher, wie der Arbeitgeberanteil an den Sozialversicherungen vom Faktor Arbeit abgekoppelt werden kann. Ein Vorschlag ist, den Arbeitgeberanteil schrittweise von einer Abgabe auf die Bruttolohnsumme hin zu einer Abgabe auf den Energieverbrauch umzustellen.[119] Dadurch würden auch energieintensive Unternehmen ihren Beitrag zur Finanzierung der Altersversorgung leisten, während arbeitsintensive kleine und mittlere Unternehmen entlastet werden können.

Im Unterschied zu der in den 1980er Jahren intensiv diskutierten und aus guten Gründen kritisierten Wertschöpfungsabgabe (die unrichtig oft so bezeichnete «Maschinensteuer»),[120] die vermehrt Kapitaleinkünfte der Unternehmen in die Finanzierung einbezieht, ist die Energieabgabe zum einen nicht dem Vorwurf ausgesetzt, Renditen, Investitionen und Produktivität zu drosseln, zum anderen besitzt sie darüber hinaus eine ökologische Lenkungswirkung, die der Wertschöpfungsabgabe fehlt.

### *4. Riester-Förderung auf sozial Schwache konzentrieren*

Die sündhaft teure Subventionierung der Riester-Renten sollte auf sozial Schwache konzentriert werden, die zu privater Vorsorge aus eigener Kraft nicht in der Lage sind. Die steuerliche Absetzbarkeit von privaten Rentenversicherungsbeiträgen sollte abgeschafft werden, um mehrere Milliarden Euro zu sparen.

### *5. Eigenständige Sicherung für Frauen*

Es gibt keinen Grund, warum die Allgemeinheit für die Hinterbliebenenrenten jährlich 37 Milliarden Euro (immerhin 18 Prozent aller Rentenausgaben) aufbringen soll, ohne dass dafür Beiträge eingezahlt wurden. Zumal niemand fragt, ob – als gesellschaftlich gewünschte Gegenleistung – Kinder erzogen wurden oder nicht.[121]

Im System der Bürgerversicherung wird der Aufbau einer eigenständigen und ausreichenden Anwartschaft auf Rentenbezüge für alle Mitglieder der Gesellschaft angestrebt. Daher sollte der Grundsatz der individuellen Absicherung beider Partner gelten, was insbesondere eine unabhängige Absicherung der Frau bedeutet. Eine stärkere Erwerbstätigkeit von Frauen ist der wirkungsvollste Weg, um direkt eigene Ansprüche zu erwerben.[122] Ansonsten muss der Ehepartner durch zusätzliche Beitragszahlungen für die Mitversicherung aufkommen. Während der Zeit der Kindererziehung sind die Beiträge durch die Gesellschaft zu übernehmen.[123]

Damit entfällt auch die Notwendigkeit einer abgeleiteten Hinterbliebenenversorgung, die perspektivisch abzuschaffen ist. Für den Vertrauensschutz sollen Übergangsregelungen greifen, vor allem für sozial Schwache.

### *6. Kassenvielzahl reduzieren*

Neben der Deutschen Rentenversicherung des Bundes bestehen derzeit 17 Regionalträger sowie zusätzlich die Rentenkasse für Knappschaft, Bahn und See. Das macht das Rentensystem intransparent und verursacht Verwaltungskosten, ohne einen erkennbaren Nutzen zu haben. Wie auch vom Bundesrechnungshof gefordert,[124] sollten alle Kassen bei der Rentenversicherung des Bundes zusammengefasst werden.

### 7. Leistungen sachgerecht zuordnen

Die Rentenversicherung ist eine Absicherung für das Alter. Rehabilitationsleistungen haben dort ebenso wenig zu suchen wie Erwerbsminderungsrenten. Diese Leistungen sind besser bei der Kranken- oder Pflegeversicherung aufgehoben. Im Sinne der Transparenz sollten sie daher auch bei diesen Versicherungen angesiedelt sein.

### 8. Vertrauen in Rentenversicherung zurückgewinnen durch eine Rentenverfassung

Die Halbwertzeit deutscher Rentenreformen liegt momentan bei etwa zwei Jahren.[125] Die permanenten Eingriffe in die Rentenversicherung und das Schlechtreden der gesetzlichen Rente haben das Vertrauen in den Generationenvertrag, die Planbarkeit, Kontinuität und Verlässlichkeit der Rente erschüttert, das nur wiederhergestellt werden kann, wenn die Eckpfeiler des Rentensystems dauerhaft vom politischen Tagesgeschäft verschont bleiben.

Grundlegende Prinzipien und zentrale Parameter, wie die Basislogik der Rentenformel, der Versichertenkreis und die Bemessung des Bundeszuschusses, sollten daher verbindlich festgeschrieben und als Rentenverfassung im Grundgesetz verankert werden.[126] Dann stünde die Alterssicherung nicht mehr zur beliebigen Disposition der Tagespolitik und bliebe sowohl vom Missbrauch als Wahlgeschenk als auch vom Aktionismus willkürlicher Flickschustereien verschont.

Eine solche Rentenverfassung würde ferner helfen, Konflikte zwischen Beitragszahlern und Rentnern bereits von vornherein zu vermeiden. Es bestünde keine Gefahr, dass in einer älteren Gesellschaft die Alten ihre Wähler- und Lobbymacht auf Kosten der Jungen ausnutzen. Notwendige Anpassungen wären weiterhin möglich, jedoch nur durch eine Zweidrittel-Mehrheit, wofür gesellschaftlicher Konsens hergestellt werden müsste.

## Gesundheitssystem – keine Hüftgelenke für die Alten?

Das Prinzip des Generationenvertrags ist auch in der Gesundheitsversorgung präsent: Alte sind häufiger auf medizinische Behandlung angewiesen als junge Menschen. Deshalb zahlt die junge Generation mehr an Beiträgen in die Krankenkassen ein, als sie selbst gleichzeitig an Leistungen bezieht, während die alte Generation mehr an Leistungen bezieht, als sie gleichzeitig einzahlt. Die Jungen können dafür darauf vertrauen, dass auch sie, wenn sie selbst alt sind, mit dem medizinisch Notwendigen versorgt werden. Das Prinzip «Jung für Alt» gilt also nicht nur bei der Rente, sondern auch bei der Gesundheit.

Zumindest bisher. Denn mit dem demografischen Wandel steigt der Bedarf an Gesundheitsleistungen. Politiker, Wissenschaftler und Lobbyisten fordern immer wieder, die drohende Überlastung der jungen Generation durch Kürzung und Rationierung von Leistungen, insbesondere für Alte, aufzufangen. Und ernten nicht nur Kritik: Als JU-Chef Philipp Mißfelder erklärte: «Ich halte nichts davon, wenn 85-Jährige noch künstliche Hüftgelenke auf Kosten der Solidargemeinschaft bekommen», ging zwar ein Sturm der Entrüstung durchs Land, doch gleichzeitig hieß es, er habe nur die längst notwendige Debatte über Generationengerechtigkeit endlich auf den Tisch gebracht.[127] Zumindest seiner Karriere hat diese Äußerung nicht geschadet: Mißfelder ist bis heute im Amt und wurde später sogar in den Bundestag gewählt. Anders erging es dem früheren Chef der Jungen Liberalen, Jan Dittrich, der in einer Pressemitteilung ultimativ die Alten aufforderte, um der Generationengerechtigkeit willen «den Löffel abzugeben».[128] Nach dieser Entgleisung musste der Jungpolitiker zurücktreten.

Die Diskussion um die Streichung von Gesundheitsleistungen für Alte ist dabei keineswegs neu. Bereits zuvor hatte der Theologieprofessor Joachim Wiemeyer gefordert, kostspielige Behandlungen wie Herz- oder Krebsoperationen nur noch bis 75 zu gewähren: «Es ist gerecht, bestimmte teure medizinische Leistungen ab einer bestimmten Altersgrenze nicht mehr vorzusehen, sondern in solchen Fällen etwa auf eine Behandlung akuter Schmerzen zu beschränken.»[129] Wenig später empfahl der Wirtschaftsprofessor und Regierungsberater Friedrich Breyer in einem Fernseh-Interview: «Leistungen, die teuer sind und in erster Linie dazu dienen, das Leben zu verlängern, werden nicht mehr finanziert.»[130] Der Sozialexperte schlug vor, «künftig bestimmte Leistungen nach dem Kriterium Lebensalter» aus dem Leistungskatalog der gesetzlichen Krankenversicherung auszulagern. Seiner Ansicht nach sei das ethisch keineswegs fragwürdig: Jeder könne weiterhin diese Leistungen in Anspruch nehmen und müsste dafür lediglich private Zusatzversicherungen abschließen.[131] Würden diese Forderungen realisiert, müssten die heute Jungen um ihr Überleben im Alter bangen: Wer von ihnen genug Geld hat, um sich private Zusatzversicherungen leisten zu können, darf weiterleben – wer zu arm dafür ist, nicht.

Das private Versicherungsgewerbe stimmt – schon aus Eigeninteresse – zu. In einem Artikel mit dem Titel *Kampf der Generationen* vertritt der einflussreiche Versicherungsmanager Dr. Reiner Hagemann, der zu dieser Zeit im Vorstand der Allianz saß, die Ansicht, der demografische Wandel werde endgültig den Kollaps der Sozialsysteme bewirken: «Ein gesetzlich krankenversicherter Ruheständler verursacht um 86 Prozent höhere Gesundheitskosten als ein Erwerbstätiger, zahlt jedoch durchschnittlich nur halb so hohe Beiträge.» Nach Ansicht des Managers sollten daher Leistungen aus der gesetzlichen Krankenkasse ausgelagert und durch private Zusatzversicherungen aufgefangen werden.[132]

Anstelle staatlicher Versorgung hielte das Scheckbuch-Prinzip Einzug: Gesundheit würde zur Frage des Geldbeutels. Hagemann spricht von einem «Spielraum zu eigenverantwortlichem Handeln». Dieser Spielraum würde der Versicherungswirtschaft zwar ein silbernes Zeitalter bescheren, doch den heutigen Jungen eine unzureichende Versorgung aufbürden.

«Der Generationenkonflikt entbrennt an der Gesundheitsfront», warnt der Soziologieprofessor Reimer Gronemeyer und sagt «explodierende Gesundheitskosten» im Zuge der Alterung der Gesellschaft voraus:[133] Ein 90-Jähriger verursacht heute achtmal so hohe Gesundheitskosten wie ein 10-Jähriger, und vier Fünftel der Gesundheitskosten fallen in den letzten beiden Lebensjahren an.[134] Die wachsende Zahl alter und sehr alter Menschen führt daher, gepaart mit der kostentreibenden Wirkung des medizinisch-technischen Fortschritts, zu höheren Gesundheitskosten.

Da die Krankenversicherung in Deutschland, ebenso wie die Rentenversicherung, durch Beiträge auf Lohneinkommen finanziert und ihre Leistungen größtenteils von Älteren in Anspruch genommen werden, ist sie mit ähnlichen Problemen konfrontiert wie das Rentensystem. Die Ausgaben der gesetzlichen Krankenversicherung haben in den letzten Jahren zwar keine Explosion erlebt, wie häufig behauptet wird – sie verharren seit mehr als 20 Jahren trotz demografischen Wandels und medizinischen Fortschritts bei der Marke von sechs Prozent des BIP. Doch die Beitragssätze sind aufgrund derselben Strukturprobleme auf der Einnahmenseite, wie sie auch das Rentensystem kennt, überproportional gewachsen: Auch bei der Krankenversicherung werden Einkommen aus Zinsen, Vermietung und selbstständiger Tätigkeit nicht berücksichtigt, die Beitragsbemessungsgrenze wurde nicht ausreichend an die laufenden Einkommensfortschritte angeglichen, die hohe Arbeitslosigkeit und die steigende Zahl beitragsfreier Mini-Jobs reißen weitere Löcher in die Kasse.[135]

Zusätzlich erlaubt die Versicherungspflichtgrenze, ab einem bestimmten Einkommen die gesetzliche Krankenversicherung zu verlassen und zu einer Privatversicherung zu wechseln. Gutverdiener, die meistens jünger und gesünder sind, für die also eine individuelle Versicherung kostengünstig zu haben ist, können sich auf diese Weise der Solidargemeinschaft entziehen – und haben von dieser Option in der Vergangenheit auch reichlich Gebrauch gemacht. In der gesetzlichen Krankenversicherung bleiben strukturell die Geringverdiener, Kranken und Alten zurück. Das führt zu geringeren Einnahmen und höheren Ausgaben, als es ohne den Rückzug aus der Solidargemeinschaft der Fall wäre. Es ist nicht zu verstehen, wie sich das deutsche Gesundheitssystem als sozial und solidarisch bezeichnen kann, wenn die Solidarlasten von den Schwachen geschultert werden müssen, während von den gutverdienenden Beamten, Selbstständigen und Angestellten keine Solidarität gefordert wird.[136]

Unbestritten gehört der demografische Wandel zu den dynamischsten Faktoren, die das Gesundheitssystem beeinflussen. Gesundheitsökonomie und Epidemiologie konnten jedoch inzwischen nachweisen, dass die Gesundheitskosten nicht mit dem Lebensalter an sich korrelieren (dies besagt die Medikalisierungsthese),[137] sondern von der Nähe zum Tod abhängen (wie die Kompressionsthese postu-

**Beitragssatzentwicklung in der GKV und Anteil der GKV-Ausgaben am BIP 1980–2005**

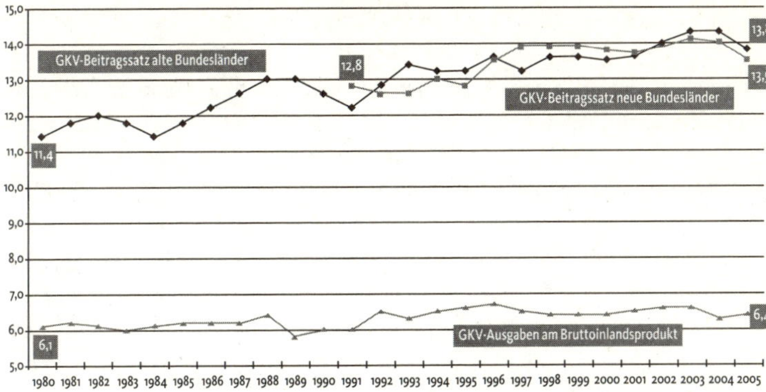


Quelle: Sozialbudget 2005, Bundesministerium für Arbeit und Soziales, Berlin 2006
Jahresgutachten 2006/2007, Sachverständigenrat zur Begutachtung der gesamtwirtschaftlichen Entwicklung, Wiesbaden 2006 © Sozialpolitik-aktuell.de

**Abbildung 11: Beitragssatzentwicklung und Ausgaben der GKV (1980–2005)**

liert).[138] Die 60-Jährigen von heute sind gesünder als die 60-Jährigen von gestern. Die höhere Lebenserwartung und die größere Zahl alter Menschen lässt sich daher nicht 1:1 in wachsende Gesundheitskosten übersetzen. Der medizinische Aufwand steigt im Alter also nicht kontinuierlich, sondern nimmt erst in den letzten beiden Jahren vor dem Tod erheblich zu. Bei Hochbetagten sind die Kosten sogar etwas geringer, weil bei ihnen meist auf teure intensivmedizinische Eingriffe verzichtet wird und ihre letzte Krankheitsphase aufgrund von Mehrfacherkrankungen (Multimorbidität) kürzer ist.

Die Demografie-Apokalyptiker unterstellen bei ihren Modellen der Einfachheit halber jedoch, dass die Alten ihre gewonnenen Jahre in Krankheit und Siechtum verbringen, obwohl die Menschen immer länger gesund bleiben. Das Max-Planck-Institut für demografische Forschung sagt daher: «Die Voraussage von Medizinkosten allein auf Grundlage des chronologischen Alters gelangt zu überhöhten Zahlen und daher zu irrigen Entscheidungen. Ähnlich ist es mit Prognosen für bestimmte Gesundheitsleistungen, etwa dem Bedarf von Pflegeheimplätzen.»[139] Es gibt keinen monokausalen Zusammenhang zwischen Demografie, Alter und Krankheit, wie auch die Demografie-Enquete-Kommission unmissverständlich feststellt – womit sie den Generationenkriegern, die den finanziellen Kollaps des Gesundheitswesens weissagen, deutlich widerspricht.

Obgleich der Gesundheitsaufwand nicht unmittelbar mit dem steigenden Anteil alter Menschen in der Gesellschaft korreliert, erhöht der demografische Wandel unweigerlich den Druck auf die Gesundheitsfinanzierung, da sich alte Menschen naturgemäß näher am Tod befinden als jüngere und insofern ein wachsender Anteil alter Menschen auch zu einem höheren Bedarf an medizinischer Behandlung führen muss.[140] Vor allem typische Alterskrankheiten wie Herzinsuffizienz, Alzheimer, Parkinson und Knochenschwäche (Osteoporose) sowie chronische Krankheiten wie Asthma, Diabetes und Herz-Kreislauf-Erkrankungen werden daher in Zukunft zunehmen.

Als Lösungskonzept zur Bewältigung der demografischen Lasten bietet die Schar derer, die mit markigen Tönen zum Generationenkrieg blasen, die Kürzung, Rationierung und Privatisierung bislang gesetzlich versicherter Leistungen an: Die von der CDU eingesetzte Herzog-Kommission empfahl beispielsweise, die komplette Zahnbehandlung sowie weitere Leistungen aus dem Katalog der gesetzlichen Krankenversicherung auszugliedern.

Wenn eine generationengerechte Gesundheitspolitik bedeutet, dass das Niveau der Gesundheitsversorgung für die nachrückende Generation mindestens so gut sein muss wie für die gegenwärtige Generation, sind diese Forderungen ein massiver Verstoß gegen das Gebot der Generationengerechtigkeit. Wie sich auch die Riester-Rente nicht jeder leisten kann, wird sich auch nicht jeder eine private Zusatzversicherung für die aus der gesetzlichen Krankenkasse gestrichenen Leistungen ansparen können. Derzeit ist eine allgemeine gesundheitliche Versorgung mit allem medizinisch Notwendigen noch garantiert, doch die heute junge Generation könnte sich nicht mehr auf ein solches Versorgungsniveau einstellen. Eine allgemeine Strategie der Streichung bisher verbürgter Leistungen ist mit Generationengerechtigkeit schwerlich zu vereinbaren.[141]

Das Beispiel USA macht offensichtlich, dass eine kapitalgedeckte Eigenvorsorge dasselbe Leistungsniveau nicht kostengünstiger absichern kann als ein solidarisches Umlagesystem: Die Amerikaner leisten sich das teuerste Gesundheitssystem der Welt (15,3 Prozent

Anteil am BIP),[142] das zugleich eines der am wenigsten wirkungsvollsten aller Industrieländer ist (Rang 37 in einer WHO-Studie zur Qualität der Gesundheitssysteme von 191 Staaten).[143] Das Geld erreicht die Patienten nicht, auch deswegen, weil die Verwaltungskosten doppelt so hoch sind wie in Deutschland. Dabei sind rund 46 Millionen Amerikaner noch nicht einmal krankenversichert, eine ebenso große Zahl nur minimal. Der US-Wirtschaftsnobelpreisträger Kenneth Arrow vertritt die Ansicht, dass eine öffentliche Gesundheitsversorgung wesentlich effizienter arbeitet als ein privates System.[144]

Private Krankenversicherungen sind in gleichem Maße vom demografischen Wandel abhängig wie gesetzliche Versicherungen, schließlich hängen die Krankenstände schlechterdings nicht von der Art der Versicherung ab. Daher sind für die privaten ebenso wie für die gesetzlichen Kassen ähnliche demografiebedingte Beitragserhöhungen zu erwarten.[145]

Die Kosten der Privatkassen steigen in Deutschland gegenwärtig doppelt so schnell wie die der gesetzlichen Kassen, u. a. wegen realistischerer Altersrückstellungen und älter werdender Altersstruktur der Beitragszahler, und ihre Verwaltung ist zudem doppelt so teuer. Zwischen 1985 und 2001 nahmen die Ausgaben pro Versichertem in der privaten Krankenversicherung um 122 Prozent, in der gesetzlichen Krankenversicherung hingegen lediglich um 67 Prozent zu. Wären die Ausgaben der gesetzlichen Krankenversicherung entsprechend gestiegen, hätte der Beitragssatz im Jahre 2003 um etwa 3,5 Prozentpunkte höher gelegen.[146]

Das deutsche Gesundheitswesen ist teurer und ineffizienter, als es sein müsste. Es ist das vierttteuerste der Welt, nur übertroffen von Frankreich, der Schweiz und den USA. Für unser Geld erhalten wir aber keine entsprechende Qualität: Im europäischen Vergleich rangiert die Lebenserwartung in Deutschland im hinteren Bereich, während allerdings die Lebenserwartung der Privatversicherten in Deutschland an der Spitze liegt. Nur für die Privatversicherten macht sich unser System bezahlt, deren Versorgung offensichtlich besser ist als die von gesetzlich Versicherten.

Die Zweiklassenmedizin ist Realität und dieser Zustand droht sich für die nächste Generation dramatisch zu verschärfen. Der Gesundheitsökonom Karl Lauterbach kritisiert: «In unserem Zweiklassen-

Gesundheitssystem bezahlt der Bürger einen Mercedes und fährt einen Golf, damit einige wenige Privilegierte im Rolls-Royce chauffiert werden können.»[147]

Zweifellos sind die Defizite im Gesundheitswesen immens: Ein Nebeneinander von Über-, Unter- und Fehlversorgung besteht, gepaart mit einem kaum funktionierenden Qualitäts- und Kostenwettbewerb, geringer Transparenz und hohen Verwaltungsausgaben. Der Sachverständigenrat für das Gesundheitswesen sieht daher «eine gravierende Lücke zwischen dem medizinisch Erreichbaren (bei Versorgung nach Stand der Wissenschaft) und den tatsächlich in der Alltagsversorgung erreichten Ergebnissen».[148]

Die Gesundheitspolitik muss sich also mit zwei wesentlichen Fragen auseinandersetzen: Wie können einerseits die Einnahmen langfristig stabilisiert werden? Wie kann andererseits die Effizienz verbessert werden, sodass auch die Ausgaben langfristig tragbar bleiben und dabei die Qualität der Gesundheitsversorgung für alle verbessert werden kann?

Die Rürup-Kommission hat hierzu ein Bündel von Vorschlägen unterbreitet. In der öffentlichen Debatte stehen insbesondere die von der Kommission entwickelten Modelle zur Einnahmenfinanzierung: Sie schlägt vor, entweder das Umlageverfahren auf eine Bürgerversicherung auszuweiten oder es alternativ durch ein System pauschaler Gesundheitsprämien («Kopfpauschalen») zu ersetzen.

Das erste Modell, die Umwandlung der Krankenversicherung in eine Bürgerversicherung, würde zum einen eine Ausweitung des Versichertenkreises auf Selbstständige und Beamte, zum anderen eine Einbeziehung von Einkommen aus Vermietung und Vermögen bedeuten. Die Versicherungspflichtgrenze würde aufgehoben und die Beitragsbemessungsgrenze angehoben oder ganz entfallen. Dadurch könnte der Beitragssatz langfristig um zwei Prozentpunkte fallen. Der Faktor Arbeit würde wirksam entlastet, weil nicht mehr nur die Arbeitseinkommen zur Finanzierung herangezogen würden, und die Verteilung der Lasten auf mehr und breitere Schultern wäre gerechter. Durch die Beitragspflichtigkeit auf Vermögen würde auch der wohlhabende Teil der Rentner stärker an der Gesundheitsfinanzierung beteiligt.[149]

Das Vorbild für eine Bürgerversicherung ist Österreich. Dort sind 99 Prozent der Bevölkerung in die gesetzliche Krankenversicherung einbezogen. Die Verwaltungskosten sind halb so hoch wie in Deutschland, die 350 konkurrierenden Krankenkassen bieten dieselben Leistungen an. Die Beitragssätze sind im Durchschnitt etwa halb so hoch wie in Deutschland, ermöglicht durch eine breitere Finanzbasis. Auch Schweden hat eine Art Bürgerversicherung, die dort jedoch nicht über Beiträge, sondern über progressive Lohnsteuern finanziert wird.

Beim alternativen Modell, der Umstellung der lohnbasierten Beiträge auf Gesundheitsprämien, würde jeder Versicherte denselben Pauschalbeitrag zur Krankenversicherung abführen, unabhängig von Einkommen, Alter oder Geschlecht. Der Rürup-Bericht ging von einer Prämienhöhe von monatlich 210 Euro je erwachsenem Versicherten aus (entspricht ca. 9,5 Prozent des Durchschnittseinkommens eines Arbeitnehmers). Der bisherige Arbeitgeberbeitrag würde den Arbeitnehmern als Bruttolohn ausgezahlt. Der soziale Ausgleich soll durch Steuertransfers mit einem Volumen von ca. 25 Milliarden Euro erfolgen (zum Vergleich: die Erhöhung der Mehrwertsteuer um einen Prozentpunkt bringt ca. acht Milliarden Euro zusätzliche Steuereinnahmen).

Im Kern bedeutet die Gesundheitsprämie: Gutverdiener werden entlastet, der Mittelstand wird zusätzlich belastet. Verlierer sind Familien, Geringverdiener und Rentner. Diese sind von staatlichen Zuschüssen abhängig, die je nach Regierungskalkül und Kassenlage variieren können. Strittig ist auch, wo die enormen Summen, die im Bundeshaushalt zusätzlich für den sozialen Ausgleich aufgebracht werden müssten, herkommen sollen. Bei einer Finanzierung über die Mehrwertsteuer wäre für den sozialen Ausgleich außerdem wenig gewonnen, weil diese vor allem die niedrigen sozialen Schichten belastet.

Die Schweiz hat 1996 ein Gesundheitsprämiensystem eingeführt. Die Folgen können dort bestens beobachtet werden. Die Prämie steigt jedes Jahr ununterbrochen weiter an, trotz staatlicher Steuertransfers und hoher Zuzahlung.[150] Die steuerfinanzierten Zuschüsse machen rund ein Drittel der Kosten aus. Zudem gibt es ein nur kleines Grundleistungspaket, weil insbesondere die Zahnmedizin und das Krankentagegeld ausgegliedert sind. Das Zusatzversicherungsgeschäft beträgt daher rund ein Drittel des Volumens der Grundsicherung.

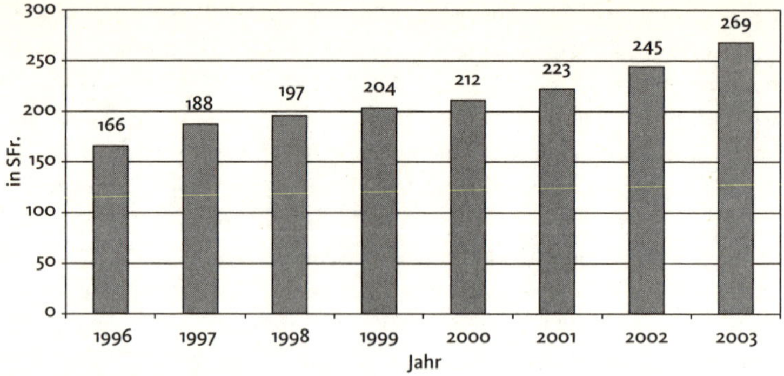


© Pfaff/Pfaff/Kern/Langer 2003

**Abbildung 12: Anstieg der Gesundheitsprämie in der Schweiz**

«Das System ist kein Exportschlager. Da verkaufen wir lieber Schokolade», beschrieb die ehemalige Gesundheitsministerin Ruth Dreifuss das eidgenössische Finanzierungssystem.[151] Die in Deutschland im Hinblick auf die Gesundheitsprämie gehegten Befürchtungen haben sich in der Schweiz bereits bewahrheitet. Ein Prämiensystem löst offenbar keines der strukturellen Probleme. Die Bürgerversicherung muss als die zu bevorzugende Alternative angesehen werden.

Was passiert, wenn man versucht, beide Systeme zu mischen, zeigt die jüngste Gesundheitsreform der großen Koalition. Das zentrale und zugleich umstrittenste Element ist dabei der Gesundheitsfonds, der als Kompromisslösung zwischen Bürgerversicherung und Gesundheitsprämie gedacht ist: Alle Versicherten zahlen den gleichen Beitragssatz ein (statt der bisher von Kasse zu Kasse unterschiedlichen Beitragssätze), und die Einnahmen werden dann an die Kassen verteilt. Kassen, die mit den Zuweisungen nicht auskommen, können Zusatzbeiträge in Höhe von maximal einem Prozent des Einkommens erheben.

Allein der Umstand, dass Privatversicherte nicht beteiligt sind, macht den Fonds sinnlos. Die schädigende Konkurrenz der Kassen um Einkommensstarke wird sogar noch intensiviert, weil sich der zu entrichtende Zusatzbeitrag nach dem Einkommen richtet und außerhalb des Risikostrukturausgleichs verortet ist. Eine Aufnahme Einkommensschwacher kann sich daher keine Kasse mehr leisten. Acht Krankenkassen befürchten bereits schon jetzt ihren Bankrott.[152]

Durch die Einführung eines neuen Basistarifs für die Privatkassen, der mit dem Leistungskatalog der gesetzlichen Krankenversicherung identisch ist, wurden zudem die privaten Krankenversicherungen grundlos gestärkt. Wer sich dort versichert, zahlt – gesetzlich festgeschrieben – nie einen höheren Beitrag als bei den gesetzlichen Kassen, spart aber effektiv Geld, weil bei der Privatversicherung der Zusatzbeitrag für den Gesundheitsfonds entfällt.[153]

Wahrscheinlich werden Nachbesserungen der Reform bald notwendig. Diese Gelegenheit sollte man nutzen, um eine mutige Erneuerung des Gesundheitssystems auf den Weg zu bringen. Auf die Tagesordnung gehören insbesondere die Beteiligung der privaten Krankenversicherungen am Risikostrukturausgleich, präventiver Gesundheitsschutz, Transparenz auf dem Arzneimittel-Markt und mehr Wettbewerb.[154]

Generationengerechte Gesundheitspolitik fordert, dass die Gesundheitsversorgung für die nachrückende Generation mindestens auf dem selben Niveau liegt wie bei der vorangegangenen Generation.[155] Eine Gesundheitsreform, die generationengerecht sein will, muss sich an diesem Anspruch messen lassen.

## Pflegeversicherung – «die größte Zeitbombe unseres Sozialsystems»?

Der jüngste Bereich der sozialen Sicherungssysteme ist die 1995 in der Ära Kohl geschaffene gesetzliche Pflegeversicherung. Sie war die konsequente Antwort auf die demografisch bedingt steigende Zahl pflegebedürftiger Menschen und die zugleich abnehmende Fähigkeit und Bereitschaft zur Pflege in der Familie.

Gegenwärtig werden zwei Drittel der zwei Millionen Pflegebedürftigen zu Hause versorgt, davon wiederum zwei Drittel allein durch Angehörige und ein Drittel mit der Unterstützung ambulanter Pflegedienste.[156] Meist übernehmen Frauen die Pflege ihrer Angehörigen, zum einen, weil Frauen älter werden und sie zum anderen oft jünger als ihre Ehemänner sind und deswegen häufiger ihren Ehepartner im Alter versorgen. Kümmern sich jüngere Frauen (wie die Töchter) um die Pflege, sind diese meistens nur eingeschränkt berufstätig. Nicht selten sind Familienangehörige aber mit den Zeit- und Qualifikationsanforderungen der Pflege überfordert. Gerade dann sind sie auf professionelle Unterstützung angewiesen, damit die pflegebedürftigen Alten ihre vertraute Wohnung nicht verlassen und in einem Heim einquartiert werden müssen.

Die Zahl der Pflegebedürftigen wird sich von heute zwei Millionen auf vermutlich etwa 3,4 Millionen Menschen im Jahre 2030 erhöhen, schätzen Bevölkerungsstatistiker.[157] Für die Mitte des Jahrhunderts sagen uns die Berechnungen rund zwei Millionen Alzheimer-Patienten voraus.[158] Der Soziologe Reimer Gronemeyer sieht daher «überbordende Pflegeausgaben» auf uns zukommen.[159] Und der Sozialexperte Bernd Raffelhüschen schlägt Alarm: «Die Pflegeversicherung ist die größte tickende Zeitbombe unseres gesamten Sozialsystems.»[160] Seine Empfehlung: Schafft die Pflegeversicherung ab!

Haben wir mit der Pflegeversicherung einen sozialpolitischen Bumerang geworfen, der uns nun selbst trifft? Gut zehn Jahre nach ihrer Einführung ist die gesetzliche Pflegeversicherung praktisch pleite, und die Zustände in der Versorgung sind über extreme Einzelfälle hinaus derart miserabel, dass der von einem investigativen Journalisten recherchierte Enthüllungsbericht mit dem Titel *Abgezockt und totgepflegt* schockierende Verhältnisse in deutschen Pflegeheimen offenlegen konnte.[161] Ein Maßnahmenpaket für Qualität und Transparenz ist daher unbedingt nötig.

Schon bei Einführung der Pflegeversicherung wurde kritisiert, dass ihre Finanzierungsform in mindestens drei Punkten unglücklich konstruiert wurde. Der erste Fehler: Früher mussten Vermögende für ihre Pflegekosten selbst aufkommen und sozial Schwache konnten ihre Pflegekosten aus der Sozialhilfe bestreiten; nun werden die Pflegekosten für alle aus Umlagebeiträgen bezahlt. Von der neuen Pflegeversicherung gewannen sozial Schwache keinen Vorteil, für Vermögende jedoch hatte sie den Charakter eines Erbenschutzprogramms.[162]

Der zweite Fehler bestand in der Schaffung einer Doppelstruktur aus gesetzlicher und privater Pflegeversicherung, die zum einen überflüssig ist, da der Leistungskatalog bei beiden Systemen als identisch vorgeschrieben wurde und infolgedessen kein Angebotsunterschied besteht, und die zum anderen zu einer Erosion der Einnahmen des gesetzlichen Umlagesystems führt, da sich – ähnlich wie bei der Krankenversicherung – die einkommensstarken, in der Regel jüngeren und gesünderen Bevölkerungsgruppen der Solidargemeinschaft dem gesetzlichen Umlageverfahren entziehen dürfen und strukturell diejenigen Menschen mit höherem Pflegerisiko, aber geringeren Einnahmen zurückgelassen werden. Nur Beamte, Selbstständige und Menschen mit hohem Einkommen können sich privat versichern, alle anderen sind in der gesetzlichen Kasse.

Ein dritter Konstruktionsfehler wurde mit der gesetzlich verbürgten Garantie gemacht, dass die Prämien für die Privatversicherung maximal die Höhe der gesetzlichen Versicherungsprämien betragen dürfen. Die Privatversicherung entzieht sich also nicht nur der Mitfinanzierung der im Schnitt weniger gesunden Einkommensschwachen, die sich nicht privat versichern dürfen, sondern ihre Prämien sind dazu auch noch maximal so hoch wie bei den gesetzlichen Kassen.

Diese verfehlte Finanzierungsstruktur führte dazu, dass die private Pflegeversicherung nur ein Viertel bis ein Fünftel der Ausgaben pro Versichertem hat und daher halb so hohe Beiträge verlangen kann wie die gesetzliche Pflegeversicherung. Das ist so, als bekäme man als Autofahrer einen 50-Prozent-Rabatt auf seine Kfz-Versicherung, aber nur, wenn man einen Porsche fährt.

Die Katastrophenszenarien von explodierenden Pflegeausgaben sind zu relativieren. Die Pflegeversicherung ist heute nicht aufgrund der demografischen Verschiebungen bankrott, sondern weil die Gesunden und Reichen in einem separaten System untergebracht sind. Bei solidarischer Absicherung wäre die Finanzkrise über Jahre hinweg gelöst. Außerdem sind die von mancher Seite abgegebenen Hochrechnungen zum Wachstum der Pflegekosten schlicht unseriös: Prognosen über das Jahr 2030 hinaus, wie sie regelmäßig die Diskussion bestimmen, können schlechterdings nicht als aussagekräftig bezeichnet werden. Allein weil wir nicht wissen, ob bis dahin eine wirksame Vorbeugung und Behandlung von Demenz möglich wird – was die Ausgaben halbieren würde.[163]

Mit der gegenwärtigen Privilegierung von Privatversicherten können weder die zu erwartenden demografischen Lasten abgefedert noch die Qualitätsdefizite bei der Versorgung behoben werden. Die Zukunft der Pflegeversicherung liegt daher in einer Bürgerversicherung, die demografiefester als das heutige System wäre. Würden Privatversicherte wie alle anderen auch 1,7 Prozent (bzw. 1,95 Prozent für Kinderlose) ihres Lohneinkommens für Pflege aufwenden, ergäbe das Mehreinnahmen von 3,1 Milliarden Euro pro Jahr, ohne dass die Ausgaben im selbem Umfang steigen würden.[164]

Der Beitragssatz müsste bei einer solchen Reform bis 2030 auf maximal 2,5 bis drei Prozent angehoben werden,[165] obwohl die Ausgaben nicht nur wegen der höheren Zahl Pflegebedürftiger wachsen, sondern sie auch wegen der unerlässlichen Verbesserungen der Pflegequalität steigen müssen. Im Unterscheid zum Gesundheitssystem, in dem viel Geld in den Taschen der Pharmaindustrie verschwindet, führen unsere Pflegezahlungen unmittelbar zu mehr Arbeitsplätzen und zu mehr Lebensqualität bei vielen Menschen.

## Erneuerung des Generationenvertrags!

Der Generationenvertrag muss nicht «gekündigt», sondern erneuert werden! Pläne zur faktischen Abschaffung der Umlagerente und der solidarischen Gesundheitsfinanzierung sind ein Frontalangriff auf die Generationengerechtigkeit. Demografischer Fatalismus ist falsch, weil nicht allein die demografische Entwicklung auf das Finanzierungsgleichgewicht der sozialen Sicherungssysteme einwirkt. Der Generationenvertrag ist derzeit nicht durch die sich ändernde Altersstruktur der Bevölkerung belastet, sondern durch das Schmelzen der Solidargemeinschaft und insbesondere durch die derzeitigen Bedingungen auf dem Arbeitsmarkt.

Die auf Seiten der Generationenkrieger vorgeschlagene Lösung zum Ausgleich der zurückgehenden Einnahmequellen, die Kapitaldeckung, ist zu hinterfragen. Doch zugleich kann nicht alles einfach so bleiben wie bisher. Viel steht auf dem Spiel, wenn wir über die Zukunft des Sozialstaats debattieren:

- für die junge Generation die Hoffnung auf eine den Lebensstandard sichernde Versorgung im Alter, die es auch ihr ermöglicht, vom zukünftigen Wohlstandsfortschritt zu profitieren;
- für die ältere Generation die Frage, ob sie auch in Zukunft am Wohlstandsfortschritt in gerechter Weise teilhaben kann, oder ob sie von der Gesellschaft zum Almosenempfänger degradiert wird;

- für die abhängig Beschäftigten die Frage, ob auf sie ein immer größerer Teil der Beiträge abgewälzt wird, oder ob endlich die Vermögenden zur Finanzierung herangezogen werden;
- für unseren Sozialstaat die Frage, ob er weiterhin seiner notwendigen Funktion für die freie Entfaltung der Individuen gerecht werden kann oder ob er endgültig als Relikt des vergangenen Jahrhunderts verabschiedet wird.

Das heutige Rentensystem ist besser als sein Ruf. Die Umlagefinanzierung muss auch weiterhin die mit Abstand wichtigste Säule der Alters- und Gesundheitsversorgung bleiben, ergänzt durch private und betriebliche Kapitalvorsorge. Die Beiträge bei Renten-, Gesundheits- und Pflegeversicherung werden steigen müssen, unabhängig von der Art des Finanzierungssystems. Durch eine Erneuerung des Generationenvertrags hin zu einer wirklichen Solidargemeinschaft und durch konsequente Investitionen in Produktivitätssteigerungen und Wirtschaftswachstum kann die Last jedoch geschultert werden – auch, weil die Kosten der Arbeitslosigkeit sich mindestens halbieren. Es gibt alle Hände voll zu tun. Anstatt das Umlageverfahren zu demontieren und zu diskreditieren, steht eine Grunderneuerung des solidarischen Generationenvertrags an.

# Sparen an der Zukunft

## Wann Staatsverschuldung sinnvoll ist – und wann nicht

Viele Menschen in Deutschland machen sich Sorgen über die wachsende öffentliche Verschuldung unseres Staates. Ihre Sorgen sind nicht unbegründet, und für den Normalbürger ist die Höhe des staatlichen Schuldenberges unvorstellbar geworden: Mit rund 1,5 Billionen Euro, also 1500 Milliarden Euro, steht unser Staat heute in der Kreide, aufgeteilt auf Bund, Länder und Gemeinden. Damit ist rechnerisch jeder Bundesbürger, vom Säugling bis zum Greis, mit über 18 000 Euro verschuldet. Jede Sekunde kommen ca. 540 Euro hinzu. Die vor dem Berliner Hauptquartier des Bundes der Steuerzahler installierte Schuldenuhr tickt und tickt – und wurde noch nie zurückgedreht. «Die Schuldenuhr muss im Namen zukünftiger Generationen bald rückwärts laufen», fordert der Bund der Steuerzahler.[1]

Inzwischen muss fast jeder fünfte Steuer-Euro für Zinsen ausgegeben werden, jedes Jahr etwa 40 Milliarden – Tendenz steigend. Zum Vergleich: Dieser Betrag entspricht ca. fünf bis sechs Prozentpunkten bei der Mehrwertsteuer oder den Haushalten der Ministerien für Bildung und Forschung, Verkehr und Familie zusammen.[2] Das Geld, das für die Zinsen ausgegeben werden muss, steht für politisch gewollte Projekte nicht mehr zur Verfügung. Je tiefer wir in die roten Zahlen geraten, desto schwerere Lasten verschieben wir in die Zukunft. «Wir belasten die künftigen Generationen in unverantwortlicher Weise», klagt Hans-Werner Sinn. «Der Staat lebt über seine Verhältnisse. So geht es nicht weiter.»[3] Oswald Metzger mahnt: «Wer nicht nur egoistisch an sich denkt, sondern Verantwortung gegenüber Kindern und Enkeln ernst nimmt, muss sich gegen diese Verschiebung von Lasten in die Zukunft auflehnen.»[4] «Die Schulden wirken wie ein schleichendes Gift, das die Muskeln lähmt und den Atem erstickt», so der *Spiegel.* «Eine Rückzahlung der Erblast ist schon heute unvorstellbar, sagen alle Ökonomen. ... Allen Versprechungen zum Trotz lebt Deutschland ungeniert über seine Verhältnisse.»[5]

Im Wesentlichen hat die einschneidende Verschuldung zwei Ursachen: zum einen die starke Zunahme der Arbeitslosigkeit seit Beginn der 1980er Jahre, zum anderen die unglückliche Finanzierung der Deutschen Einheit, die den Staatshaushalt seit 1989 fühlbar belastete. Anstatt eine Finanzierung über Steuern, Abgaben und Subventionskürzungen zu organisieren, ist die Politik den leichteren Weg der Verschuldung gegangen, um so die Frage nach einer gerechten Lastenverteilung zu umgehen. Diese Frage wurde jedoch nur aufgeschoben und stellt sich heute dafür umso dringender.

Leider wird die gegenwärtige Diskussion der Staatsverschuldung von einer unglücklichen Polarisierung beherrscht. Insbesondere Vertreter aus dem marktnahen («neoliberalen») Lager neigen dazu, die Höhe der öffentlichen Verschuldung zu dramatisieren und ein vereinfachtes Schwarz-Weiß-Bild des komplexen Zusammenspiels der Finanzpolitik zu zeichnen. Zum Wohle künftiger Generationen sei ein Kurs eisernen Sparens und Kürzens unerlässlich, so ihre Forderung. «Vom Zustand der Nachhaltigkeit sind wir weit entfernt, weil wir uns derzeit eher wie Zechpreller zu Lasten unserer Kinder verhalten», klagt etwa der Freiburger Finanzwissenschaftler Bernd Raffelhüschen.[6] Auch Ex-Industriechef Hans-Olaf Henkel hebt den moralischen Zeigefinger: «Seit über dreißig Jahren bürden die Politiker unseren Kindern jedes Jahr neue Schulden auf – ohne Ausnahme.»[7]

Als die rot-grüne Regierung ihren Sparkurs einläutete, wurde Bundeskanzler Gerhard Schröder nicht müde zu betonen: «Wenn wir uns weiter leisten, das aufzuessen in dieser Generation, wovon unsere Kinder und deren Kinder auch noch leben müssen, dann sind wir nicht fair zur zukünftigen Generation.»[8] Franz Müntefering begründete den Sparkurs bei der Etatdebatte im Bundestag damit, «dass unsere Kinder und Kindeskinder von uns noch etwas anderes erben [sollten] als Schuldscheine und Hypotheken».[9] Die rot-grüne Konsolidierungspolitik sei deswegen «kein Selbstzweck, sondern ein Gebot der Generationengerechtigkeit», wie ein SPD-Positionspapier formulierte.[10]

Kritiker aus dem gewerkschaftsnahen Lager bestreiten dagegen akuten Handlungsbedarf und bezweifeln die negative Zukunftswir-

* Bund, Länder, Gemeinden, Sonderrechnungen des Bundes
Quelle: Statistisches Jahrbuch für die Bundesrepublik Deutschland 2003, Monatsbericht des BMF, Mai 2007 © ver.di

**Abbildung 13: Entwicklung der Staatsschulden in Mrd. € (1950–2005)**

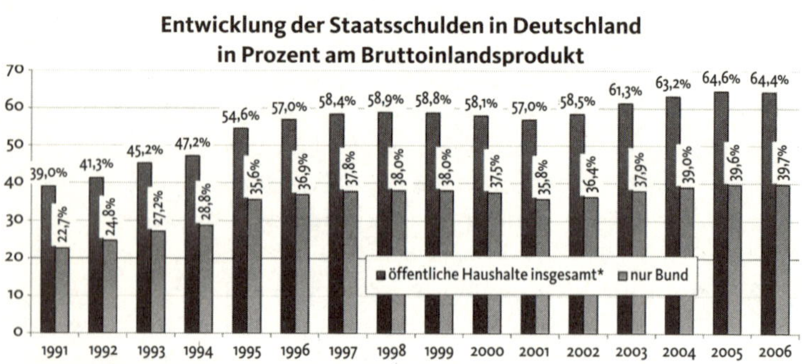


* Bund, Länder, Gemeinden
Quelle: Volkswirtschaftliche Gesamtrechnung, Bundesministerium der Finanzen, Monatsbericht Mai 2007 © ver.di

**Abbildung 14: Entwicklung der Staatsschulden in % des BIP (1991–2006)**

kung der Staatsverschuldung. Sie begründen ihre Ansicht mit zwei Argumenten:

Erstens darf der Gegenwert der mit den Krediten bezahlten öffentlichen Infrastruktur, wie z. B. Universitäten, Schulen, Bibliotheken, Kanalisation, Jugendtreffs, Krankenhäuser, Straßen usw., nicht unterschlagen werden. Das Sachvermögen der öffentlichen Hände wird nur zum Teil durch Rechnungslegung erfasst und beläuft sich schätzungsweise auf das Ein- bis Zweifache des Bruttoinlandsprodukts.[11] Durch die Infrastruktur wird zudem die Grundlage für Wachstum gelegt, und von diesem Wohlstandszuwachs profitieren gerade auch die künftigen Generationen.

Zweitens stehen den Schulden immer auch Forderungen innerhalb der gleichen Generation gegenüber. Der Staat leiht sich sein Geld bei den heute existierenden Kreditinstituten, Privatleuten, Versicherungen und Bausparkassen sowie dem Ausland.

Nicht nur die Schuldtitel der öffentlichen Hände, sondern auch die Forderungen der Gläubiger (wie Staatsanleihen oder Bundesschatzbriefe) werden weitervererbt. Schuldner und Gläubiger gehören derselben Generation an. Die Zinsen, die künftige Steuerzahler für die Verschuldung aufbringen müssen, fließen an die künftigen Eigner der Staatsanleihen. Staatsverschuldung führt in diesem Sinne zwar zur Umverteilung innerhalb einer Generation, nicht aber zur Umverteilung zwischen heutigen und künftigen Generationen. «Da aus der Staatsverschuldung Forderungen und Verbindlichkeiten gleichermaßen resultieren, also *beide* Größen im Falle einer längerfristigen Verschuldung an die nächste Generation ‹vererbt› werden, liegt mit Blick auf die jeweils ins Auge gefasste Generation, sei es nun die gegenwärtige oder die zukünftige, immer ein gesamtwirtschaftliches Nullsummenspiel vor», argumentiert etwa der Aachener Ökonom Dr. Norbert Reuter. «Mit einem Verweis auf kollektive finanzielle Belastungen künftiger Generationen lässt sich der gegenwärtige Abbau der Staatsverschuldung somit nicht begründen.»[12] Der Wirtschaftspublizist Michael Dauderstädt, Leiter der Abteilung Wirtschafts- und Sozialpolitik bei der Friedrich-Ebert-Stiftung, argumentiert entsprechend: «Schädigt die Verschuldung wirklich künftige Generationen? Natürlich ist das Unsinn und man schämt sich fast, die oft vorgebrachten Gegenargumente gegen dieses Mantra zu wiederholen. Die nächste Generation erbt die Schulden ebenso wie die Forderungen. Es geht also um eine Umverteilung innerhalb der nächsten Generation zwischen den Gläubigern und den Steuerzahlern».[13] Staatsverschuldung ist nach dieser Logik also lediglich eine soziale, eine *intra*generationelle Ungerechtigkeit, für die *inter*generationelle Gerechtigkeit jedoch nicht relevant.[14]

Diese Position ist durchaus nachvollziehbar. Sie vernachlässigt aber, dass die politischen Handlungsspielräume eines künftigen Gesetzgebers desto geringer werden, je größer der Anteil am Staatshaushalt ist, der für den Zinsendienst gebunden ist. Jeder Euro kann nur einmal ausgegeben werden, und das Geld, das für Zinsen aufgebracht werden muss, fehlt an anderer Stelle. Je mehr wirtschaftliche Leistungskraft und Steuereinnahmen für die Bedienung der Zinsforderungen verwendet werden müssen, desto weniger Finanzmittel stehen zur freien Gestaltung einer selbstbestimmten Politik zur Verfügung. Künftigen Generationen muss aber mindestens dieselbe Freiheit gegeben sein wie der heutigen Generation. Letztlich hinterlassen wir nachrückenden Generationen jedoch den Zwang zu einer höheren Steuerlast bei gleichzeitig niedrigeren Ansprüchen, da der Staat an allen Stellen sparen muss, um die stetig steigenden Zinsen zu finanzieren. Die Spielräume für Politikgestaltung, für öffentliches Handeln in der Bildungs-, Forschungs- oder Umweltpolitik, werden durch die steigenden Zinslasten von Jahr zu Jahr enger. Mit den Prinzipien der Demokratie – die immer Herrschaft auf Zeit bedeutet – ist eine solche zukunfts- und freiheitsberaubende Politik schwerlich in Einklang zu bringen.[15]

Einen bedenklichen Punkt erreicht die Staatsverschuldung, wenn die Zinszahlungen regelmäßig die Neuverschuldung übersteigen. So war zwischen 1962 und 2005 die Summe aller Zinsausgaben höher als die Summe der Neuverschuldung des Bundes: Alle Kredite haben also nicht einmal gereicht, um die Zinsen zu decken. Seit 1994 übersteigen die Zinsen außerdem jedes Jahr die Investitionsausgaben des Bundes.[16] Aus der Kreditaufnahme resultieren seitdem keine positiven fiskalischen Effekte mehr, weil der Staat mehr für Zinsen ausgibt als er aus Krediten erhält.[17] Das führt zu einem größeren Schuldenberg und dadurch zu größeren Zinslasten, zu deren Finanzierung wiederum Schulden aufgenommen werden müssen – ein Teufelskreis. «Als Warnzeichen muss insbesondere gelten, dass der Anstieg der Schuldenquote in den letzten Jahren (neben den Schuldenübernahmen) wesentlich mit der hohen Zinsbelastung zusammenhängt», analysiert die Bundesbank. «Damit nährt sich die Verschuldung aus sich selbst heraus.»[18]

Die Staatsverschuldung ruiniert den Sozialstaat schleichend. Denn unter Sparzwang wird dort gekürzt, wo es am einfachsten ist – und

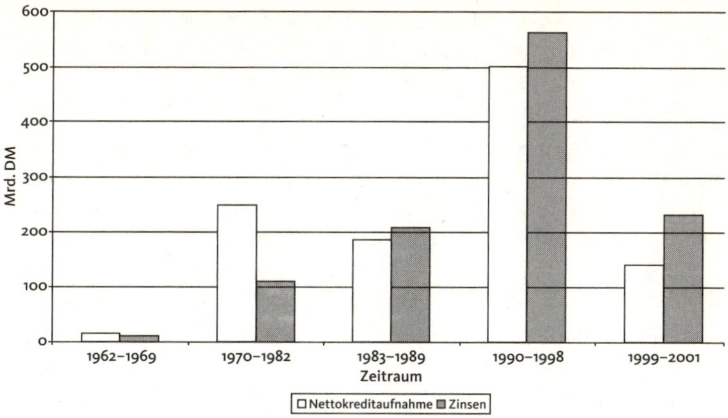




**Abbildung 15: Schuldenspirale**

das sind vor allem die sozialen Transferleistungen. Unter der Kürzungspolitik leiden hauptsächlich die sozial Schwachen. Auch der mit Finanznot begründete Trend zum Gebührenstaat (wie z. B. das Büchergeld in Schulen oder Studiengebühren) belasten sozial schwächere Haushalte überproportional stark, da Gebühren keine Sozialkomponente kennen. Zudem wird der Löwenanteil des Steueraufkommens, mit dem die Zinsen der Staatsschulden bezahlt werden, durch die Lohnsteuer und die Umsatzsteuer bestritten, die von der breiten Masse der Bevölkerung entrichtet werden, während gleichzeitig Körperschaftssteuer und veranlagte Einkommenssteuer kaum zum Steueraufkommen beitragen.[19] Die Zinsen allerdings gehen in erster Linie an die Reichen, die ihr Vermögen in Staatsanleihen angelegt haben, oder an Großbanken und die von ihnen beherrschten Investmentfonds und Unternehmen. Staatsverschuldung ist also reine Umverteilung von unten nach oben.

Die soziale Umverteilungswirkung der Staatsverschuldung ist auch unmittelbar ein Generationenproblem, da vor allem wohlhabende Alte die Staatspapiere besitzen, während die Jungen deren Ansprüche aus den Schuldtiteln begleichen müssen.[20] In Zeiten steigender Lebenserwartung ist immer weniger relevant, dass auch die Schuldtitel vererbt werden: Denn wenn die alte, besitzende Generation mit

80 oder 90 stirbt, hinterlässt sie ihr Vermögen der Generation der um die 50- bis 60-Jährigen, die aber sicherlich nicht mehr zur jungen Generation gezählt werden können.

Aus der schuldenbedingten sozialen Schieflage resultiert eine weitere Verteilungswirkung zulasten nachrückender Generationen: Wenn sich in einer Gesellschaft das obere Zehntel der Bevölkerung ein immer größeres Stück vom Kuchen einverleibt, bleibt zwar der Durchschnittswert des Reichtums pro Kopf unverändert, aber tatsächlich werden immer mehr Menschen ärmer. Wie reich eine Generation ist, kann nicht am arithmetischen Durchschnitt gemessen werden, sondern muss an aussagekräftigeren Indikatoren wie dem Median-Durchschnitt abgelesen werden. Je weiter sich die Schere zwischen Arm und Reich innerhalb einer Generation öffnet, desto problematischer wird die soziale Ungleichheit auch für die Generationengerechtigkeit.

Andere von Ökonomen befürchtete Negativfolgen der Staatsverschuldung haben sich als unzutreffend herausgestellt. Etwa der so genannte «crowding-out-effect»: Diese Theorie besagt, die hohe Nachfrage des Staates auf dem Kapitalmarkt führe zu höheren Zinsen und verdränge so private Investitionen, die sich nicht mehr lohnen würden. Dadurch würden Konjunktur und Beschäftigung gelähmt, und wegen der größeren Lücke zwischen staatlichen Einnahmen und Ausgaben würden noch mehr Schulden aufgetürmt. Dieser Effekt lässt sich empirisch jedoch nicht belegen: Von einem Mangel an günstigen Krediten und infolgedessen einer Verdrängung privater Investitionen kann heute nicht die Rede sein.[21] Dieses Argument gegen Verschuldung trägt also nicht.[22]

Sowohl die wirtschaftsliberale als auch die gewerkschaftsnahe Sichtweise haben durchaus ihren jeweils wahren Kern, doch die ideologisch zugespitzte Debatte unterläuft eine differenzierte Sichtweise. Es ist kaum zu bezweifeln, dass die langfristige Rückführung der Staatsschulden auf ein niedrigeres Maß einen Knackpunkt finanzieller Nachhaltigkeit darstellt.

Der seit Jahrzehnten anhaltende Trend zu immer höheren Schuldenständen deutet darauf hin, dass das politische Gefüge der Bundesrepublik institutionelle Anreize für die Volksvertreter setzt, zum Instrument der Kreditaufnahme zu greifen. Politiker wollen schließlich wiedergewählt werden – und achten daher mehr auf die

Interessen der gegenwärtigen Wahlbevölkerung und der mächtigen Lobbyisten als auf die künftigen Generationen. Sie unterliegen der Versuchung, gesellschaftliche Verteilungskonflikte durch Schuldenaufnahme zu verschleiern und im Vorfeld der Wahlen die verschiedenen Interessengruppen mit Wahlgeschenken zu bedienen.

Die Staatsausgaben zugunsten bevorzugter Wählergruppen erzielen zwar kurzfristig populäre Effekte, ziehen aber Folgen nach sich, die erst langfristig belastend wirken. Staatsverschuldung wird zu einem politischen Instrument, um «bestimmten Gruppen konkrete Vorteile zukommen» zu lassen, «ohne dass dies zu Lasten anderer Beteiligter» zu geschehen scheint, erläutert der Münsteraner Politikwissenschaftler Paul Kevenhörster.[23] Der internationale Vergleich lehrt: Die Verschuldung eines Staates fällt umso höher aus, je mehr Parteien in der Regierungskoalition vertreten sind, je unterschiedlicher sie ideologisch ausgerichtet sind, je wahrscheinlicher die Abwahl der Regierung ist und je kürzer die durchschnittliche Amtszeit einer Regierung ist.[24] Die Gegenwartsorientierung der Demokratie und der Zwang, Wählerklientel befriedigen zu müssen, führen auf diese Weise tendenziell zu einem Verschieben der Lasten in die Zukunft.[25] Künftige Generationen haben schließlich keine Stimme. Junge Politiker selbst klagen, diesem strukturellen Problem der parlamentarischen Demokratie ausgeliefert zu sein.[26]

«Staatsverschuldung ist nicht gut oder böse», erklärt der Chefvolkswirt der Deutschen Bank, Norbert Walter. «Sie kann eine günstige Bedingung für kräftiges Wachstum und damit Grundlage für ein besseres Leben künftiger Generationen sein. Sie kann aber auch Reflex einer allzu gierigen heutigen Generation sein, die etwas konsumieren will, wovon sie das Einkommen durch marktgerechte Produktion nicht erworben hat. Freilich kann auch durch unproduktive Investitionen, die nicht periodengerecht mit Steuereinnahmen finanziert sind, künftigen Generationen eine unfaire Last aufgebürdet werden; denn solchen Ausgaben entsprechen keine höheren Einnahmepotenziale des Staates in der Zukunft.»[27]

Nicht jede Kreditaufnahme verletzt die Generationengerechtigkeit. Es kommt stets darauf an, wofür das Geld ausgegeben wird. Unter bestimmten Bedingungen ist die staatliche Schuldenaufnahme durchaus als generationengerecht zu legitimieren. Ökonomisch kann Staatsverschuldung aus zwei Gründen akzeptabel sein: für die Finanzierung staatlicher Investitionen und für antizyklische Wirtschaftspolitik in Zeiten wirtschaftlichen Abschwungs.[28]

## Kreditfinanzierung staatlicher Investitionen?

Die Schuldenaufnahme kann durchaus berechtigt sein, wenn sie der Finanzierung von Investitionen, von denen nachrückende Generationen profitieren, dient. Versetzen wir uns in die Lage eines Unternehmers: Wenn ein Unternehmer an der falschen Stelle spart, dann vererbt er seinen Kindern zwar ein schuldenfreies Unternehmen, in das aber nicht investiert wurde und das daher womöglich marode ist. Dasselbe gilt für einen Hausbesitzer: Wenn er nicht in die Instandhaltung des Hauses investiert und dafür nötigenfalls auch einen Kredit aufnimmt, vererbt er seinen Kindern zwar eine hypothekenfreie Immobilie, die aber halb verfallen ist und seine Nachkommen am Ende viel mehr als die Schuldentilgung kostet.

Unternehmen verschulden sich, um zu investieren. Der Unternehmenssektor in Deutschland hatte im Jahre 2002 netto 1,24 Billionen Euro Schulden, mehr als der Staat. Niemand fordert allerdings, dass die Unternehmen ihre Schulden tilgen müssten, im Gegenteil werden häufig Beschwerden seitens der Wirtschaft laut (und stoßen auf großes Verständnis), dass die Banken nicht genug Kredite vergeben würden. Ein schuldenfreies Unternehmen gilt geradezu als verdächtig.

**Tabelle 5: Forderungen und Verbindlichkeiten 2002 (in Mrd. €)**

| | Forderungen | Verbindlichkeiten | Netto-Geldvermögen |
|---|---|---|---|
| Private Haushalte | 3.730,5 | 1.535,0 | 2.195,5 |
| Unternehmen | 1.901,1 | 3.142,4 | – 1.241,3 |
| Banken, Versicherungen | 5.462,5 | 5.278,0 | 184,5 |
| Staat | 301,6 | 1.241,3 | – 1.061,4 |

Quelle: Bofinger 2005, Ursprungsdaten: Deutsche Bundesbank

Die Tabelle zeigt auch, dass der Staat nicht nur Verbindlichkeiten, sondern auch Forderungen hat. Die öffentliche Debatte nimmt davon allerdings kaum Kenntnis.

Würden künftige Generationen eine intakte Verkehrsinfrastruktur, moderne Schulen und Hochschulen, eine ausgebaute öffentliche Kinderbetreuung, innovative Forschung und eine gesunde Umwelt oder einen ausgeglichenen Staatshaushalt vorziehen? Es ist stets kritisch zu fragen, wann Sparen wirklich im Interesse künftiger Generationen liegt. Die Konsolidierung des Staatshaushaltes darf keinesfalls auf Kosten von Zukunftsinvestitionen gehen.

Doch seit Jahren sinken die öffentlichen Investitionen: Ihr Anteil am BIP schrumpfte seit Beginn der 1990er Jahre von 2,8 Prozent auf nur noch 1,5 Prozent heute.[29] Die Kommunen, die drei Fünftel der öffentlichen Investitionen tätigen, bluten finanziell aus. Vielerorts sind die Stadträte kaum mehr handlungsfähig und zu Mangelverwaltern degradiert.[30] Orientiert man sich an den Berechnungen, die vom Institut für Urbanistik vorgelegt wurden, summiert sich der kommunale Investitionsbedarf für die Jahre 2000 bis 2009 auf jährlich rund 70 Milliarden Euro. Die tatsächlich getätigten Investitionen lagen bei weniger als einem Drittel des eigentlichen Bedarfs.[31] Sanierungen und Reparaturen werden hinausgeschoben, Serviceangebote gestrichen, öffentliche Einrichtungen privatisiert. Und so steigt der Investitionsbedarf von Jahr zu Jahr, während die öffentliche Daseinsvorsorge vernachlässigt wird.

Wer an falscher Stelle spart, muss sich fragen lassen, ob dann in Deutschland die hochklassige Infrastruktur, Bildung, Sicherheit, Kultur usw. weiterhin bestehen können. Die Attraktivität des Standortes Deutschland für Unternehmen und Arbeitnehmer steht auf dem Spiel, wenn der Sparzwang vor Investitionen nicht Halt macht. «Dann ist der Abstieg in die zweite Liga vorprogrammiert», sagt der Wirtschaftsweise Peter Bofinger. Deutschland würde zum «Zwei- oder Drei-Sterne-Haus» absteigen, nur noch gefragt von denjenigen, die sich einen besseren Standort nicht leisten können.[32] Bofingers Schuldengebot: «Verschulde dich, wenn du den Ertrag deiner Investition höher einschätzt als den Schuldzins».[33]

Schulden sind also legitim, wenn damit Langzeitinvestitionen z. B. in Bildung und Umwelt getätigt werden – ansonsten würde nur eine «versteckte» Staatsschuld in die Zukunft verschoben, wie der amerikanische Wirtschaftsnobelpreisträger Paul Krugman anmerkt.[34] Wenn die öffentlichen Hände heute eine Investition tätigen, die den Wohlstand für die kommenden Generationen mehrt und ihre wirtschaftliche und somit auch fiskalische Leistungsfähigkeit stärkt, dann gibt es prinzipiell keinen Grund, warum die heutige Generation den gesamten finanziellen Aufwand allein tragen sollte.

Nach dem Äquivalenzprinzip sollten die profitierenden Generationen ihrem jeweiligen Nutzen entsprechend an der Finanzierung von Investitionen beteiligt werden.[35] Der Wirtschaftssachverständigenrat schreibt: «Vereinfacht besagt dieses Prinzip, dass eine Verschuldung dann unproblematisch ist, wenn gleichzeitig staatliches Vermögen geschaffen wird, aus dem in Zukunft Erträge erwachsen, aus denen die Schulden bedient werden können. Einem höheren Schuldenstand steht auch ein höheres staatliches Vermögen gegenüber. Oder anders interpretiert: Da die Erträge staatlicher Investitionen in der Zukunft anfallen, ist es sinnvoll, diejenigen an der Finanzierung dieser Investitionen zu beteiligen, die Nutzen aus diesem zusätzlichen öffentlichen Kapitalstock ziehen.»[36] Auf eine einfache Formel gebracht: *Pay as you use!* – Bezahle, wie du nutzt!

Diesem Lastenverteilungsprinzip folgt auch die Finanzregelung im Grundgesetz. Laut Artikel 115 darf der Staat maximal so viel neue Schulden machen, wie er für Investitionen ausgibt: die berühmte «Goldene Regel» der Finanzpolitik. So richtig diese Logik auch ist, so problematisch ist ihre konkrete Anwendung in der politischen Praxis und so wenig lassen sich die heutigen Verschuldungsmuster damit als generationengerecht legitimieren. Insbesondere treten folgende Probleme bei der Umsetzung des «Pay-as-you-use»-Prinzips auf:[37]

– Der Investitionsbegriff ist unscharf. Unter «Investition» wird heute alles Mögliche verstanden. Künftige Generationen werden beispielsweise nicht von der staatlichen Förderung unsinniger Regionalflughäfen oder Prestigebauten profitieren. Als Investitionen werden auch Darlehen für Kriegsopferfürsorge, Kutterfischerei, Fuhrparks, Wohnungsfürsorge von Bundeswehr-Angehörigen oder Minderheitenschutz bezeichnet,[38] deren Zukunftsnutzen nicht einsichtig ist. Außerdem werden viele Aufwendungen, z. B. für Lehrergehälter, als «konsumtiv» eingeordnet, sie sind von ihrer Wirkung her aber Investitionen, von denen künftige Generationen sehr wohl profitieren. Auch andere Aufwendungen, die zur Vermeidung künftiger Kosten führen, könnten als Investition gelten, ohne Sachinvestitionen im engen Sinne darzustellen und ohne in ihrer Wirkung konkret messbar zu sein (wie z. B. Impfprogramme, Jugendsozialarbeit oder Integrationskurse).[39] Der heutige Investitionsbegriff ist also in Sachen Zukunftswirkung nicht eindeutig.

- Die heutige Generation profitiert bereits von Zukunftsinvestitionen, denn schließlich werden z. B. Straßen, Schienen oder Gebäude auch schon heute genutzt. Das Investitionsvolumen müsste also von der jeweils gegenwärtigen Generation anteilsmäßig aufgebracht werden.
- Die meisten Investitionsobjekte dürften kaum länger als ein bis zwei Generationen (30 bis 60 Jahre) einen konkreten Nutzen abwerfen, während die Verschuldung durchaus über so lange Zeiträume wirkt. Viele Infrastrukturobjekte werden mit der Zeit sinnlos (z. B. wenn sich das Verkehrsaufkommen wegen schrumpfender Bevölkerung ändert) oder sie sind nur noch nutzbar, wenn wiederum viel Geld für ihre Instandhaltung aufgewendet wird. Langfristig wirkende Kreditaufnahme ist daher im Regelfall nicht legitim, da ihr nicht entsprechend nutzbare Sachwerte gegenüberstehen.
- Investitionen können auch fehlschlagen (erinnert sei an das Milliardengrab «Schneller Brüter» oder an den Transrapid) oder am Bedarf nachrückender Generationen vorbeigehen.
- Die heutige öffentliche Rechnungslegung berücksichtigt weder Abschreibungen noch Privatisierungserlöse. Bloße Ersatzinvestitionen zum Erhalt von Infrastruktur stellen keinen Wertzuwachs dar. Privatisierungen werden als Einnahmen verbucht, ohne dem die Abnahme des Staatsvermögens gegenüberzustellen. So kann eine Schuldenaufnahme selbst dann verfassungsmäßig zulässig sein, wenn das staatliche Vermögen abnimmt. Abschreibungen müssten herausgerechnet und Privatisierungserlöse dürften nicht mehr als Einnahmen verbucht werden. Das impliziert allerdings, dass – umgekehrt – öffentliche Verschuldung mit dem Zweck der Verstaatlichung von Unternehmen oder von Infrastruktur unbegrenzt möglich wäre, da auch in diesem Falle die Vermögensbilanz der öffentlichen Hand unverändert bliebe.[40]

Die Schuldenfinanzierung öffentlicher Investitionen ist zwar grundsätzlich mit der Generationengerechtigkeit vereinbar, jedoch nur in engen Grenzen. Höhere Verschuldung ist zulässig, wenn die staatlichen Investitionen zu steigendem Wohlstand der Kinder und Enkel führen. Kredite zur Finanzierung der Zinsen historischer Staatsschulden sind keinesfalls zu rechtfertigen. Laufende Aufgaben, wie die Instandhaltung der Infrastruktur, müssen aus laufenden Einnahmen finanziert werden.

Bei einem wesentlichen Teil der derzeitigen Investitionen ist zweifelhaft, ob sie unsere Kinder wirklich reicher machen. Statt *pay as you use* dominiert gegenwärtig eher das Prinzip *pay forever after using* («Bezahle für immer nach der Nutzungsphase»).[41] Der heutige Investitionsbegriff muss daher dringend überprüft werden.

## Kreditfinanzierung antizyklischer Wirtschaftspolitik?

Hinter dem Begriff der «antizyklischen Wirtschaftspolitik» verbirgt sich das ökonomische Prinzip, dass der Staat stets entgegen dem Konjunkturzyklus handeln soll, um konjunkturellen Schwankungen entgegenzusteuern. In einer Rezession erhöhen sich automatisch die staatlichen Ausgaben (z. B. für Arbeitslosengeld) und die Steuereinnahmen sinken. Schon dadurch entsteht also ein Haushaltsdefizit, ohne dass bewusst Kredite aufgenommen worden wären. Es werden nicht aktiv Schulden gemacht, sondern sie werden passiv erlitten. Deshalb spricht man auch von passiver konjunktureller Verschuldung.[42] Um einen ausgeglichenen Haushalt zu erreichen, müssten in dieser Lage die Ausgaben gekürzt werden. Ökonomisch betrachtet ist ein solches prozyklisches Handeln jedoch gefährlich, weil sich dadurch die wirtschaftliche Krise verschärft. In der Rezession muss der Staat die Staatsausgaben hochfahren und dafür zusätzliche Kredite aufnehmen *(deficit spending)*, um den Wirtschaftskreislauf anzukurbeln. Wächst die Wirtschaft wieder und werden Überschüsse erwirtschaftet, soll er dagegen sparen und ein Polster für schlechte Zeiten anlegen *(surplus savings)*. Diese Theorie der antizyklischen Wirtschaftspolitik geht auf den bedeutenden englischen Nationalökonomen John Maynard Keynes zurück, dem Namensgeber der keynesianischen Wirtschaftstheorie.

In einer konjunkturell schlechten Lage muss der Staat kreditfinanzierte Nachfrageimpulse setzen, um ein kräftigeres Wachstum zu induzieren. Diese Impulse können Steuersenkungen, höhere Transferleistungen (z. B. Erhöhung des Kindergeldes oder der Sozialhilfe) oder eine größere staatliche Eigennachfrage (z. B. ein Beschäftigungs- oder Investitionsprogramm) sein. Die Bürger können dadurch mehr Geld ausgeben, die Auftragsbücher der Unternehmen werden gefüllt. Durch ein solches *deficit spending* kann der Staat als große Nachfragemacht den Wirtschaftskreislauf in konjunkturellen Schwächephasen ankurbeln und dadurch zu einem stabilen Wachstumspfad beitragen. Kürzt der Staat seine Ausgaben in einer Rezession dagegen, würde die Wirtschaftslage verschärft. Das öffentliche Defizit wächst anstatt zu schrumpfen, wenn die wirtschaftliche Kraft zur Konsolidierung fehlt.

Für uns als Privatleute erscheint dieser Zusammenhang paradox: Wenn wir einen Kredit aufnehmen, um uns z. B. eine Urlaubsreise oder eine neue Küche leisten zu können, dann versuchen wir, unsere Schulden anschließend möglichst zügig zu tilgen, indem wir sparen: Statt ins Restaurant zu gehen, kaufen wir im Discounter ein, abends in der Kneipe trinken wir ein Bier weniger, der nächste Urlaubstrip wird aufgeschoben, und die teure Markenjeans lassen wir erstmal im Regal liegen. Wenn wir als Privatleute konsequent sparen, kommen wir normalerweise schnell aus den roten Zahlen heraus, und vor allem in schlechten Zeiten tun wir gut daran, besonders eisern zu sparen.

Für eine Volkswirtschaft gilt die einzelwirtschaftliche Logik jedoch nicht. Keynes formuliert in seinem Hauptwerk, der *Allgemeinen Theorie der Beschäftigung, des Zinses und Geldes*, entsprechend: «Eine individuelle Sparentscheidung bedeutet beispielsweise, dass man heute darauf verzichtet, in ein Restaurant zu gehen. Aber es ergibt sich daraus keine Notwendigkeit in einer Woche oder in einem Jahr essen zu gehen oder ein Paar Stiefel zu kaufen oder irgendetwas anderes zu einem bestimmten Zeitpunkt. Also beeinträchtigt das Sparen das Geschäft derjenigen, die das Essen für heute vorbereiten, ohne dass es das Geschäft derjenigen belebt, die Konsumgüter in der Zukunft anbieten. Es bedeutet also nicht, dass die gegenwärtige Konsumnachfrage durch eine zukünftige Konsumnachfrage substituiert wird. Es stellt insgesamt eine Verminderung dieser Nachfrage dar.»[43]

Wenn einer spart, hat ein anderer zwangsläufig weniger Einnahmen. Wenn alle sparen, nehmen alle weniger ein – und der Wirtschaftskreislauf stockt. Sinkt die Nachfrage, sinken die Gewinne der Unternehmen, was ihre Investitionsspielräume beschneidet. Wenn der Staat in der Krise spart, hat dies negative Effekte auf die Bauwirtschaft, auf den Arbeitsmarkt, schließlich auf den Einzelhandel – und so knicken letztlich die Steuereinahmen ein. Am Ende wird der Finanzminister feststellen, dass er trotz – oder besser: genau wegen – seiner restriktiven Ausgabenpolitik die Krise verschärft hat.

Aus der Verschuldung kann man sich nicht heraussparen, sondern man kann nur aus ihr herauswachsen. In den wichtigsten Industrieländern geht ein hohes Wirtschaftswachstum mit einem niedrigen Defizit einher. Dieser Zusammenhang lässt sich empirisch anhand von Daten der OECD belegen. Ein umgekehrter Wirkungszusammenhang (Sparen bewirkt niedriges Defizit, was wiederum hohes Wachstum bewirkt) ist nicht vorstellbar: Länder mit höheren Wachstumsraten weisen auch höhere Staatsausgaben auf.[44]

Dies lehrt nicht zuletzt auch ein empirischer Vergleich der Fiskalpolitik in der EU, der vom Zentrum für Europäische Integrationsforschung an der Uni Bonn vorgelegt wurde.[45] Alle europäischen Länder, die ihre Staatsverschuldung in den letzten Jahren erfolgreich reduzieren konnten, haben das in erster Linie nicht durch Sparen, sondern durch ein hohes Wirtschaftswachstum erreicht, das die Steuereinnahmen steigen ließ. Großbritannien und Finnland beispielsweise überwanden die Wirtschaftskrise Anfang der 1990er Jahre, indem sie bewusst Schulden aufnahmen. Das öffentliche Defizit wuchs vorübergehend auf bis zu acht Prozent an, doch die Wirtschaft erholte sich schnell, der Haushalt war bald wieder ausgeglichen. In den Jahren 2000 bis 2005 erhöhten die Länder der Euro-Zone ihre staatlichen Investitionen im Schnitt um ca. zwölf Prozent, in der Bundesrepublik wurden die Investitionen hingegen um ca. 17 Prozent zurückgefahren. Zugleich wiesen die anderen Länder fast durchgehend höhere Wachstumsraten und geringere Defizite auf als Deutschland.[46]

Ein ausgeglichener Haushalt führt nicht zu mehr Wachstum und Beschäftigung, sondern mehr Wachstum und Beschäftigung führen zu einem ausgeglichenen Haushalt. Die Strategie, ohne Rücksichtnahme auf konjunkturelle Zyklen die Ausgaben kontinuierlich zu kürzen, kann daher nicht aufgehen.

Während konjunktureller Flauten ist es also ökonomisch vernünftiger, Schulden zu machen und dadurch die Konjunktur anzuheizen, anstatt zu sparen und die Konjunktur auf diese Weise endgültig einbrechen zu lassen, wodurch der Schuldenberg höher würde – das so genannte «Sparparadoxon». In den USA veröffentlichten im Jahr 2003 angesichts der Wirtschaftskrise 400 Ökonomen, darunter zehn Nobelpreisträger, ein Memorandum, das der Regierung vor allem zu einem riet: zu mehr Staatsausgaben.[47] «Seit sechzig Jahren vertritt kein seriöser Volkswirt mehr die Meinung, dass eine Volkswirtschaft, die auf eine Rezession zusteuert, einen ausgeglichenen Staatshaushalt haben sollte», sagt der Wirtschaftsnobelpreisträger Joseph E. Stiglitz, ehemaliger Chef des US-Wirtschaftssachverständigenrates.[48]

Die Verschuldung in der Rezession ist aber nur die eine Hälfte der Theorie. Sobald sich die gesamtwirtschaftliche Nachfrage stabilisiert, wachsen die Steuereinnahmen, während die Ausgaben (insbesondere für Arbeitslosigkeit) sinken: Die so genannten «automatischen Stabilisatoren» wirken, die Konjunktur erholt sich. Der Staatshaushalt kann jetzt Überschüsse einfahren, mit denen die zuvor in der Krise aufgenommenen Schulden beglichen und die Rücklagenkassen für die nächste Rezession gefüllt werden können.

In der Praxis hat sich diese Seite des Konzepts als Crux erwiesen: Das Grundgesetz erlaubt zwar eine Verschuldung «zur Abwehr einer Störung des gesamtwirtschaftlichen Gleichgewichts», verlangt aber keine Rückzahlung dieser Schulden. In Verbindung mit der ihr inhärenten Gegenwartspräferenz der parlamentarischen Demokratie wirkt eine so konstruierte Regel offensiv verschuldungsfördernd.

Mit der Begründung antizyklischen Steuerungsbedarfs wurden in der Vergangenheit zwar regelmäßig Schulden aufgenommen, in Boomphasen mangelte es jedoch an politischem Willen und Durchsetzungskraft, einmal gewährte Steuersenkungen, Sozialleistungen oder Subventionen zurückzunehmen. Die Wirtschaft wurde angeschoben, aber die Verschuldung ebenfalls. In konjunkturell besseren Zeiten wurde die keynesianische Theorie des *deficit spending* missbraucht, um Ausgabenprogramme zu rechtfertigen. «Die Deutschen haben das ‹deficit spending› immer so verstanden, dass man immer Schulden macht und nicht nur in der Rezession», kritisiert Oswald Metzger völlig zu Recht.[49]

Auf diese Weise verfestigten sich die konjunkturellen Defizite der frühen 1970er Jahre zu einem strukturellen Schuldensockel, der mit jeder weiteren Krise größer wurde.[50] Der Bundesrechnungshof beklagte daher die «unzureichende Begrenzungswirkung» der Vorschriften der Finanzordnung in Artikel 115 des Grundgesetzes.[51] Das sozialdemokratische Norwegen mit seinen staatlichen Ölfonds oder auch die USA und Großbritannien, die beide Anfang der 1990er Jahre bewusst massive Defizite eingefahren haben und mit einsetzender Wachstumsdynamik wieder aus der Verschuldung herausgewachsen sind, zeigen, dass es anders ginge.

Keynes plädierte eindeutig für eine Rückführung der Staatsverschuldung im Aufschwung. Keynesianische Politik muss symmetrisch sein. In der Rezession macht man Schulden, im Boom tilgt man sie. Der finanzpolitische Spielraum muss in guten Zeiten erarbeitet werden. Die Legitimierung der Verschuldung als stetiges Instrument zur konjunkturellen Impulssetzung entfremdet die Theorie und verkehrt sie in ihr Gegenteil. Halbierter Keynesianismus kann nicht funktionieren. Kredite zur Verwirklichung einer antizyklischen Wirtschaftspolitik müssen daher ökonomisch begründet sowie zeitnah beglichen werden. Andernfalls sind sie weder ökonomisch vernünftig noch normativ unter dem Aspekt der Generationengerechtigkeit zu rechtfertigen.[52]

## Die Grenzen von Generationenbilanzen

In der Diskussion der Generationengerechtigkeit werden immer wieder die Ergebnisse von Generationenbilanzen *(generational accounting)* zitiert, die bisweilen auch als «Brandmelder der Zukunft» bezeichnet werden.[53] Die Methode wurde Anfang der 1990er Jahre von amerikanischen Ökonomen entwickelt und ist in Deutschland vor allem mit dem Freiburger Finanzwissenschaftler Bernd Raffelhüschen vom Zentrum für Generationenverträge verbunden. Mithilfe dieses Instruments der Rechnungslegung soll annäherungsweise die intergenerative Verteilungswirkung öffentlicher Sozial- und Finanzpolitik gemessen werden. Die Berechnungen belegen ein immenses Defizit, was (nicht nur) in der Boulevardpresse Schlagzeilen macht: «Unglaublich, wie tief die Sozialkassen und der Fiskus den Jungen in die Tasche greifen … Unser stolzes Sozialsystem – aber jeder Taschenrechner beweist: es ist ein dickes Minusgeschäft für jeden jungen Menschen!», schreibt *Bild*. Solchen Meldungen wird die nötige wissenschaftliche Untermauerung geboten, wenn sich beteiligte Fachleute unvorsichtig ausdrücken. «Die nachkommenden Generationen zahlen immer mehr ein und bekommen immer weniger heraus – das ist der Preis für ein Leben in Deutschland!», zitiert *Bild* eine Sozialexpertin vom Zentrum für Generationenverträge.[54]

In der Generationenbilanz werden alle staatlichen Ausgaben und Einnahmen den einzelnen Altersjahrgängen der Bevölkerung zugeordnet. Daraus ergibt sich ein Profil der Zahlungsströme von Steuern, Sozialabgaben und Transferleistungen für den durchschnittlichen Angehörigen eines bestimmten Altersjahrgangs. Wenn man nun bestimmte Annahmen zur Entwicklung von Wirtschaftswachstum, Demografie usw. zugrunde legt, lässt sich berechnen, wie sich das gegenwärtige Finanz- und Steuersystem auf künftige Generationen auswirkt. Fasst man alle künftigen Steuer- und Sozialabgaben zusammen und zieht davon die künftigen Ausgaben ab, erhält man die «implizite Staatsverschuldung», also die Summe aller künftigen Leistungsansprüche an den Staat. Diese resultieren vor allem aus den umlagefinanzierten Sozialversicherungen und Pensionen, deren Ausgaben in den nächsten Jahren ansteigen werden. Die implizite Staatsverschuldung beläuft sich für den Jahrgang 2005 auf 211,2 Prozent des BIP. Zusammen mit der expliziten Staatsverschuldung von 64,5 Prozent ergibt sich als «tatsächliche» Staatsverschuldung die so genannte Tragfähigkeits- oder Nachhaltigkeitslücke von 275,7 Prozent des BIP. Um diese Lücke zu schließen, müssten entweder ab sofort sämtliche Steuern und Abgaben dauerhaft um 12,5 Prozent angehoben werden oder alle staatlichen Transferleistungen um 10,8 Prozent reduziert werden.[55]

Generationenbilanzen haben den Vorteil, dass nicht nur die explizite Staatsverschuldung ausgewiesen wird, sondern dass die zu erwartenden Belastungen für die junge Generation durch die Renten-, Gesundheits- und Pflegeversicherung veranschaulicht werden können. Die Generationenbilanz ist also ein Instrument zur Abschätzung der intergenerationellen Verteilungswirkungen einer bestimmten Politik.

Zugleich dürfen die Ergebnisse der Generationenbilanzen nicht überbewertet werden, da das Instrument an konzeptionelle und methodische Grenzen stößt. Entgegen der Pressemeldung reicht eben nicht «jeder Taschenrechner», um die Belastung nachrückender Generationen abzubilden.

Zunächst: Die bloße Höhe der Nachhaltigkeitslücke ist noch nicht aussagekräftig, da die nachrückende Generation nicht nur einen Berg an Schulden, sondern auch einen Berg an öffentlichem Sach- und Humankapital erbt (wie z. B. die Bildungs-, Familien- und Verkehrsinfrastruktur).

Es ist auch gar nicht Ziel der Generationenbilanzen, das tatsächliche Wohlergehen der künftigen Generationen umfassend zu messen. Beispielsweise sind weder Wohlfahrtseffekte durch Umweltschäden berücksichtigt noch informelle Generationentransfers (also freiwillige, außerhalb der öffentlichen Systeme laufende Zahlungen z. B. von Großeltern zu Enkeln), die Vererbung von Privatvermögen oder die Auswirkungen der sozialen Ungleichheit auf den Normalbürger.[56] Darüber hinaus werden Entwicklungen wie z. B. die steigende Lebenserwartung ausschließlich in ihrer negativen fiskalischen Belastung erfasst, nicht aber als Chance und Fortschritt erkannt.[57] Generationenbilanzen beschränken sich bewusst auf die intergenerationelle Verteilungswirkung der staatlichen Finanz- und Sozialsysteme und können lediglich Teilaspekte einer *vollständigen* Generationenbilanz bilden.

Die Generationenbilanz kann nur zwischen heute Neugeborenen und künftig Geborenen vergleichen. Ein Vergleich zwischen Jung und Alt heute ist methodisch nicht möglich, weil die in der Vergangenheit liegenden Transferzahlungen nicht mehr den einzelnen Altersjahrgängen zugerechnet werden können und die heutigen Alten von der künftigen Politik naturgemäß weniger lang betroffen sind als die heutigen Jungen.[58] Wenn also *Bild* titelt: «Ich bin 25 – was kriege ich mal mit 65 raus?»[59] und dabei auf die Ergebnisse von Generationenbilanzen rekurriert, ist dies wissenschaftlich schlicht haltlos.

Für die neugeborene und die künftigen Generationen kann zwar eine theoretische Nettobelastung errechnet werden. Die Generationenbilanz geht jedoch von einer Annahme aus, «die aus finanzpolitischer Sicht äußerst angreifbar ist», wie der Wissenschaftliche Beirat beim Bundesfinanzministerium feststellt: Es wird angenommen, dass keine der bereits lebenden Generationen sowie die neugeborene Generation etwas zur Schließung der Finanzlücke beitragen. Der Wissenschaftliche Beirat urteilt: «Dieser irreale Charakter des so definierten Vergleichsmaßstabs bereitet große Verständnisschwierigkeiten, wird dabei doch unterstellt, die gegenwärtigen Generationen könnten sich in vollem Umfange der erforderlichen Anpassung entziehen. Die entsprechenden Untersuchungen betonen zwar die fiktive Natur dieser Annahme, die allein den Zweck hat, einen einfachen Indikator zu definieren. Gleichwohl ist es über die Interpretation des so zugeschnittenen Maßstabs selbst in der Fachliteratur zu Missverständnissen gekommen. Dass die heute schon Lebenden auch in der Zukunft steuer- und transferrechtlich anders behandelt würden als die erst später Geborenen, ist schon rein faktisch kaum vorstellbar. Die ausschließliche rechnerische Zuordnung der aus der Nachhaltigkeitslücke folgenden Belastungen auf die erst in Zukunft geborenen Generationen führt auch dazu, dass die Anpassungsprobleme optisch dramatisiert werden. ... Grob gesprochen ergeben sich aus den Berechnungen der Generationenbilanzen Belastungen im Ausmaß eines Mehrfachen derjenigen Belastung, die sich ergeben würde, wenn man die lebenden Generationen an der Schließung der Nachhaltigkeitslücken beteiligen würde.»[60] Die vom Beirat kritisierte Prämisse führt tatsächlich zu erheblich unterschiedlichen Ergebnissen: Nach Berechnungen, die für die EU-Kommission vorgelegt wurden, müssten unter dieser Annahme künftige Generationen eine Erhöhung ihrer Steuerlast um 58,9 Prozent verkraften, um die Nachhaltigkeitslücke zu schließen. Würden dagegen auch die bereits lebenden Generationen beteiligt, beliefen sich die notwendigen Steuererhöhungen auf nur 11,8 Prozent.[61] Die Belastung wird also auf das Fünffache aufgepumpt.

Die Generationenbilanz stellt keine Prognose im engeren Sinne dar, sondern bietet lediglich eine Momentaufnahme dessen, was rechnerisch passieren würde, wenn die Politik völlig unverändert bliebe. Sie kann also wertvolle Einsichten liefern, in welche Richtung die momentane Politik steuert und ob bestimmte Reformen zu anderen intergenerativen Verteilungswirkungen führen würden, sagt aber nichts darüber aus, wie wahrscheinlich das jeweilige Szenario ist.[62] Dies liegt schon an den extrem langen Berechnungszeiträumen, die sich zwangsläufig auf bis zu 200 Jahre und mehr erstrecken. Allein die Betrachtung von drei Generationen (Kinder, Eltern und Großeltern) erfordert einen Zeitraum von etwa 150 Jahren.[63] Szenarien über derart lange Zeiträume können nur als theoretische Modellrechnungen gewertet werden, die auf einer statischen Betrachtungsweise basieren.

Eine realitätsnahe Prognose der Entwicklung von öffentlichen Einnahmen und Ausgaben über einen derart langen Zeitraum ist eigentlich unmöglich. Es müssen viele Annahmen über die künftige Entwicklung von Wirtschaftswachstum, Arbeitslosenraten, Zinssätzen, Geburten- und Sterberaten, Zuwanderung usw. getroffen werden. Insbesondere sind auch die künftigen Gesundheits- oder Pflegekosten entscheidend von den zugrunde liegenden Annahmen über den Gesundheitszustand der Bevölkerung abhängig. Die Ergebnisse können je nach angenommenen Voraussetzungen erheblich variieren.[64] Eine neuere Studie zum US-Wohlfahrtssystem kommt zu dem Schluss, dass die steigenden Rentenausgaben durch die Gewinne aus dem Bildungssystem mehr als ausgeglichen würden. Damit ergäbe sich eine *positive* Generationenbilanz: «Es scheint nicht länger, dass wir die jetzige und künftigen jungen Generationen ausbeuten.»[65]

Erhebliche methodische Probleme stellen sich bei der generationenspezifischen Zurechnung der öffentlichen Ausgaben. Beim Kinder- und Elterngeld beispielsweise lässt sich streiten, ob man es der mittleren oder der jüngsten Generation zurechnen sollte. Auch bei den indirekten Steuern ist eine Zurechnung zu den Generationen mit erheblichen Problemen verbunden. Ebenso werden die meisten Staatsausgaben aufgrund fehlender Statistiken nicht den Generationen zugewiesen, sondern vereinfachend pro Kopf aufgeteilt.[66]

Konzeptionell stellt sich die nicht unbedeutende Frage, ob künftigen Generationen nicht auch eine höhere relative Belastung für die Sozialsysteme zugemutet werden kann, weil aufgrund gestiegener Produktivität und Wirtschaftskraft auch relativ höhere Beitragssätze vertretbar wären,[67] zumindest solange die volkswirtschaftliche Belastung (in Prozent des BIP) nicht steigt. Generationenbilanzen können zu solchen Gerechtigkeitsfragen nichts beitragen. Grundsätzlich ist zweifelhaft, ob die berechnete Nachhaltigkeitslücke durch die geforderte Kürzung der Sozialleistungen tatsächlich und nicht nur abstrakt-kalkulatorisch geschlossen werden kann. Denn die Kürzung der staatlichen, umlagefinanzierten Sozialleistungen läuft auf eine vermehrte Kapitaldeckung von Rente, Gesundheit und Pflege hinaus. Doch auch die Kapitaldeckung wird in einer älteren Gesellschaft teurer. Infolgedessen ist durch mehr Kapitaldeckung nichts gewonnen, obwohl die Nachhaltigkeitslücke rechnerisch geschlossen scheint. In der Generationenbilanz wird der Kapitaldeckung bisher dennoch scheinbar automatisch Nachhaltigkeit unterstellt.[68]

Darüber hinaus postuliert die Finanzwissenschaft gar nicht, dass die Nachhaltigkeitslücke vollständig geschlossen werden sollte, weil sich eine «optimale» Höhe der Staatsverschuldung ökonomisch schlechterdings nicht exakt ermitteln lässt.[69]

Aus den genannten Gründen üben sich auch die profiliertesten Vertreter der Generationenbilanzen bewusst in Bescheidenheit. Bernd Raffelhüschen weist regelmäßig ausdrücklich darauf hin, dass die Generationenbilanz keinesfalls bezwecke, Generationengerechtigkeit zu messen, sondern lediglich die langfristige Tragfähigkeit öffentlicher Transfersysteme: «Hier wird erst gar nicht – wie häufig fälschlicherweise kritisiert – versucht, das Ausmaß der Generationengerechtigkeit zu messen. ... Informationen über die Frage der Generationengerechtigkeit sind damit aber nicht geliefert. ... Die Nachhaltigkeitslücke ist also kein normatives Maß für Generationengerechtigkeit.»[70] Der Ökonom Friedhelm Hengsbach, langjähriger Direktor des Nell-Breuning-Instituts für Wirtschafts- und Gesellschaftsethik, meint zur Generationenbilanzierung: «Als Beleg für eine systematische Verletzung der Gerechtigkeit zwischen den Generationen taugt sie nicht.»[71]

Der Begriff der Generationenbilanz kann also zwar große Erwartungen wecken, doch die konzeptionellen und methodischen Grenzen gebieten Zurückhaltung in der Interpretation und Bewertung. Die Generationenbilanzierung ist zwar ein hilfreiches Instrument; allerdings – so sagt der Kommentarchef der *Financial Times Deutschland*, Christian Schütte: «Ein gesellschaftliches Leitbild wird daraus aber noch lange nicht.»[72]

## Die Euro-Stabilitätskriterien: Kein Maßstab für Nachhaltigkeit

Immer wieder wird der Stabilitäts- und Wachstumspakt diskutiert, der Kriterien für die Mitgliedschaft in der Europäischen Währungsunion aufstellt. Zwei dieser vom Euro-Stabilitätspakt formulierten Konvergenzkriterien sind für die Fiskalpolitik von besonderer Bedeutung und werden daher häufig als Kennzahlen der finanzpolitischen Nachhaltigkeit herangezogen:[73]

1. Die jährliche Nettokreditaufnahme darf drei Prozent des BIP nicht überschreiten.
2. Die Gesamtverschuldung darf 60 Prozent des BIP nicht überschreiten.

Die Bundesrepublik Deutschland hat in den letzten Jahren beide Kriterien mehrmals in Folge verletzt. Die verantwortliche Bundesregierung unter Gerhard Schröder kassierte dafür einen blauen Brief aus Brüssel und musste die Schelte von Opposition und Medien ertragen. Auch 2006, bereits unter Angela Merkel, lag die Quote der Gesamtschulden der öffentlichen Haushalte wieder deutlich über der Maastricht-Grenze: bei 67,9 Prozent des BIP. Die Defizitquote blieb mit 1,7 Prozent des BIP innerhalb des erlaubten Rahmens. Gerade Deutschland, das immer auf sehr harten Zugangskriterien für den Euro bestand, steht besonders ungern als schlechter Schüler da.

Der Euro-Stabilitätspakt suggeriert, fiskalische Stabilität sei garantiert, wenn die Schuldenquoten unterhalb der beiden Maastricht-Margen bleiben. Auf diese Weise wird der Bevölkerung jedoch ein verzerrtes Bild vermittelt: Der Nachhaltigkeitsrat der Bundesregierung weist darauf hin, «dass die Einhaltung des Maastricht-Kriteriums an sich kein Nachhaltigkeitskriterium ist. Um den Zusammenhang zwischen Staatsfinanzierung, Schuldenabbau und Nachhaltigkeit besser zu charakterisieren, sollte nach Auffassung des Rates näher geprüft werden, wie man die Qualität von Schulden und Schuldenabbau zutreffend in die Überlegungen einbringen kann.»[74]

Es stellt sich die Frage, wie die besagten Schuldenkriterien zustande gekommen sind. Kein Ökonom hat bislang nachgewiesen, warum just diese Grenzen sinnvoll sind. Im Gegenteil: Über die Höhe einer «optimalen» Staatsverschuldung besteht Dissens in der Wirtschaftswissenschaft. Weder Bundesbank noch Finanzministerium oder Sachverständigenrat haben jemals erklärt, warum die Schulden eines Staates nie höher liegen sollen als ausgerechnet 60 Prozent seines Sozialprodukts.

«Die Grenze ist völlig willkürlich», sagt der Wirtschaftsweise Peter Bofinger, Spezialist für Währungs- und Geldpolitik.[75] Denn erstens können auch Volkswirtschaften mit einem Schuldenstand von über 60 Prozent sehr dynamische Wachstumsraten realisieren, wie das Beispiel USA zeigt. Mit zunehmendem Wachstum sinkt die Schuldenquote langfristig automatisch. Zweitens ist auch der Sinn eines solchen Kriteriums für die Stabilität einer Währungsunion nicht belegt. Schon innerhalb einzelner Nationen unterscheiden sich die Schuldenquoten erheblich – man denke nur an die Disparitäten z. B. zwischen Bayern und Bremen oder Berlin, die sich nicht auf die Deutsche Mark auswirkten –, und auch die seit den 1920ern bestehende Währungsunion zwischen Belgien und Luxemburg funktionierte tadellos, obwohl der Schuldenstand Belgiens heute etwa das Doppelte und Luxemburgs etwa nur ein Zehntel der 60-Prozent-Marke ausmacht.[76]

Die Maastricht-Kriterien wurden nicht auf der Basis wissenschaftlichen Sachverstandes entwickelt; sie waren vielmehr das pragmatische Ergebnis langwieriger Verhandlungen, ohne fundierte ökonomische Expertise. Bei den Verhandlungen zur Währungsunion im Jahre 1991 wurde der Schuldendurchschnitt der EU-Länder als Maßstab herangezogen, der 1990 bei 60,2 Prozent lag, diese Schuldenquote wollte man stabilisieren. Hierauf bezog sich dann die Drei-Prozent-Defizitgrenze: Unter Fortschreibung der damaligen durchschnittlichen Wachstumsraten des BIP von real drei Prozent und einer Zielinflationsrate von zwei Prozent kann ein Staat rechnerisch jedes Jahr neue Schulden in Höhe von drei Prozent seines BIP machen, ohne dass die Gesamtschuldenquote selbst steigt.

Ein Beispiel: Ein Land hat 600 Euro Schulden und 1000 Euro BIP, sprich einen Schuldenstand von 60 Prozent. Im folgenden Jahr verzeichnet dieses Land die unterstellte Wachstums- und Inflationsrate und nimmt gleichzeitig einen neuen Kredit von drei Prozent (also 30 Euro) auf. Es hat dann ein nominales BIP von 1050 Euro und Schulden von 630 Euro – was wiederum der gewünschten Schuldenquote von 60 Prozent entspricht. So simpel war die Herleitung der Maastricht-Kriterien.[77] Freilich können auch pragmatisch hergeleitete Maßstäbe zweckmäßig für das politische Tagesgeschäft sein, und allein ihre Herleitung sagt nichts über die Qualität der Maastricht-Kriterien aus, doch der Mythos, mit dem sich der Euro-Stabilitätspakt häufig umgibt, ist wesentlich entzaubert.

Gerade in Deutschland wird aufgrund der vergangenen großen Inflationen immer noch befürchtet, dass hohe Schulden irgendwann zu hoher Inflation führen müssten. Mit den Stabilitätskriterien wollte man diesen Ängsten entgegenwirken. Doch anders als bei den vergangenen Währungskrisen wie in den 1920er Jahren kann der Staat heute ohnehin nicht mehr per Beschluss bei der Notenbank Geld drucken lassen und sich uneingeschränkt bedienen. Der Staat muss sich, wie jeder andere auch, auf dem Geldmarkt Geld leihen. Mit einer unabhängigen Notenbank wie der Bundesbank und der Europäischen Zentralbank, denen die Finanzierung des Staates untersagt ist, löste sich der Zusammenhang von Staatsschulden und Inflation auf. Trotz wachsender Staatsschulden hat die Bundesrepublik daher heute immer noch eine der niedrigsten Inflationsraten im ganzen Euroraum.

Auch der ökonomische Sinn der Maastricht-Kriterien ist zu hinterfragen: In Rezessionsphasen können beide Schuldenquoten sehr schnell überschritten sein, doch während eines Wirtschaftsbooms sollten sie deutlich zurückgehen. Eine statische, für alle Jahre ungeachtet der konjunkturellen Lage vorgeschriebene Verschuldungsgrenze ist wenig überzeugend.

«Das Drei-Prozent-Kriterium kann bei guter Konjunktur leicht unterschritten werden, in einer Rezession dagegen liegt die Schwelle zu hoch», schrieb daher Altbundeskanzler Helmut Schmidt (übrigens selbst ausgebildeter Volkswirt) bereits 1996 in einem offenen Brief an den damaligen Bundesbankpräsidenten Hans Tietmeyer und kritisierte die Verschuldungsregeln als «ökonomisch nicht begründet».[78] Das Deutsche Institut für Wirtschaftsforschung kritisiert ebenfalls: «Aus ökonomischer Sicht ist die starre Interpretation des Defizitkriteriums ebenso wenig nachvollziehbar wie die – vergeblichen – Versuche der Politik, durch Ausgabenkürzungen die öffentlichen Defizite auf 3,0 Prozent des Bruttoinlandsproduktes zu begrenzen. Diese Bemühungen ziehen nicht nur unmittelbar negative gesamtwirtschaftliche Effekte nach sich, sondern erschweren letztlich auch die Bildung stabiler Erwartungen – für die Wirtschaftsobjekte ändern sich die Rahmenbedingungen ständig, wenn die Regierung mit neuen Sparaktionen auf Steuerausfälle reagiert. Die negativen Auswirkungen der finanzpolitischen Hektik fallen umso mehr ins Gewicht, als das Defizitkriterium für die Frage, ob der Euro ‹weich› oder ‹hart› sein wird, von untergeordneter Bedeutung ist. Für die Stabilität einer Währung spielen andere Faktoren eine viel entscheidendere Rolle; die Kostenentwicklung, die Anspannung auf den Gütermärkten und die Geldpolitik. Von übermäßigen staatlichen Defiziten droht nur dann eine Gefahr, wenn durch sie über steigende Kapitalmarktzinsen private Aktivitäten verdrängt werden, Investitionen unterbleiben und auf diese Weise der Produktivitätsfortschritt gehemmt wird. Doch gelten diese Zusammenhänge für eine Boomphase und nicht für eine schwach wachsende Wirtschaft mit Massenarbeitslosigkeit.»[79]

Inzwischen warnen selbst Architekten des Vertragswerks davor, die vereinbarten Kriterien überzubewerten. Der Pakt sei nicht perfekt, weil es ihm an Flexibilität fehle, kritisierte 2002 der damalige EU-Kommissionschef Romano Prodi: «Ich weiß sehr gut, dass der Stabilitätspakt dumm ist, wie alle starren Entscheidungen.»[80]

Als reformiertes Regelwerk für eine europäische Fiskalpolitik würde sich die Koordination der nationalen Haushaltspolitiken des Euroraums anbieten. Es schädigt den gemeinsamen Binnenmarkt, wenn die einzelnen Finanzpolitiken unkoordiniert nebeneinander herlaufen, ein Land kann so durch Sparkurse die expansive Ausgabenpolitik anderer Länder konterkarieren. Die Haushaltspolitiken der Euroländer müssten aufeinander abgestimmt und auf antizyklisches Verhalten ausgerichtet werden. Ein solcher Vorschlag wurde bereits 1999 von dem früheren französischen Finanzminister Dominik Strauss-Kahn auf dem Treffen der europäischen Wirtschafts- und Finanzminister vorgelegt.

Das Ziel des Paktes war zu verhindern, dass eine überzogene staatliche Ausgabenpolitik die Inflation verstärkt. Dies ist über die bisherigen Vorschriften nur bedingt zu erreichen, denn die Länder können ein hohes Defizit und zugleich eine niedrige Inflation aufweisen. Als Maßstab sollte man nicht das Defizit, sondern die nationale Inflationsrate heranziehen. Leidet ein Land unter stärkerer Inflation (also über zwei Prozent), ist zu klären, ob dies durch eine überhöhte Ausgabenpolitik verursacht wurde. Wenn tatsächlich eine überzogene Ausgabenpolitik verantwortlich ist, dann sollten – wie auch bisher – Sanktionen greifen.

Das bisherige Schuldenkriterium des Maastricht-Vertrages ist zwar ökonomisch nicht zu rechtfertigen, doch es bildet die realen Verhältnisse in der EU annähernd ab. Insofern ist es brauchbar, um eine langfristige Ausweitung der Staatsverschuldung zu verhindern. Eine Reform des Maastricht-Vertrages müsste also die bestehenden Regelungen nicht abschaffen, sondern sollte sie ergänzen.[81] Jede Reform des Stabilitätsregimes muss sich daran messen lassen, wie viel sie tatsächlich zu einer nachhaltigen Haushaltspolitik beitragen kann.

## Der «Eiserne Hans»: Konsolidierungsversuche unter Rot-Grün

Mit der Inthronisation von Hans Eichel als Finanzminister begann die rot-grüne Bundesregierung einen Kreuzzug für die finanzielle Nachhaltigkeit. Der Kassensturz habe eine dramatische Lage offenbart, verkündete Eichel: Der staatliche Schuldenberg war bis zu seinem Amtsantritt im Jahr 1999 auf über 1,2 Billionen Euro (61 Prozent des BIP) angewachsen, die Zinszahlungen waren mit 15,7 Prozent zum drittgrößten Posten im Bundeshaushalt geworden,[82] während die Investitionen rückläufig waren und jedes Jahr weitere rund 23 Milliarden Euro neue Schulden hinzukamen.[83]

In einer seiner ersten Reden im Deutschen Bundestag erklärte Eichel: «Sparen ist für uns kein Selbstzweck, Sparen ist Mittel zum Zweck, nämlich zur Schaffung von Arbeitsplätzen, für nachhaltiges Wachstum in einer intakten Umwelt, für die Förderung und Bildung von Innovation», und er spüre eine Pflicht zur «politischen und moralischen Verantwortung für die Zukunft und die künftigen Generationen».[84] «Nachhaltigkeit ist eine zentrale Zielsetzung der Politik der Bundesregierung», ließ er wissen. «Deshalb gibt es für mich keine Alternative zu einer schrittweisen Reduktion der Staatsverschuldung.» Diesen Kurs wolle er durchhalten: «Konsolidierung ist bei guten konjunkturellen Rahmenbedingungen einfach. Gerade in einer schwierigen konjunkturellen Situation beweist sich aber die Standfestigkeit der Politik ... Deshalb kann ein Ausweichen in eine hohe Neuverschuldung durch ungedeckte Steuersenkungen oder Ausgabenprogramme nicht die richtige Antwort sein.»

Der von Rot-Grün etablierte Sparkurs kleidete die makroökonomische Unvernunft des Stabilitätspaktes in den Deckmantel der finanziellen Nachhaltigkeit und Generationengerechtigkeit. Seitdem insistierte die Schröder-Regierung auf ihrer Vorstellung, finanzielle Nachhaltigkeit bestünde allein in der Rückführung des staatlichen Defizits mittels Kürzungen der Staatsausgaben.

Dabei war die Ausgangslage bei Eichels Antritt eigentlich verhältnismäßig gut: Die strukturelle, d. h. von konjunkturellen Effekten bereinigte Neuverschuldung lag bei lediglich 0,9 Prozent des BIP, dem tiefsten Wert seit 1986. Die Gesamtschuldenquote bewegte sich zwar bei knapp über 60 Prozent, doch die USA wiesen zeitgleich eine Verschuldung von 64,5 Prozent auf, der EU-Durchschnitt lag bei 75,5 Prozent.

Dennoch schauderte es dem sozialdemokratischen Finanzminister angesichts der tickenden Schuldenuhr. Eichel war über lange Jahre hinweg als Oberbürgermeister der Stadt Kassel politisch sozialisiert worden und hatte dort gelernt, auch politisch als einzelwirtschaftlicher Akteur zu handeln: Einzelne Kommunen können, ebenso wenig wie einzelne Privatleute, durch ihre Haushaltsentscheidungen keine wirksamen konjunkturellen Impulse setzen, um im Sinne antizyklischer Politik Konjunkturwellen auszugleichen. Dies kann aber ein wirtschaftlich starker Nachfrager wie der Bund, dessen Ausgaben immerhin rund 13 Prozent des BIP ausmachen und der daher auch gesamtwirtschaftlich und nicht einzelwirtschaftlich handeln sollte.

Doch Eichel dachte als Bundesfinanzminister wie ein Oberbürgermeister. Er schraubte die Sachausgaben und die Investitionen zurück. Aber die Rechnung ging nicht auf: Bei abflauender Konjunktur und zusätzlich zurückgehender staatlicher Nachfrage wirkte sich die Sparpolitik negativ auf die Unternehmen aus. Aufträge fehlten, die Arbeitslosigkeit stieg, die Steuereinnahmen gingen zurück.

**Tabelle 6: Bundeshaushalt 1999 und 2003 (ausgewählte Positionen in Mrd. €)**

| | 1999 | 2003 | Veränderung |
|---|---|---|---|
| Ausgaben insgesamt | 246,9 | 260,2 | + 13,3 |
| Personalausgaben | 27,0 | 27,1 | + 0,1 |
| Sachaufwand | 20,4 | 17,3 | – 3,1 |
| Investive Ausgaben | 28,6 | 26,7 | – 2,1 |
| Soziale Sicherung | 100,3 | 119,3 | + 19,0 |
| | | | |
| Einnahmen gesamt | 220,6 | 216,4 | – 4,2 |
| Steuereinnahmen | 192,4 | 190,8 | – 1,6 |
| | | | |
| Defizit | 26,1 | 43,4 | + 17,3 |

Quelle: Bofinger 2005, Basisdaten: Bundesfinanzministerium

Letztlich mussten im Jahr 2003 knapp zwanzig Milliarden Euro mehr ausgegeben werden als zu Beginn des Sparkurses 1999, weil die Ausgaben für die soziale Sicherung in die Höhe geschnellt waren.[85] Eine schlechte Konjunktur, nicht eine überbordende Ausgabenpolitik hat also zu einer höheren Verschuldung geführt. Dabei hatte das Deutsche Institut für Wirtschaftsforschung bereits frühzeitig vor einem solchen Teufelskreis aus Verschuldung und falschen Sparprogrammen gewarnt: «Angesichts der Wechselwirkungen in der Entwicklung von Gesamtwirtschaft und öffentlichen Haushalten gleichen die Konsolidierungsversuche der Quadratur des Kreises: Geringes Wirtschaftswachstum und Massenarbeitslosigkeit ziehen beträchtliche Einnahmenausfälle des Staates nach sich, und die Reaktion der Finanzpolitik, mit Ausgabenkürzungen eine Erhöhung der Nettoverschuldung zu vermeiden, schwächt wiederum die gesamtwirtschaftliche Basis – neuerliche Haushaltslöcher sind die Folge.»[86]

In Zeiten einer expandierenden Weltwirtschaft und dem damit verbundenen Exportboom, wie zu Eichels Amtsantritt, wirkte der restriktive fiskalpolitische Kurs noch stabilisierend, doch seine Fortführung trotz abflauender Konjunktur verstärkte den Abschwung: Die Bundesregierung reagierte auf den konjunkturell bedingten Einbruch der Steuereinnahmen und die erheblichen Mindereinnahmen – über fünfzig Prozent der Körperschaftssteuer brachen weg, infolge der Reform der Unternehmensbesteuerung – nicht etwa mit einer Ausweitung, sondern mit einer Kürzung der Staatsausgaben. Die moderaten Lohnsteuersenkungen wirkten dieser Entwicklung offenbar nicht entgegen, da sie vor allem die Bezieher mittlerer Einkommen begünstigten und in Zeiten des Abschwungs nicht in erhöhten Konsum, sondern in erhöhte Ersparnisbildung umgesetzt wurden.[87]

Eine derartige Konsolidierungsstrategie, die konjunkturelle Zyklen ignorierte, konnte nicht erfolgreich sein. Die Geschichte des «Eisernen Hans» lehrt: Allein aufs Sparen zu setzen, wird den Schuldenberg nicht abtragen – eher im Gegenteil. Sparpolitik darf nicht isoliert betrieben, sondern muss in eine umfassende Strategie für generationengerechte Finanzpolitik eingebettet werden.

## Dreifachstrategie für generationengerechte Finanzpolitik

«Das Problem der Staatsverschuldung wurzelt in der grundsätzlichen Schwierigkeit, die Interessen ungeborener Generationen im öffentlichen Entscheidungsprozess angemessen zur Geltung zu bringen. Ungeborene Generationen können sich nun mal nicht zu Wort melden», schreibt der Ökonom Wolfram Richter, der an der Universität Dortmund öffentliche Finanzen lehrt.[88] Welche Haushaltspolitik würden künftige Generationen wollen?

Der Wissenschaftliche Beirat des Bundesfinanzministeriums definiert: «Im Rahmen der Finanzpolitik bedeutet Nachhaltigkeit, dass die haushaltspolitische Handlungsfähigkeit dauerhaft gesichert bleibt und die Finanzpolitik ihren Beitrag dazu leistet, die Grundlagen für eine wachsende Wirtschaft zu erhalten.»[89] Eine etwas spezifischere und eingängigere Definition schlägt der Politikberater Andreas Becker in seinem Beitrag zum *Handbuch Generationengerechtigkeit* vor: «Eine Finanzpolitik ist dann generationengerecht, wenn sie die Chancen nachrückender Generationen auf Befriedigung ihrer eigenen Bedürfnisse zumindest so groß hält wie die jener Generation, die die Finanzpolitik verantwortet.»[90]

Wendet man das Konzept des Fließgleichgewichts der Nachhaltigkeit an, ergibt sich die Maxime, dass langfristig nicht mehr ausgegeben werden darf, als eingenommen wird. Konjunkturbereinigt müssen die laufenden Ausgaben aus den laufenden Einnahmen zu decken sein. Eine dauerhafte Schuldenfinanzierung von Ausgaben steht der Nachhaltigkeit entgegen, da sie zu steigenden Schuldenlasten führen und so die Gestaltungsspielräume künftiger Generationen beschneiden würde. Eine generationengerechte und nachhaltige Finanzpolitik erfordert, dass sich die finanzielle Handlungsfähigkeit des Staates zumindest nicht verschlechtert.

Ziel generationengerechter Finanzpolitik ist nicht notwendigerweise der Abbau von Schulden. Es geht nicht um eine völlige Tilgung, um eine Schuldenuhr mit der Zahl 0, sondern um eine gerechte Lastenverteilung zwischen den Generationen.[91] Solange Neuverschuldung und Zukunftsinvestitionen sich die Waage halten, sind Schulden nicht negativ zu bewerten. In den heutigen Verschuldungsmustern ist diese Bedingung aber bei weitem nicht erfüllt: Es werden regelmäßig mehr Schulden gemacht, als Investitionen getätigt. Die mit dem Argument antizyklischer Wirtschaftspolitik aufgenommenen Schulden werden nicht wieder beglichen. Ein riesiges Defizit in der finanzpolitischen Generationengerechtigkeit besteht.

Die bloße Höhe der absoluten Staatsverschuldung oder das bloße Haushaltsdefizit sagen isoliert betrachtet noch nichts über das Gewicht der Schuldenlast oder das Leistungsverhältnis zwischen den Generationen aus. Ergiebiger ist die Relation der Verschuldung zum Bruttoinlandsprodukt, also zur wirtschaftlichen Leistungsfähigkeit eines Landes.[92]

Ein zweiter Indikator ist die Relation von Zinsforderungen und Steuereinnahmen (Zins-Steuer-Quote), worauf die Stiftung für die Rechte zukünftiger Generationen hinweist: «Der Anteil der Staatseinnahmen, der für den Schuldendienst ausgegeben wird (die Zins-Steuer-Quote), darf langfristig nicht steigen. Denn wenn die heute herrschende Generation eine Finanzpolitik betreibt, als deren Folge der Anteil der Staatseinnahmen, den eine zukünftige Generation für Zins und Tilgung ausgeben muss, steigt, so nimmt sie der zukünftigen Generation ihre Freiheit.»[93]

An diesen Indikatoren lässt sich weit besser ablesen, wie schwer die Schuldenlast ist: Steigen die Quoten auf Dauer, ist die Fiskalpolitik zu hinterfragen. Ein dritter wesentlicher Indikator ist die Entwicklung der Investitionsausgaben, deren Volumen nicht dauerhaft rückläufig sein sollte.

Eine Finanzpolitik ist nachhaltig und generationengerecht, wenn nachrückenden Generationen mindestens dieselben politischen Gestaltungsspielräume offenstehen wie der gegenwärtigen Generation.

Eine Strategie für generationengerechte Finanzpolitik muss daher versuchen, die Schuldenquote und die Zins-Steuer-Quote zu stabilisieren und mittel- bis langfristig zu senken. Die Rückführung der absoluten Höhe der Staatsverschuldung ist dagegen für sich genommen kein anzustrebendes Ziel. Eine Ausrichtung auf die Schuldenquote ist überzeugender.[94]

Konsolidierung durch eine einseitige Sparpolitik kann nicht funktionieren – ebenso wenig allerdings durch eine Politik des halbierten Keynesianismus: Beide Wege wurden in der Vergangenheit beschritten und haben sich als Holzwege erwiesen. Gleichzeitig darf sich der

Blick nicht auf die nackten Zahlen der öffentlichen Verschuldung verengen. Bei jeder finanzpolitischen Maßnahme sind auch andere Auswirkungen auf die Zukunft zu berücksichtigen, beispielsweise bei der Aufnahme ökologischer Anreize in das Steuersystem oder bei der Umschichtung von Ausgaben zugunsten von Kinderbetreuung oder Forschung.

Eine solche Sanierung der Staatshaushalte wird nur durch eine in sich verzahnte Dreifachstrategie gelingen: Die Optimierung der Ausgabenseite, die Beteiligung der Einnahmenseite und eine verlässlicher gesteuerte antizyklische Wirtschaftspolitik können dauerhaft ein ausgeglichenes Wachstum auf hohem Niveau und von hoher Qualität ermöglichen. An die Stelle des Kahlschlag-Aktionismus muss ein konzertiertes, kohärentes Konzept für eine konsistente Konsolidierungspolitik treten. Denn: *Wie viel* eine Regierung ausgibt und *wie viel* sie an Steuern erhebt, ist nicht so entscheidend wie die Frage, *wofür* sie das Geld ausgibt und *was* sie besteuert. Eine generationengerechte Finanzpolitik sollte also sehr darauf achten, die öffentlichen Mittel gezielt einzusetzen und geschickt solche Steuern zu erheben, die auch eine gewünschte Lenkungswirkung entfalten.

## *1. Skalpell statt Heckenschere – Ausgabenseitige Optimierung*

Sparen ist wichtig und notwendig. Doch es muss an der richtigen Stelle gespart werden. Heute regiert oft das Prinzip «Rasenmäher» – also: pauschale Kürzung aller Ausgabenposten – oder das Prinzip «Heckenschere» – also: grobe Beschneidung von Ausgaben, wo es gerade passt. In Zukunft wäre das Prinzip «Skalpell» klüger: Kürzungen der Ausgaben, die irgendwann einmal ihren Sinn und Zweck hatten, mit der Zeit aber überflüssig oder gar kontraproduktiv geworden sind. Einige Beispiele seien hier skizziert.

***Umweltschädliche Subventionen:*** Dringend abzubauen sind die vielfältigen ökologisch schädlichen und zugleich ökonomisch unsinnigen Subventionen. In meinem Buch *Die Energiefalle* weise ich ausführlich nach, wie drastisch die Subventionslandschaft in der Bundesrepublik der fossil-atomaren Energiewirtschaft zugute kommt. Selbst Rot-Grün hat daran nur bruchstückhaft etwas geändert. Eine aktuelle Studie des Umweltbundesamtes veranschlagt die umweltschädlichen Subventionen des Bundes auf über 42 Milliarden Euro.[95] Dazu gehören z. B. die Steuerbefreiung für Flugzeugbenzin, Kohle und Kernbrennstoffe, die Subventionierung des Steinkohlebergbaus, die Steuervorteile für Diesel oder die Entfernungspauschale.

Hinzu kommen die immer noch reichlich fließenden Forschungsgelder für atomare und fossile Energietechniken, die Grundsteuerbefreiung für Flughäfen, die Finanzhilfen für den Flugzeugbau, die Zuschüsse für Flughafenneubauten und -anbindungen und die zahlreichen anderen Pfründe der fossil-atomaren Energie- und Verkehrswirtschaft.

Subventionen sollen Innovationen fördern und neue Technologien auf den Markt bringen. Die Subventionen für die fossil-atomaren Energien zementieren dagegen alte, überkommene Strukturen. Für Altbundespräsident Richard von Weizsäcker ist die Abschaffung dieser «falschen Anreize» daher überfällig. «Diese Art Subventionsabbau stärkt nicht nur die deutsche Wirtschaft und schafft wieder Gestaltungsspielraum für die Haushaltspolitik, sondern schützt auch die Umwelt und unsere Nachwelt.» Die Dauersubventionierung habe ihre Wurzeln häufig in schlechter Klientelpolitik, sagt der CDU-Staatsmann und fordert Mut von den Politikern: «Das Volk will mutige Politiker. Mut an der richtigen Stelle ist noch immer honoriert worden. Beim Abbau umweltschädlicher Subventionen werden zusätzlich die künftigen Generationen dankbar sein.»[96]

***Weitere Subventionen:*** Weitere Fördergelder gehören auf den Prüfstand: Die Subventionierung der Altersteilzeit (1,5 Milliarden Euro),[97] der Zuschuss für die Bundesmonopolverwaltung für Branntwein (80 Millionen Euro), Subventionen für Chemiestandorte, Hermes-Bürgschaften für fragwürdige Auslandsprojekte deutscher Unternehmen, die riesigen Fördertöpfe für den Agrarsektor usw.

***Bekämpfung der Steuerverschwendung:*** Ausgaben ließen sich auch durch Vorkehrungen gegen Steuerverschwendung reduzieren. Nach dem vom Bund der Steuerzahler herausgegebenen Schwarzbuch verschwenden die öffentlichen Hände jährlich 30 Milliarden Euro, was fünf Prozent der staatlichen Ausgaben entspricht. Das Schwarzbuch kritisiert u. a. nutzlose Gutachten, Fehlplanungen, kostspielige Werbekampagnen, überflüssige Politikerreisen und überteuerte Bauprojekte. Fehlende Sanktionsmechanismen, das veraltete kameralistische Haushaltsrecht und mangelndes Kostenbewusstsein führen zu einem nachlässigen Umgang mit Steuergeldern. Durch Budgetierung, Transparenz und wirksamere Kontrolle ließen sich Ausgaben in zweistelliger Milliardenhöhe einsparen.

***Abbau der Arbeitslosigkeit:*** Am teuersten ist die Massenarbeitslosigkeit. Die entgangenen Steuer- und Beitragseinnahmen und die höheren Sozialausgaben werden von der Bundesagentur für Arbeit auf jährlich 75 Milliarden Euro beziffert (bei vier Millionen Arbeitslosen).[98] Bei Vollbeschäftigung gehörte die hohe Staatsverschuldung der Vergangenheit an.

***Öffentlicher Dienst:*** Im Vergleich zu anderen Ländern ist der Anteil an Staatsbediensteten in der Bundesrepublik mit ca. zwölf Prozent relativ gering. In den skandinavischen Staaten ist etwa jeder Dritte im Staatsdienst beschäftigt, in Frankreich 25 Prozent, selbst im marktliberalen Großbritannien sind es 21 Prozent und sogar die USA beschäftigen mit 16 Prozent deutlich mehr Menschen im Staatswesen als die Bundesrepublik.[99] Auch die Gehälter unserer Staatsbediensteten sind längst nicht mehr so üppig, wie viele noch irrtümlich glauben. Sie stiegen über Jahre hinweg nicht oder kaum und liegen daher heute in aller Regel nicht mehr über vergleichbaren Gehältern in der Privatwirtschaft, meist sogar eher darunter. Während beispielsweise die Gehälter der hoch qualifizierten Angestellten im privaten Sektor in der Zeit von 1970 bis 2000 durchschnittlich um fünf Prozent jährlich zulegten, wurden die Gehälter der Beamten im höheren Dienst nur um jährlich 3,6 Prozent erhöht. Die früheren Privilegien der Beamten in Deutschland sind merklich geschmolzen.[100]

Die Abmagerungskur des Staates hat ihre Wirkung gezeigt, so das Resultat einer aktuellen Studie der Universität Potsdam: «Weder verfügt Deutschland über einen im internationalen Vergleich übermäßig großen öffentlichen Sektor, noch ist der engere Bereich des in staatlichen Behörden beschäftigten Personals überdurchschnittlich dimensioniert, sondern eher durchschnittlich bis unterdurchschnittlich groß.»[101] Ob der Rückzug des Staates sinnvoll ist, kann dabei durchaus bezweifelt werden. Die skandinavischen Vorzeige-Staaten Norwegen, Schweden und Finnland beschäftigen dreimal mehr Menschen im öffentlichen Sektor als die Bundesrepublik. Mit noch weniger Personal dürfte die Funktionsfähigkeit unserer öffentlichen Daseinsvorsorge nicht zu garantieren sein.

Nichtsdestotrotz ist eine Reform des Dienstrechts für Beamte unausweichlich. Der Nachhaltigkeitsfaktor der gesetzlichen Rentenversicherung sollte auf die Beamtenpensionen übertragen werden. Wie bei der gesetzlichen Rente auch, sollten sich Pensionen am Durchschnittsgehalt und nicht am zuletzt bezahlten Gehalt orientieren. Das Weihnachtsgeld für Beamte im Ruhestand ist zu streichen, der Dschungel aus Sonderzulagen zu lichten. Außerdem ist eine Abkehr vom Senioritätsprinzip lange überfällig. Das jährlich bei Personalausgaben für die öffentliche Hand einzusparende Volumen wird vom Bund der Steuerzahler auf mittelfristig mindestens zehn Milliarden Euro beziffert.[102]

***Effizienterer Mitteleinsatz:*** Globales Kürzen bei öffentlichen Investitionen darf nicht Teil einer Sparpolitik sein. Wer in Spar-Aktionismus die Mittel z. B. für die Universitäten kürzt, wird viele sinnvolle Angebote und Maßnahmen dem Rotstift opfern. Dasselbe gilt für die öffentliche Verwaltung. Nur eine mittelfristig angelegte Strategie macht Sinn, die Innovationen fördert: Jede Verwaltungseinheit könnte beispielsweise gezwungen werden, innerhalb von zwei Jahren Einsparpotenziale in Höhe von zehn Prozent offenzulegen. Im dritten Jahr würden die Mittel global um diesen Betrag gekürzt, um sie dann wieder nach leistungsorientierten Kriterien auszuschütten. Auf diese Weise würden zwar unmittelbar keine Gelder eingespart, aber sie würden in intensiverem Wettbewerb effizienter eingesetzt.

***Start eines Zukunftsinvestitionsprogramms:*** Durch das Sparen an richtiger Stelle werden genug Mittel frei, um ein Zukunftsinvestitionsprogramm (ZIP) auf den Weg zu bringen, das diesen Namen auch wirklich verdient. Das ZIP ist ein Bündel aus sorgfältig zusammengestellten Investitionen in Kinderbetreuung, Schulen und Hochschulen, berufliche Aus- und Weiterbildung, Wissenschaft und Forschung, den demografiefesten Umbau der Infrastruktur sowie ein umfangreiches Gebäude-Energie-Programm, das insbesondere auch den öffentlichen Gebäudebestand mit erneuerbaren Energien ausrüstet (wie Blockheizkraftwerke, Photovoltaik, Solarkollektoren) und energetisch saniert (insbesondere Wärmedämmung): So könnte nicht nur der Ausstoß an Klimagasen erheblich reduziert werden, sondern die Energiekosten der öffentlichen Hände ließen sich dauerhaft um schätzungsweise mindestens ein Drittel senken. Langfristig ließe sich auf diese Weise viel Geld sparen. Bund, Länder und Kommunen sind aufgefordert, gemeinsam innerhalb ihrer jeweiligen Kompetenzbereiche ein solches Programm zu erarbeiten. Als finanzielle Größenordnung sei eine Summe von 40 Milliarden Euro jährlich über mehrere Jahre vorgeschlagen. Diese Investition wird sich rentieren.

Ein so ausgestaltetes Zukunftsinvestitionsprogramm investiert in den wertvollsten Rohstoff unseres Landes, in die Köpfe unserer Kinder, und legt den Grundstein für dauerhafte Innovation und Wachstum in den Schlüsselbereichen der Zukunft: Klimaschutz und moderne Energietechnik. Und es senkt die Energierechnung der öffentlichen Hände – deutlich und anhaltend. Ein solches Programm setzt nicht nur dauerhafte Wachstumsimpulse, sondern kann bis zu eine Million zusätzliche Arbeitsplätze schaffen. Es finanziert sich aus sich selbst heraus.[103] Dieses Programm entzündet kein Strohfeuer, sondern installiert eine Zentralheizung.

Häufig wird gesagt, schon die umfangreichen Finanztransfers nach Ostdeutschland zeigten, dass die Wirkung von Investitionsprogrammen gleich null sei. Daran ist falsch, dass mehr als die Hälfte der Osttransfers aus Sozialleistungen wie Renten und Arbeitslosengeld besteht und auch die andere Hälfte unkoordiniert nach dem Gießkannen-Prinzip verteilt wurde. So kann sich eine dauerhafte Wirkung nicht entfalten.

Anders etwa bei den Investitionsprogrammen, die 1977 von Helmut Schmidt durchgeführt wurden: Die staatlich gesetzten Wachstumsimpulse neutralisierten die Ölpreisschocks und kreierten zusätzliche Jobs für 235 000 Menschen, so Berechnungen des Instituts für Arbeitsmarkt- und Berufsforschung (IAB).[104] Das Deutsche Institut für Wirtschaftsforschung (DIW) und das ifo-Institut bewerteten die Wirkungen der Programme ebenfalls positiv und traten dafür ein, ähnliche Programme zur Verbesserung der öffentlichen Infrastruktur auch weiterhin durchzuführen.[105] Selbst der FDP-Wirtschaftsminister Hans Friderichs beurteilte das Programm positiv. Anfang der 1980er Jahre wurde das Programm abgebrochen und seine Erfolge wurden in der anschließenden Wirtschaftskrise zunichte gemacht.

Ein vorausschauendes Zukunftsinvestitionsprogramm, finanziert durch Einsparungen in anderen Bereichen, führt nicht zu insgesamt höheren Ausgaben oder Schulden, sondern belebt die Konjunktur, bringt Menschen in Beschäftigung, senkt Energiekosten, schützt die Umwelt und schafft bessere Bildung für unsere Kinder – ein großer Gewinn für uns und kommende Generationen.

## *2. Mit Steuern (um-)steuern: Einnahmenseitige Optimierung*

Allein über Reduktion und Umschichtung auf der Ausgabenseite lässt sich eine generationengerechte Sanierung des Staatshaushaltes nicht bewerkstelligen. Auch auf der Einnahmenseite muss einiges bewegt werden: Im Steuersystem sollten daher Potenziale für spürbare Mehreinnahmen aktiviert werden, ohne die Bevölkerung übermäßig zu belasten. Steuern haben den Zweck, öffentliche Güter und Dienstleistungen zu finanzieren. Ohne Steuern ist kein Staat zu machen und erst recht keine freie, sichere und gerechte Gesellschaft.

Andererseits ist es in Zeiten der Nachfrageschwäche sinnvoll, die Steuern zu senken, um die Nachfrage anzuregen und damit Wachstum zu generieren, das schließlich den Abbau der Schulden ermöglicht. Steuersenkungen, vor allem zugunsten sozial schwacher Schichten, die einen hohen Teil ihrer Einkommen für Konsum ausgeben (müssen), sind in Rezessionsphasen zur konjunkturellen Wiederbelebung unerlässlich.

Davon abgesehen können mit Augenmaß gestaltete Steuerreformen zu ergiebigeren Einnahmen des Fiskus und auf diese Weise zur Konsolidierung des Staatshaushaltes beitragen. Das gilt auch im internationalen Vergleich: Nach Angaben der OECD liegt die zusammengefasste Steuer- und Abgabenquote in Deutschland mit 35,7 Prozent (2006) international im hinteren Mittelfeld. Vor uns rangieren u. a. Schweden (50,1 %), Frankreich (44,5 %), Italien (42,7 %), Österreich (41,9 %), Großbritannien (37,4 %) und Tschechien (36,7 %).

Diese von der OECD vorgelegte, also politisch unverdächtige Statistik wird zwar bisweilen kritisiert, da sie mit dem ihr zugrunde

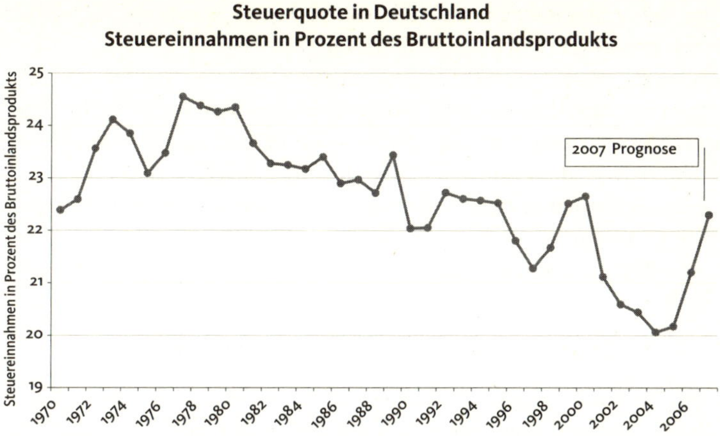


Quelle: Bundesfinanzministerium und Steuerschätzung vom Mai 2007 © ver.di

**Abbildung 16: Entwicklung der Steuerquote in Deutschland (1970–2007)**

liegenden Steuerbegriff ein zu positives Bild zeichne; doch die Zahlen weisen darauf hin, dass die Potenziale der Einnahmenseite nicht unterschätzt werden sollten. Internationale Experten sehen jedenfalls kein Problem zu hoher Steuern in Deutschland. Robert Rubin, von 1995 bis 1999 US-Finanzminister unter Clinton und heute Vizechef der Citigroup, der größten Bankengruppe der Welt, erklärte im Jahr 2005 gegenüber deutschen Journalisten: «Ich glaube nicht, dass die Steuern Ihr Problem sind. Wenn Deutschland die Steuern weiter senkt, dann wird das Staatsdefizit noch größer. … Aber es geht doch darum, die Produktivität zu steigern, die Arbeitslosigkeit zu reduzieren und nachhaltig Wachstum zu schaffen. Das erreichen Sie nicht über Steuersenkungen.»[106] Eine internationale Bestandsaufnahme der Bertelsmann Stiftung belegt, dass Steuererhöhungen, insbesondere für höhere Einkommensschichten, in verschiedenen Ländern geholfen haben, Konsolidierungserfolge einzufahren. Eine solche Steuerpolitik würde Kosten und Nutzen der Konsolidierung gerechter verteilen und könne so die öffentliche Unterstützung für einen Konsolidierungskurs stärken.[107]

Auch die Entwicklung der Steuerquote über die vergangenen Dekaden hinweg zeigt einen deutlichen Abwärtstrend, der erst von der letzten Mehrwertsteuererhöhung durchbrochen wurde – die allerdings eher unglücklich war, man hätte die gewünschten Mehreinnahmen auch klüger organisieren können.

Die ideologiegeladene Debatte um die Höhe von Steuern und Abgaben – oder speziell die Unternehmenssteuern – in Deutschland soll hier nicht weiter fortgeführt werden. Niemand zahlt gerne Steuern. Wir sollten uns aber vor Augen führen, dass der Staat mit unserem Geld sinnvolle und lebensnotwendige Aufgaben erfüllt, ob Kinderbetreuung, Verkehrswege, Polizei oder Kultur. Potenziale für einen Beitrag der Einnahmenseite zu einer Konsolidierungsstrategie sollten in einigen Bereichen immer noch vorhanden sein. Im Folgenden seien mehrere Vorschläge skizziert.

***Härtere Bekämpfung der Steuerflucht und -hinterziehung:*** Nach Schätzungen der Deutschen Steuergewerkschaft werden in Deutschland jährlich rund 30 Milliarden Euro Steuern hinterzogen, davon etwa fünf bis sechs Milliarden, indem Vermögen illegal in Steueroasen wie Liechtenstein, Luxemburg, Österreich oder der Schweiz deponiert wird.[108] Erst im Frühjahr 2008 kam ans Licht, dass mehr als tausend Deutsche, darunter Post-Chef Klaus Zumwinkel, ihr Vermögen über ominöse Bankgeschäfte in Liechtenstein am deutschen Staat vorbeigeschleust haben – eine der größten Steueraffären der Republik.[109]

Steuerhinterziehung ist kein Kavaliersdelikt, sondern Betrug an den Bürgerinnen und Bürgern unseres Landes. Daher sind Konsequenzen aus dem Liechtenstein-Skandal zu ziehen: Die Bundesregierung muss Initiative für internationale oder zumindest EU-weite Mindestbesteuerungsstandards ergreifen, den diplomatischen Druck auf Steuerparadiese erhöhen und Auskunftspflichten einführen. Andere Länder wie die USA setzen hier ein Zeichen: Die Cayman-Inseln sind für US-amerikanische Bürger inzwischen keine Steueroase mehr. Als die US-Regierung drohte, nichtkooperative Banken vom Handel mit US-Staatspapieren auszuschließen, einigte sie sich rasch mit mehreren Schweizer Banken über ein System der Kontrollmitteilungen über die Vermögenseinkünfte amerikanischer Staatsangehöriger.[110] Die Themen Steuerflucht und Steuerhinterziehung müssen in die Öffentlichkeit gebracht werden, denn wer Angst haben muss, dass seine illegalen oder halblegalen Finanzgeschäfte bemerkt werden, wird zu mehr Ehrlichkeit zurückkehren. Die bestehenden

Rechtsmöglichkeiten zur Verfolgung und Bestrafung von Steuerhinterziehung müssen endlich voll ausgeschöpft werden. Es darf nicht immer nur das mildeste Strafmaß wie Geldbuße oder Bewährungsstrafe verhängt werden.

Auch innerhalb unserer Grenzen werden Steuern in großem Stil hinterzogen. Die Steuerbehörden sind personell extrem unterbesetzt, und Außenprüfungen von Unternehmen und selbst Einkommensmillionären sind daher viel zu selten, wie der Bundesrechnungshof moniert.[111] Auch der Bayerische Rechnungshof urteilt: «Die bayerischen Steuerfahndungsstellen ... können ihren Auftrag, Steuerstraftaten und Steuerordnungswidrigkeiten zu erforschen und in diesen Fällen die zutreffenden Besteuerungsgrundlagen zu ermitteln sowie unbekannte Steuerfälle aufzudecken, nur noch in eingeschränktem Umfang wahrnehmen.»[112]

Schuld ist ein falsch organisierter Föderalismus: Die Steuerprüfung ist Sache der Bundesländer; sie tragen die Kosten der Steuerprüfung, müssen aber die Mehreinnahmen größtenteils an den Bund abführen. Daher sparen sie die Steuerprüfung bewusst marode und missbrauchen die Finanzverwaltung als Instrument der Standortpolitik: Je laxer kontrolliert wird, desto attraktiver der Standort. Hinter vorgehaltener Hand geben Politiker und Unternehmer diesen Skandal sogar unverblümt zu.[113] Diese pervertierte Form der Wirtschaftsförderung muss ein Ende haben.

Auf jeden Fall muss die Personalausstattung deutlich verbessert werden: Die Steuerprüfung ist derzeit personell so schwach ausgestattet, dass die Wahrscheinlichkeit, Steuersünder auffliegen zu lassen, bei unter zehn Prozent liegt. «Wir bräuchten rund 1000 Stellen zusätzlich», so das Plädoyer von Dieter Ondracek, Chef der Deutschen Steuergewerkschaft. «Für den Staat wäre das sogar ein gutes Geschäft: Jeder Steuerfahnder treibt jährlich rund 1,5 Millionen Euro ein – und kostet selbst nur etwa 80 000 Euro, wenn man die Pensionsansprüche mitrechnet.»[114] Jährlich ermitteln die Betriebsprüfer derzeit 14 Milliarden Euro. Die Umsatzsteuerprüfung ermittelte 1,4 Milliarden Euro, in der Steuerfahndung sind es 4,1 Milliarden Euro jährlich.[115]

Daraus kann viel mehr werden – wenn man Steuerprüfungen verstärkt und die schwarzen Schafe zu ehrlicher Steuerzahlung zwingt. Ein Gutachten im Auftrag des Bundesfinanzministeriums spricht von einer Summe von 11,5 Milliarden Euro, die durch einen effektiveren Steuervollzug zusätzlich eingenommen werden könnte.[116]

*Schließen von Steuerschlupflöchern:* Wer heute geschickt genug ist, kann sein steuerlich zu verrechnendes Einkommen kräftig reduzieren, wenn er nur die Steuervergünstigungen auszunutzen weiß. Das Schließen von Steuerschlupflöchern wäre auch im Sinne eines oft geforderten einfachen und transparenten Steuersystems.

Ein bekanntes Beispiel ist das umstrittene Ehegattensplitting: Es trägt zur Zementierung des überkommenen Alleinversorger-Ehemodells bei und gilt daher als teure familien- und gleichstellungspolitische Fehlinvestition. Eine Umwandlung in ein Realsplitting würde einen satten Betrag von rund neun Milliarden Euro einsparen.[117]

Besonders große Schlupflöcher bieten die «Einkünfte aus Vermietung und Verpachtung», der einzigen Steuerart in Deutschland, mit der steuertechnisch kontinuierlich «negative Einkünfte», also Verluste generiert werden. Durch großzügige Abschreibungsmöglichkeiten und Anrechenbarkeit von Zinsverlusten können sich reiche Immobilienbesitzer arm rechnen. Jeder zweite Steuerpflichtige mit einem Jahreseinkommen über 100 000 Euro setzt Verluste aus Vermietung steuerlich ab. Bei den Einkommensmillionären machen diese Verluste durchschnittlich über 200 000 Euro aus, was einer Steuerersparnis von mehr als 100 000 Euro entspricht. Nach Schätzungen des Bundesfinanzministeriums könnten bei realistischer Ermittlung der Einkünfte bis zu zehn Milliarden Euro mehr eingenommen werden. Das Stopfen weiterer Schlupflöcher, vor allem durch eine realistische Gewinnermittlung, kann zusätzlich etwa zehn Milliarden Euro einbringen.[118]

*Anhebung der Vermögens- und Erbschaftssteuer:* Die Wiederbelebung der Vermögenssteuer auf Privatbesitz mit einem Steuersatz von nur einem Prozent, so errechnete das Deutsche Institut für Wirtschaftsforschung in einer Studie über die «Perspektiven der Vermögensbesteuerung in Deutschland», würde zusätzliche Einnahmen in Höhe von 16 Milliarden Euro ergeben, selbst bei einem großzügigen Freibetrag von 500 000 Euro und Freistellung des selbstgenutzten Eigenheims. Eine reformierte Erbschaftssteuer könnte weitere

3,6 Milliarden Euro einbringen. Das selbstgenutzte Eigenheim würde dabei ebenfalls steuerfrei bleiben.[119]

Eine angemessene Vermögensbesteuerung könnte also, selbst bei sehr hohen Freibeträgen, knapp 21 Milliarden Euro Mehreinnahmen generieren. Ein solches Steuerkonzept stößt außerdem bei der Bevölkerung auf viel Sympathie, denn zwei Drittel der Deutschen sprechen sich für die Vermögenssteuer aus.[120] Selbst mehrere Millionäre unterstützen die Vermögenssteuer, einige richteten bereits einen offenen Brief an Bundeskanzlerin Merkel, in dem sie sich für eine Vermögenssteuer mit einem Steuersatz von 3,8 Prozent aussprachen.[121]

Es gibt verschiedene Einwände gegen eine konsequentere Vermögensbesteuerung. Häufig wird irrtümlich behauptet, die Vermögenssteuer sei verfassungswidrig. Das Bundesverfassungsgericht erklärte in seinem Urteil von 1995 nicht die Vermögenssteuer selbst für verfassungswidrig, sondern lediglich die damalige Form ihrer Erhebung: Grundeigentum wurde anhand der Einheitswerte von 1964 kalkuliert, obwohl es im Falle einer Veräußerung wesentlich mehr eingebracht hätte (der Wert von Grundstücken in München beispielsweise stieg seit 1970 um ca. 1700 Prozent). Das Gericht sah einen Verstoß gegen den Gleichheitsgrundsatz bei der Besteuerung und verpflichtete den Gesetzgeber, eine verfassungskonforme Neuregelung zu beschließen. Die schwarz-gelbe Koalition blieb jedoch untätig, woraufhin die Vermögenssteuer auslief. Das Vermögenssteuergesetz ist bis heute gültig, darf aber nicht angewandt werden.[122]

Gegen die Vermögenssteuer wird außerdem eingewendet, sie führe zu einer Doppelbesteuerung: zuerst des Einkommens und dann des daraus gebildeten Vermögens. Da aber aus Vermögen zusätzliche Leistungsfähigkeit entsteht, bildet es auch eine eigenständige Quelle der Besteuerung. Diejenigen Einkommen, die in den Konsum fließen, werden schließlich auch doppelt besteuert: zuerst die Einkommen und dann durch die Mehrwertsteuer. Warum dies für gesparte Einkommen anders sein sollte, ist nicht zu erkennen.

Im internationalen Vergleich ist die steuerliche Belastung von Vermögen hierzulande niedrig. In vielen anderen Ländern der Europäischen Union sowie in den USA wird Vermögen wesentlich höher besteuert als in der Bundesrepublik. Großbritannien bezieht 4,3 Prozent seiner Steuereinnahmen aus der Vermögensbesteuerung, in Frankreich sind es 3,3 Prozent und in den USA mit 3,1 Prozent fast ebenso viel. Deutschland dagegen erhält nur 0,9 Prozent seiner Einnahmen aus Vermögensbesteuerung. Selbst bei einer Wiedererhebung der Vermögensteuer gemäß dem hier skizzierten Vorschlag läge ihr Anteil immer noch nur bei 1,8 Prozent und damit international im hinteren Mittelfeld.[123]

Eine vermehrte Kapitalflucht infolge einer konsequenteren Vermögensbesteuerung ist daher unwahrscheinlich, zumal das Kapital, das dafür in Frage käme, wohl ohnehin bereits (auch illegal) ins Ausland transferiert wurde. Legal gibt es keine Möglichkeit, sein Vermögen durch Steuerflucht dem Fiskus zu entziehen. Wer in Deutschland wohnt, muss hier auch seine Steuern zahlen. Nicht zu vergessen ist außerdem: Auch das Immobilieneigentum würde von der Steuer erfasst, und das kann nicht ins Ausland verlegt werden.

Die Verwaltungskosten für die Vermögenssteuer sind übrigens überschaubar: Die Erhebungskosten werden auf lediglich knapp sechs Prozent der zu erwartenden Einnahmen geschätzt.[124] Die für die Erbschaftsteuer ohnehin neu entwickelten Bewertungsverfahren könnten ohne großen Aufwand übernommen werden.

Vollends ins Leere läuft der unreflektierte Vorwurf, bei der Vermögenssteuer handele es sich um eine reine «Neidsteuer». Laut der Ordnung unseres Grundgesetzes soll jeder nach seiner Leistungskraft zum Gemeinwesen beitragen. Vermögende können das offenkundig besser als sozial Schwache. Von einer Vermögenssteuer in Höhe von einem Prozent würden die Betroffenen finanziell gar nichts spüren. Reiche blieben weiterhin reich, da die Steuer nur oberhalb von hohen Freibeträgen greift und bewusst niedrig angesetzt ist. Von einer neidischen Abstrafung Reicher kann also definitiv nicht gesprochen werden. Ebenso wenig geht es bei der Erbschaftsteuer darum, vererbte Familienunternehmen kaputtzumachen oder das mühsam errichtete Eigenheim wegzunehmen. Sie soll lediglich ein Instrument dazu sein, ohne eigene Leistung erhaltene große Vermögen vernünftig an der Finanzierung öffentlicher Aufgaben zu beteiligen.

Auch das soziale Gerechtigkeitsempfinden in unserer Gesellschaft würde gestärkt. Vorstellbar wäre, die Vermögensteuer politisch an eine Investitionsoffensive für Kinderbetreuung und Bildung zu koppeln: «1 für 100» – ein Prozent Vermögensteuer macht die Menschen nicht arm, aber hundert Prozent der Kinder reicher.[125]

***Steuerreform für Arbeit und Umwelt:*** Je früher wir mit einer konsequenten, stufenweisen, planbaren Anhebung der Besteuerung fossil-atomarer Energie beginnen, desto effizienter wird unsere Volkswirtschaft und desto leichter werden wir die absehbaren künftigen Preisschocks verkraften können. Die von der Schröder-Regierung eingeleitete Ökologische Steuerreform ist ein unverzichtbares Instrument für Umweltschutz, Beschäftigung und Innovation. Sie hat den Energieverbrauch und die Kohlendioxidemissionen trotz der Schwächen der konkreten Ausgestaltung deutlich gesenkt und ca. 250 000 zusätzliche Arbeitsplätze geschaffen, aber kaum negative soziale Wirkungen nach sich gezogen, wie das Deutsche Institut für Wirtschaftsforschung nachweist.[126]

Die erfolgreich begonnene Steuer- und Finanzreform für Arbeit und Umwelt muss weiterentwickelt und fortgeführt werden. Nach dem vom Förderverein Ökologische Steuerreform (FÖS) vorgelegten Konzept könnten kurzfristig ca. 18,7 Milliarden Euro Mehraufkommen pro Jahr realisiert werden.[127] Auf mittlere bis lange Sicht kann ein erheblich größeres Volumen eingenommen werden, da die Steuern im Laufe der Zeit kontinuierlich und voraussehbar erhöht werden sollen.

**Tabelle 7: Einnahmenseitige Optionen**

| Maßnahme | Mögliche Mehreinnahmen |
|---|---|
| Bekämpfung Steuerflucht | 5 Mrd. € |
| Effektiver Steuervollzug | 12 Mrd. € |
| Umwandlung Ehegattensplitting in Realsplitting | 9 Mrd. € |
| Realistische Ermittlung der Einkünfte aus Vermietung | 10 Mrd. € |
| Realistische Gewinnermittlung | 10 Mrd. € |
| Wiedererhebung der Vermögenssteuer | 16 Mrd. € |
| Reform der Erbschaftssteuer | 4 Mrd. € |
| Ökologische Steuer- und Finanzreform | 19 Mrd. € |
| Gesamt | 75 Mrd. € |

Quelle: Eigene Zusammenstellung nach DIW, DSTG, FÖS, INIFES, ver.di

Die Einnahmen sollten aufkommensneutral verwendet, d. h. an anderer Stelle wieder an die Bürger und Unternehmen ausgeschüttet werden. Das könnte z. B. durch eine Senkung der Lohnnebenkosten (Stichwort: Steuerfinanzierung versicherungsfremder Leistungen in den Sozialversicherungen) in Kombination mit einem pro Kopf ausgezahlten Ökobonus erfolgen. Das würde eine mehrfache Dividende abwerfen: Soziale Gerechtigkeit und Massenkaufkraft würden gestärkt, die Nachfrage könnte steigen und die Sozialbeiträge sinken, was Wachstum und Beschäftigung fördern würde. Gleichzeitig würde die Umwelt entlastet und Innovationsanreize gesetzt. Der ökologische Umbau unseres Steuersystems könnte zu einem wahren Jahrhundertprojekt avancieren.

Diese Vorschläge sind nur ein Teil der Optionen, deren Diskussion sich lohnt.[128] Keinesfalls möchte ich aber einer radikalen Steuererhöhung das Wort reden. Die Auswirkungen höherer Steuern und Abgaben auf den Binnenmarkt, das Beschäftigungsniveau, die Leistungsbereitschaft der Erwerbstätigen und die Wettbewerbsposition in einer globalisierten Welt sollten immer bedacht werden. Anhand der skizzierten Vorschläge lässt sich aber erkennen, dass es durchaus Wege zur Erhöhung der Steuereinnahmen gibt, die auch sozial und ökologisch positive Wirkung entfalten und unsere Staatsfinanzen zukunftsfähig stabilisieren würden.

### 3. Optimierung des konjunkturpolitischen Instrumentariums

Gegen die keynesianische antizyklische Fiskalpolitik wird häufig eingewandt, sie funktioniere zwar auf dem Papier, sei jedoch in der Praxis untauglich. Bisher wurden in Krisen immer wieder Schulden aufgenommen, aber im Aufschwung nie beglichen. Gerade im Boom glauben Politiker offenbar, ruhig Schulden machen zu können, und können so auf Kosten künftiger Generationen ihre Klientel bedienen. Allein von 1990 bis 2007 wurden mit der Begründung einer wirtschaftlichen Schieflage neun Mal zusätzliche Milliardenschulden aufgenommen, deren Rückzahlung bis heute aussteht.

Um sicherzustellen, dass das Instrument des *deficit spending* nicht missbraucht wird und es sich tatsächlich an den realen makroökonomischen Daten und nicht an der politischen Großwetterlage orientiert, sollte ein Konjunkturstabilisierungsfonds eingerichtet werden.[129] Bei steigenden Arbeitslosenzahlen und deutlicher Wachstumsschwäche erhalten Bund, Länder und Kommunen aus diesem Fonds zinslose Kredite für eine Ausweitung des Investitionsvolumens und zur Finanzierung der Defizite der Bundesanstalt für Arbeit. Wenn die automatischen Stabilisatoren mit der sich erholenden wirtschaftlichen Dynamik wirken, wird der Fonds aus den sinkenden Ausgaben und den steigenden Einnahmen wieder aufgefüllt.

Die Handhabung des Fonds ist im Stabilitäts- und Wachstumsgesetz bindend zu regeln. So kann jeglichem Missbrauch effektiv vorgebeugt werden. Die Einrichtung eines solchen Fonds sollte mit einer grundsätzlichen Reform der Gemeindefinanzen einhergehen, damit die Kommunen überhaupt wieder in die Lage kommen, zusätzliche Kredite aufnehmen zu können. Eine schuldenneutrale, da durch Rücklagenpolster finanzierte Konjunkturpolitik wird so möglich.

## Eine neue Finanzordnung

In der Finanzverfassung des Grundgesetzes ist der Nachhaltigkeitsgedanke bereits implizit verankert. Mit seiner «Goldenen Regel» schreibt Artikel 115 Absatz 1 des Grundgesetzes eine Obergrenze für die Schuldenaufnahme vor: «Die Einnahmen aus Krediten dürfen die Summe der im Haushaltsplan veranschlagten Ausgaben für Investitionen nicht überschreiten; Ausnahmen sind nur zulässig zur Abwehr einer Störung des gesamtwirtschaftlichen Gleichgewichts.» Wie wir gesehen haben, entpuppt sich der Artikel 115 jedoch als «Gummiparagraf»,[130] der die öffentliche Schuldenpolitik nicht so steuert und lenkt, wie er eigentlich sollte.

Dies gilt zunächst für den schwammigen Investitionsbegriff und die daran anknüpfende Goldene Regel. Wie bereits erläutert, ist dieser Gedanke zwar sinnvoll, doch letztlich können alle möglichen Ausgaben als «Investition» verbucht werden, wodurch die Regelung ihre Funktion verliert. Laut Bundesverfassungsgericht ist es die «normative Zielsetzung dieser Bestimmung, die Staatsverschuldung zu begrenzen». Es hat den Gesetzgeber ausdrücklich darauf hingewiesen, was «der Sinn und normative Gehalt des ihm erteilten Regelungsauftrags» ist, nämlich «anhand und unter Berücksichtigung der bislang gewonnenen Erfahrungen den Investitionsbegriff so [zu] präzisieren, dass er seiner Funktion möglichst gerecht werden kann, einer Staatsverschuldung vorzubeugen, die den Bundeshaushalt für die Zukunft zu stark belastet und den notwendigen Entscheidungsspielraum künftiger Haushaltsgesetzgeber, dessen diese zur Lösung der dann vordringlichen Probleme bedürfen, über Gebühr beschneidet. Dieser Aufgabe kann der Gesetzgeber sich nicht entziehen, indem er – ohne eine eigene Regelung zu treffen – auf eine Staatspraxis zurückgreift, die auf einer im Verwaltungswege getroffenen Abrede zwischen den Regierungen von Bund und Ländern besteht und einen weiten Investitionsbegriff zugrunde legt ... [Der Gesetzgeber] wird bei der ihm aufgetragenen eigenen Regelung [des Investitionsbegriffs] vor allem zu prüfen und zu entscheiden haben ..., wie weit der derzeit in der Staatspraxis verwendete Investitionsbegriff – auch und gerade im Hinblick auf die gewonnenen Erfahrungen – der normativen Intention der Art. 109 Abs. 2 GG und Art. 115 Abs. 1 Satz 2 GG (noch) angemessen ist.»[131] Diesem Auftrag ist der Gesetzgeber bislang nicht nachgekommen.

Der Investitionsbegriff muss enger gefasst werden: Abschreibungen sind herauszurechnen, da Ersatzinvestitionen zum bloßen Erhalt der Infrastruktur keinen Wertzuwachs generieren, und Einnahmen aus Privatisierungserlösen sind abzuziehen.[132] Viele Investitionen schaffen keinen oder kaum Werte für künftige Generationen, daher ist ein pauschaler Abschlag von z. B. einem Drittel auf die Investitionssumme vorzunehmen.[133] Als neue Kreditobergrenze gilt also: Nettokreditaufnahme maximal in Höhe der Nettoinvestitionen (= Investitionsausgaben minus kalkulatorische Abschreibungen minus Privatisierungserlöse minus ein Drittel).

Obwohl damit eine Schuldenfinanzierung öffentlicher Zukunftsinvestitionen in engerem Rahmen verfassungsmäßig bleiben soll, wäre es wünschenswert, dass die Ausgaben für Zukunftsinvestitionen aus laufenden Einnahmen finanziert werden. Bei dauerhaft konstanter Investitionsquote wären alle Generationen im Zeitverlauf nämlich gleich belastet, ohne dass auf das Instrument der Verschuldung zurückgegriffen werden müsste. Die Kosten der Investitionen würden also vorher erwirtschaftet. Die neue Maxime der Finanzpolitik lautet: *Save before you use!* – Spare, bevor du nutzt![134]

Neben der Goldenen Regel ist auch die im Grundgesetz verankerte Ausnahmeklausel zu reformieren, die eine höhere Verschuldung für den Fall einer Störung des gesamtwirtschaftlichen Gleichgewichts, d. h. in einer Rezession, erlaubt. Diese Klausel basiert auf der Logik des *deficit spending*. Eine Vorschrift zur zeitnahen Begleichung der Schulden im Aufschwung fehlt jedoch. Dürfen zwar Schulden aufgenommen, müssen diese aber nicht zurückgezahlt werden, wird die Idee des *deficit spending* ad absurdum geführt. Ferner unterliegt die Feststellung, wann denn eigentlich eine Störung des gesamtwirtschaftlichen Gleichgewichts vorliegt, dem willkürlichen Urteil der Regierung. Die Ausnahmeklausel hat sich damit als zu unpräzise und nicht justiziabel herausgestellt.

Die Klausel ist zu streichen und durch eine *Schuldenschranke* zu ersetzen: Die Ausgaben dürfen die konjunkturbereinigten Einnahmen nicht übersteigen. Bisher ist es so, dass jedes Jahr erst die Ausgabenwünsche der Ressorts gesammelt und dann den zu erwartenden Einnahmen gegenübergestellt werden. In Zukunft sollen dagegen erst die Einnahmen geschätzt werden und dann je nach konjunktureller Lage einen konjunkturgerechten Auf- oder Abschlag erhalten. Das so ermittelte Finanzvolumen wird dann auf die Ressorts verteilt. Die Konjunkturkomponente wird dabei nicht über Schulden, sondern über einen Konjunkturstabilisierungsfonds finanziert.

Wirksame Durchführungsmechanismen müssen sicherstellen, dass die neuen Regeln auch praktiziert werden (können). Einerseits können Regelverstöße bisher vom Verfassungsgericht nicht oder nur mit großer Verzögerung – wenn es also längst zu spät ist – geahndet werden. Andererseits kann auch ohne politische Absicht z. B. allein aufgrund von Schätzfehlern hinsichtlich des Steueraufkommens oder der Konjunkturentwicklung die Obergrenze überschritten werden.

Zur Kompensation solcher Überschreitungen sind kurzfristig und verlässlich wirkende Mechanismen einzubauen. Bei einer einmaligen Überziehung der Obergrenze ist ein Ergänzungshaushalt aufzustellen, der zumindest eine anteilige Rückführung des Fehlbetrags vorsieht. Im nächsten Jahr muss im regulären Haushalt zwangsläufig eine komplette Rückführung des Fehlbetrags vorgesehen sein. Bei mehr als einer Überziehung ist ein vorübergehender *Schuldensoli* einzuführen, wie er vom Wirtschaftssachverständigenrat vorgeschlagen wird: Ein Zuschlag auf die Einkommensteuer (oder besser Vermögenssteuer als konjunkturunabhängige Steuer) tritt automatisch in Kraft, der für den Abgleich der Schulden vorgesehen ist. Sobald die Obergrenze wieder gewahrt ist, entfällt der Zuschlag wieder automatisch.[135]

Schuldenaufnahme über Zukunftsinvestitionen hinaus soll in Zukunft nur noch für den Fall außergewöhnlicher Belastungen möglich sein, wie die Deutsche Einheit oder andere, weniger glückliche Ereignisse wie z. B. der Verteidigungsfall oder schwere Naturkatastrophen. Abgesehen von solchen Fällen, bedürfte es keiner neuen Schulden mehr. Die Sonderfälle können namentlich im Grundgesetz aufgelistet werden. Alternativ ist vorstellbar, dass die zusätzliche Kreditaufnahme von einer Zweidrittelmehrheit im Bundestag abhängig gemacht wird.[136]

In der Schweiz haben Volk und Bundesversammlung im Jahr 2001 eine ähnlich konzipierte Schuldenbremse beschlossen. Nach einigen Anlaufschwierigkeiten zeigen sich inzwischen erste Konsolidierungserfolge. Die Erfahrungen in der Schweiz offenbaren einerseits die methodischen Grenzen bei der praktischen Detailregelung, belegen andererseits aber auch, dass eine antizyklische Wirtschaftspolitik mit einer Schuldenbegrenzung vereinbar ist.[137] Das bewusste Einfahren von Haushaltsdefiziten in konjunkturellen Schwächephasen gibt der Politik die nötigen Handlungsspielräume. Mit dem hier vorgeschlagenen Schuldensoli sollten sich auch die Durchführungsschwierigkeiten des Schweizer Modells beheben lassen. Interessant wäre übrigens auch eine *Steuersenkungsbremse*, wie vom Wirtschaftsweisen Peter Bofinger vorgeschlagen, die Steuerentlastungen so lange verfassungsrechtlich verbietet, bis die Schuldenstandsquote wieder deutlich unter der 60-Prozent-Grenze des Maastricht-Vertrages liegt.[138]

Mit einer solchen Reform der Finanzverfassung des Grundgesetzes (und der entsprechenden einfachgesetzlichen Regelungen) wäre der Weg zu einer generationengerechten Finanzpolitik geebnet. Auf den Punkt gebracht, erfordert eine generationengerechte Finanzpolitik: Sparen bei unsinnigen Ausgaben, massive Ausweitung der Zukunftsinvestitionen, pragmatische Einnahmenorientierung, antizyklisches Haushalten.

Wie reich die künftigen Generationen sein werden, hängt nicht nur von der Staatsverschuldung ab, sondern mindestens ebenso vom Aufbau an Sach- und Humankapital. Ein Staat, der in bessere Infrastruktur und Bildung investiert, macht seine Kinder reicher – trotz Haushaltsdefizit. Spart Deutschland zur falschen Zeit an falscher Stelle, geht das zulasten künftiger Generationen.

Viel schwerer als mit der finanziellen Staatsverschuldung belasten wir unsere Nachkommen aber mit unserem ökologischen Erbe. Gegen die Zukunftslasten der heutigen Übernutzung der Umwelt ist die finanzielle Staatsverschuldung geradezu unbedeutend. Die Umweltzerstörung durch das fossil-atomare Energiesystem ist die schwerste Hypothek, die wir unseren Kindern hinterlassen.

## Die prekäre Generation: Wir müssen draußen bleiben

### Wie die junge Generation auf dem Arbeitsmarkt benachteiligt wird

Viele Etiketten werden der jungen Generation in letzter Zeit angeheftet: Eine sorgenfreie, unpolitische «Generation Golf», der die Marke ihres Autos und der Schnitt ihrer Jeans wichtiger seien als die Fragen von Arm und Reich, Links und Rechts oder Krieg und Frieden; eine von seichten Fernsehshows und Videospielen geprägte «MTV-Generation»; neuerdings eine «Generation Chips», die sich einerseits ungesund ernähre (Kartoffelchips), sich andererseits aufgrund zu hohen Medienkonsums (Computerchips) zu wenig bewege und daher an allgemeiner Überfettung leide.

Wenngleich oft zitiert, blieben solche Aussagen wenig fundiert. Jüngst tauchte ein weiteres Label auf: die «Generation P», wobei das P entweder für «Praktikum» oder «Prekariat» steht. Diese Generation ist die erste Generation ohne Kriegseinwirkung, die sich mit weniger Wohlstand und weniger sozialer Sicherheit als ihre Elterngeneration begnügen muss. Symptomatisch für die gesamtgesellschaftliche Prekarisierung ist das Entstehen einer neuen akademischen Unterschicht: die «Generation Praktikum» der Hochschulabsolventen, die unter- oder unbezahlte Praktika leisten müssen, anstatt regulär beschäftigt zu werden.

Zum ersten Mal wurde der Begriff der «Generation Praktikum» im Jahr 2005 von der *Zeit* formuliert,[1] avancierte später zum Titelthema im *Spiegel*[2] und wurde von etlichen weiteren Medien aufgegriffen. Den Hintergrund bildeten von Gewaltexzessen überschattete Massenproteste junger Menschen in Frankreich gegen ein neues Sozialgesetz, das für Jugendliche unter 26 Jahren eine zweijährige Probezeit mit extrem gelockertem Kündigungsschutz vorsah. Zur gleichen Zeit bildete sich eine französische Praktikantenbewegung namens «La Génération Précaire», die sich gegen unfaire Arbeitsverhältnisse von Hochschulabsolventen richtete.[3] Die Protestwellen bestimmten die gesellschaftlichen Diskussionen in ganz Europa. Von Frankreich aus breitete sich die Bewegung nach Deutschland, Österreich, Italien, Spanien und weitere Länder aus.

In Deutschland wurde die Debatte durch eine von der Friedrich-Ebert-Stiftung publizierte Studie angefacht, die von einem «abgehängten Prekariat» berichtete: Menschen, die für sich keine Perspektiven mehr sehen, die von Arbeitsmarkt und Gesellschaft ausgegrenzt sind und auch nicht mehr nach sozialem Aufstieg streben. Fast jeder zehnte Deutsche, so die Studie, gehöre dieser Schicht an.[4] Wenig später bestätigte eine Studie im Auftrag des DGB, dass selbst unter jungen Akademikern prekäre Arbeitsverhältnisse in Form von Scheinpraktika eine neue Dimension angenommen haben: «Trotz Flexibilität und Leistungsbereitschaft und guter Fach- und Fremdsprachenkenntnisse sieht die Zukunft einer steigenden Anzahl von Akademikerinnen und Akademikern alles andere als rosig aus. Keiner Studierendengeneration wurde bisher der Berufseinstieg so schwer gemacht.»[5]

Der Begriff «Prekariat», bis dahin über die soziologische Fachliteratur hinaus nur spärlich bekannt, wurde schnell zum politischen Schlagwort und schließlich auf Platz 5 der Wörter des Jahres 2006 gewählt. «Generation Praktikum» als Bezeichnung für die Zunahme prekärer Arbeitsverhältnisse von Akademikern landete sogar auf Platz 2 und hatte im Weltmeisterschaftsjahr lediglich gegen die «Fanmeile» keine Chance.[6]

Tatsächlich kennzeichnen die Krise der traditionellen Arbeitsgesellschaft, die Zersetzung des Sozialstaats und die Erschütterung des Glaubens an wachsenden Wohlstand die junge Generation der 1980er und 1990er Jahrgänge als «prekäre Generation».[7] Die von dem französischen Soziologen Robert Castel diagnostizierte «Rückkehr der Unsicherheit» beruht auf dem Zerfall der Lohnarbeitsgesellschaften der reichen Industriestaaten in drei Zonen (die sog. Castelsche Zentralhypothese): Die «Zone der Entkopplung» als die sozial niedrigste Gruppe umfasst die von regulärer Erwerbsarbeit Ausgeschlossenen; die mittleren und oberen Schichten gehören der «Zone der Integration» mit formal gesicherten Normarbeitsverhältnissen an; dazwischen bewegt sich eine expandierende «Zone der Prekarität» mit heterogenen Beschäftigungsformen, die durch ihre Verwundbarkeit gekennzeichnet sind.[8]

Vor dem Hintergrund dieses Umbruchprozesses markieren die sozialen und wirtschaftlichen Bedingungen in der Postprosperität die Lebensperspektive der jungen Generation. Der Soziologe Klaus Leisering teilte die Nachkriegsgeborenen in «wohlfahrtsstaatliche Generationen» ein, wonach die heute junge Generation die Verliererin ist: Unsicherheit, schlechte Berufsperspektiven, unplanbare Lebensläufe, Abbau des Wohlfahrtsstaates, Schulterung des demografischen Wandels und die Schlechterstellung gegenüber Älteren prägen ihre generationsstiftende Erfahrung.[9] «Der Übergang zu unsicheren Arbeitsverhältnissen ist ein richtiger Generationsbruch und sogar etwas, das eine neue Generation konstituiert», erklärt der Soziologe Ulrich Beck.[10]

Diese Erkenntnis ist nicht neu, sondern wurde bereits in vorhergehenden Debatten über die «89er-Generation» (als Bezeichnung der um die Jahre des Mauerfalls 1989 Geborenen)[11] und die «Generation X» (als Ausdruck für eine mit sozialen und ökologischen Krisen konfrontierte, bis dahin namenlose Generation)[12] thematisiert. Selbst Florian Illies, der in seinem Nostalgiewerk *Generation Golf* eine angeblich unbekümmert-hedonistische Lebenseinstellung zu identifizieren suchte, lenkt in seinem Folgewerk *Generation Golf zwei* den Blick auf die wachsende ökonomische Ernüchterung und Verunsicherung.[13]

Inzwischen ziehen viele junge Menschen wieder zurück zu ihren Eltern, weil sie sich keine eigene Wohnung leisten können – in Großbritannien spricht man mittlerweile von der «Boomerang Generation». «Die nachrückende Generation fühlt sich zunehmend ausgeschlossen vom European Dream», schreibt das Nachrichtenmagazin *Newsweek*.[14]

Die Generationsdebatte wird dadurch auf den heute entscheidenden Kern der Generationenprägung fokussiert. Diese Definition über ökonomische Determinanten ist auch eine Selbstdefinition: Die junge Generation bekommt nicht nur ein Label zugeschrieben, sie erfährt sich auch selbst als prekäre Generation, wie die Entstehungsgeschichte der Bewegung der Génération Précaire zeigt.[15]

Eine entstandardisierte Welt mit befristeten Jobs und raschem Wandel muss nicht unbedingt negativ sein. Der Journalist Matthias

Horx spricht sogar von einem «positiven Prekariat»: Das alte Industriesystem habe zwar alle abgesichert, aber auch alle in Abhängigkeit gehalten. Künftig könne Arbeit ihrem Ideal der Selbstverwirklichung besser gerecht werden, denn das Leben würde weniger monoton und hierarchisch, dafür selbstbestimmter, spannender und interessanter.[16] Doch die junge Generation erlebt keine selbstbestimmte Freiheit in der Arbeitswelt, sondern eine wachsende, beklemmende Unsicherheit und eine Verengung der beruflichen Ein- und Aufstiegskanäle: Die tatsächlich realisierte Arbeitsplatzsicherheit liegt deutlich hinter dem gewünschten Wert zurück. In Regionen mit geringer Arbeitslosigkeit gibt es auch wesentlich weniger Postgraduierten-Praktika, sodass also prekäre Beschäftigung offenbar nicht gewünscht ist.[17]

Zwar konnte noch nie eine junge Generation so lange ihr Glück suchen wie die gegenwärtige, doch dies tröstet wenig, wenn heutige Hochschulabsolventen während der schwerfälligen beruflichen Einfädelungsphase auf den langen Fluren der Arbeitsagenturen warten müssen. Die Shell-Jugendstudie spricht von einer «pragmatischen Generation unter Druck»: Jugendliche haben zwar ein positives Bild von der Familie und erwarten immer noch große persönliche Zukunftschancen, doch die optimistischen Aussichten werden dort revidiert, wo keine Aufstiegsmöglichkeiten mehr gesehen werden. Sowohl der persönliche als auch der gesellschaftliche Zukunftsoptimismus junger Menschen ist rückläufig, und anders als in der Vergangenheit ist dies mit konkreten Sorgen und dem Fehlen einer langfristigen Perspektive verknüpft.[18]

Die Perspektivlosigkeit am Arbeitsmarkt gilt unter den jungen Menschen hierzulande nicht grundlos als das mit Abstand größte Sorgenthema. 78 Prozent der Jugendlichen sehen die angespannte Situation auf dem Arbeitsmarkt als dringendste gesellschaftspolitische Herausforderung. Mehr als zwei Drittel der in der Shell-Jugendstudie befragten Jugendlichen sind besorgt, ihren Job zu verlieren oder gar keine Beschäftigung zu finden – vier Jahre zuvor waren es nur 55 Prozent. Diese Sichtweise verbindet alle sozialen Schichten und hat sich in den letzten Jahren zunehmend verfestigt. Immerhin werden die persönlichen Chancen im Vertrauen auf die eigene Leistungskraft grundsätzlich besser eingeschätzt als die Gesamtlage.[19] Doch der zunehmende Pessimismus auf dem Arbeitsmarkt prägt die junge Generation, wie die Shell-Studie bescheinigt: «Die Krisen im Erwerbsarbeitssektor, Arbeitslosigkeit, Globalisierung, Rationalisierung und Abbau oder Verlagerung von Beschäftigung sind inzwischen nicht mehr ‹bloß› eine Randbedingung des Aufwachsens. Sie sind nicht mehr ‹bloß› Belastungen des Erwachsenenlebens, von denen Jugendliche in einem Schonraum entlastet ihr Jugendleben führen können. Sie haben inzwischen vielmehr das Zentrum der Jugendphase erreicht, indem sie ihren Sinn in Frage stellen. Wenn die Arbeitsgesellschaft zum Problem wird, dann muss auch die Jugendphase als Phase der biographischen Vorbereitung auf diese Gesellschaft zum Problem werden.»[20]

Seit jeher wünschen sich Eltern, dass ihre Kinder es einmal besser haben – heute jedoch kann die junge Generation, obwohl in Frieden aufgewachsen, nicht mehr unbedingt mit zunehmendem Wohlstand rechnen.[21] «Diese Gesellschaft fährt im Fahrstuhl nach unten, und wir sind die Generation des Weniger», so Ulrich Beck.[22] Der «Fahrstuhleffekt» habe sich umgekehrt: Die biographischen Chancen tendieren für das Gros der Bevölkerung dazu, schlechter zu werden.[23] Der Politikwissenschaftler Christoph Butterwegge spricht in diesem Zusammenhang vom «Paternoster-Effekt», der die soziale Polarisierung verschärfe: «Mehr als je zuvor gibt es ein soziales Auf und Ab, das vor allem Unsicherheit und Existenzangst für eine wachsende Zahl von Menschen bedeutet.»[24]

Generationengerechtigkeit auf dem Arbeitsmarkt ist erreicht, wenn die nachrückende Generation ihren Bedürfnissen mindestens im gleichen Ausmaß gerecht werden kann wie ihre Vorgänger-Generation. Jüngere müssen mindestens so viel und so gute Arbeit haben wie Ältere.[25] Für die junge Generation wird es jedoch zunehmend schwieriger, die unterste Sprosse der Karriereleiter zu erklimmen. Während die Jungen inzwischen bereits bei Fernsehshows um einen Ausbildungsplatz gegeneinander antreten (wie bei der SAT1-Show: «Ein Job – Deine Chance»), hoch qualifizierte junge Berufseinsteiger sich ohne soziale Sicherung und unter- oder unbezahlt von der einen befristeten Stelle zur nächsten hangeln, ohne Hoffnung auf eine reguläre Anstellung, sind die Älteren besser bezahlt und abgesichert – dank Senioritätsprinzip und verschiedenen Anciennitätsprivilegien in Gesetzen, Besoldungstabellen und Tarifverträgen. Das soziale Netz wird durchlässiger, die soziale Sicherung junger Menschen ist inzwischen geringer als die ihrer Elterngeneration. «Die fetten Jahre sind vorbei – für die Jungen», so zuspitzend ein Artikel in der *Zeit*.[26]

## Missbrauch von Praktika: Mythos oder Massenphänomen?

In den letzten Jahren nahmen prekäre Beschäftigungsformen unter jungen Menschen erheblich zu. Angesichts der angespannten Arbeitsmarktlage sehen sich immer mehr Junge gezwungen, prekäre Beschäftigungsverhältnisse hinzunehmen, um Arbeitslosigkeit und Lücken im Lebenslauf zu vermeiden. Zunehmend mehr Arbeitgeber nutzen diese Situation aus, um reguläre Stellen durch Scheinpraktika und andere Formen prekärer Beschäftigung zu ersetzen, die von Überstunden, Wochenendarbeit, geringem Urlaubsanspruch sowie von niedriger bis fehlender Entlohnung und sozialer Sicherung gekennzeichnet sind.

Mit der Ausbreitung von Scheinpraktika betreffen die prekären Verhältnisse inzwischen auch die höchstqualifizierte Bevölkerungsschicht, die Hochschulabsolventen. Der Missbrauch von Praktika ist zwar derzeit (noch?) kein Massenphänomen, doch es gibt einen deutlichen Trend, der weder dramatisiert noch verharmlost werden sollte. Nach einer Studie des DGB von 2007 absolvieren fast 40 Prozent der Akademiker (im Vergleich zu 25 Prozent des Jahrgangs drei Jahre zuvor) nach ihrem Abschluss noch mindestens ein Praktikum, die Hälfte davon ist unvergütet.[27] Eine vom Bundesarbeitsministerium als Reaktion auf diese Erkenntnisse veranlasste Untersuchung bestätigte den Trend zur «Generation Praktikum»:[28] Jeder fünfte der befragten Berufseinsteiger absolvierte nach abgeschlossener Berufsausbildung mindestens noch ein Praktikum. Mehr als die Hälfte (51 Prozent) der Praktika war unbezahlt und weitere zwölf Prozent waren unangemessen entlohnt. Achtzig Prozent der Befragten erklärten, mindestens die Hälfte ihrer Praktikumszeit als normale Arbeitskräfte eingesetzt worden zu sein. «Vor dem Hintergrund, dass es sich bei den befragten Praktikantinnen und Praktikanten ausnahmslos um Personen handelt, die bereits eine abgeschlossene Berufsausbildung haben, liegt die Vermutung nahe, dass die entsprechenden Unternehmen auch Interesse an einer unbezahlten Arbeitskraft hatten», so das ernüchternde Ergebnis.

Offenbar, so die Studie weiter, hat das Praktikum oft keine Brückenfunktion in stabile Beschäftigung: «Die Bilanz der vorliegenden Befragung ist in diesem Punkt ausgesprochen ernüchternd.» Gerade 22 Prozent der jungen Berufseinsteiger wurden nach ihrem Praktikum übernommen, 13 Prozent fanden einen Job bei einem anderen Arbeitgeber. Der große Rest war weiterhin auf Praktika, Leiharbeit oder Zeitverträge angewiesen.

Für einige Branchen, insbesondere den Medien- und Kulturbereich, ist inzwischen von einem «Praktikanten-Arbeitsmarkt» die Rede.[29] Es gibt viele Beispiele für den Missbrauch von Praktika, wie folgende Auswahl belegt:[30]

- Praktikanten bei Airbus EADS machten Überstunden bis in die Nacht, sie mussten am Wochenende zu Hause arbeiten, waren Druck von allen Seiten ausgesetzt, litten unter schlechtem Betriebsklima und Stress.
- Bei einem Berliner Verlagshaus arbeiteten die Praktikanten als Lektoren, was sie sich ohne Anleitung selbst aneigneten. Sie arbeiteten zehn Stunden pro Tag, eine Entlohnung gab es nur in Form von Büchern, die der Verlag ohnehin gerade verramschte. Unbezahlte Lektoratsarbeit scheint im Verlag fest eingeplant, ohne diese würde der Betrieb wohl zusammenbrechen.
- Von einem großen Entsorgungsunternehmen wurde einem jungen Diplom-Kaufmann ein sechsmonatiges Praktikum mit Aussicht auf Festanstellung angeboten. Er arbeitete rund 60 Stunden pro Woche und bekam dafür 500 Euro brutto pro Monat. Außer ihm arbeiten noch vier weitere Praktikanten in seiner Abteilung. Nach dem halben Jahr war von Festanstellung keine Rede mehr. Ihm wurde lediglich die Verlängerung des Praktikums angeboten.
- Die Werbeagentur «Schröder & Partner» schrieb ein Jahrespraktikum als Mediengestalter aus. Zu den Aufgaben gehörten Scannen, Botendienste, Leeren von Papierkörben und Kaffeekochen. Anschließend sei eine Ausbildung «möglich». Als Lohn wurden 120 € monatlich angeboten.
- Ein anderes, drastisches Beispiel ist die lange durch die Bundesärzteverordnung vorgeschriebene Phase als «Arzt im Praktikum», bei der junge Absolventen 18 Monate für nur rund 1000 Euro Brutto-

lohn voll arbeiten mussten. Diese Regelung wurde 2004 endlich abgeschafft.

«Die Ausbeutung junger Menschen hat eine neue Dimension erreicht», meint die SPD-Arbeitspolitikerin Andrea Nahles.[31] Das bekannte Jugendmagazin *NEON* spricht – um eine weitere Etikettierung zu bemühen – von der «Generation Selbstausbeutung», die stolz ist «auf ihr Arbeitsethos, ihren Durchhaltewillen und ihre Effizienz. Nur so kann man in der globalisierten Wirtschaft des 21. Jahrhunderts überleben ... So ertragen die Selbstausbeuter die Angst, die Einsamkeit und die Müdigkeit, schreiben keine Protestplakate und Beschwerdebriefe.»[32] Die Mehrheit der hoch qualifizierten jungen Deutschen orientiert sich an diesem Leitbild, wie Studentenbefragungen ergeben.[33]

Die Datenbanken der Praktikanten-Selbsthilfeorganisation Fairwork zeigen, dass es sich bei den Missbräuchen nicht um Einzelfälle handelt (www.fairwork-ev.de). Einige Unternehmen bieten inzwischen mehr Praktika als reguläre Stellen an, um arbeitsrechtliche Bestimmungen zu umgehen und Lohnkosten zu sparen. Bei den DAX-Unternehmen wurde im April 2004 ein Höchststand von vierzig Prozent Praktikumsstellen in den Ausschreibungen registriert.[34] Für Frankreich liegen Schätzungen vor, wonach jährlich mindestens 60 000 Stellen durch Praktika ersetzt werden.[35] Eine Übernahme in eine reguläre Stelle wird zwar häufig in Aussicht gestellt – so gab etwa ein Viertel der Absolventen an, das Praktikum nur deswegen angenommen zu haben –, aber nicht selten wird die Hoffnung enttäuscht: «Es zeichnet sich ab, dass ein Praktikum in den meisten Fällen nicht dazu führt, eine Stelle zu finden», ergab eine Studie des Hochschulinformationssystems (HIS).[36]

Der eigentliche Sinn und Zweck von Praktika – die als Lernverhältnisse durchaus notwendig sind, um sich beruflich orientieren und Kontakte knüpfen zu können – wird ad absurdum geführt, wenn junge Akademiker mit abgeschlossenem Studium als billige Arbeitskräfte ausgenutzt werden. So wird das Praktikum zur Sackgasse anstatt zum Sprungbrett.[37] Der enorme Rückenwind für die beiden jüngst parallel in den Bundestag eingebrachten Petitionen, die klarere Regeln für Praktika fordern und die innerhalb kurzer Zeit von über 60 000 Unterstützern unterschrieben wurden, zeigt den Handlungsbedarf.[38]

Rechtlich besteht zwar bereits die Möglichkeit, bei Scheinpraktika, die faktisch keine Lern-, sondern Arbeitsverhältnisse darstellen, Löhne und soziale Sicherungsrechte einzuklagen.[39] Von jungen Berufseinsteigern kann jedoch kaum erwartet werden, gegen ihre Arbeitgeber vor Gericht vorzugehen – das würde sie für ihre künftige Jobsuche brandmarken.[40]

In der beruflichen Bildung hat sich das im Rahmen des Ausbildungspakts neu eingeführte Instrument der Einstiegsqualifizierungsjahre (EQJ) als problematisch herausgestellt. Bei diesem an sich sinnvollen Programm sollen schwer vermittelbare Jugendliche ein sechs- bis zwölfmonatiges berufsvorbereitendes Praktikum absolvieren, das auf die anschließende Berufsausbildung angerechnet werden kann und bei dem Vergütung und Sozialbeiträge durch die Bundesagentur für Arbeit übernommen werden. Die Begleitforschung, die Berichte des Bundesrechnungshofs und die Medien ermittelten jedoch mehrere Fehlentwicklungen. So wurde die ursprüngliche Zielgruppe der benachteiligten Jugendlichen kaum erreicht, die überwiegende Mehrheit der Praktikanten erhält kein Zertifikat von den Betrieben, und es mehren sich Berichte von Mitnahmeeffekten sowie Missbrauch als billige Arbeitskräfte.[41]

Der zunehmende Missbrauch von Praktika ist symptomatisch für die Ausbreitung prekärer Beschäftigungsformen wie Volontariate, Honorartätigkeiten, unqualifizierte befristete Übergangsjobs und prekäre Formen freiberuflicher und (schein-)selbstständiger Tätigkeit. Die junge Generation ist hiervon überproportional betroffen: Der Mikrozensus ermittelte, dass rund ein Viertel der Beschäftigten in der Altersgruppe der 20- bis 25-Jährigen befristet beschäftigt ist, im Gegensatz zu nur vier Prozent in der Altersgruppe der 55- bis 60-Jährigen und neun Prozent im Gesamtdurchschnitt. Während im Jahr 2003 in der jungen Altersgruppe etwa 27 Prozent den Beruf und/oder Betrieb wechseln mussten, waren es bei den Älteren nur rund vier Prozent. Junge sind auch weit häufiger im Niedriglohnsektor beschäftigt als Ältere: 29 Prozent der 25- bis 30-Jährigen beziehen ein monatliches Bruttoeinkommen von unter 1500 Euro, bei den unter 25-Jährigen sind es sogar 47 Prozent (ohne Auszubildende).[42] Eine Sonderauswertung des DGB-Index Gute Arbeit 2007 kam zu dem Ergebnis, dass nur elf Prozent der jungen Beschäftigten gute Arbeit haben, während 30 Prozent unter schlechten Bedingungen arbeiten müssen.[43]

Die Einstiegschancen in den Arbeitsmarkt sind für die heute Jungen bei weitem nicht mehr so sicher wie in früheren Jahren. Im Vergleich zu 1960 hat sowohl die befristete Beschäftigung (37 Prozent der 15- bis 20-Jährigen im Jahr 2002) als auch die Jugendarbeitslosigkeit (10 Prozent der 20- bis 24-Jährigen im Jahr 2002) zugenommen.[44] Acht Jahre nach dem Ausbildungsabschluss haben schon etwa 40 Prozent der jungen Menschen ihre Stelle und/oder den Beruf gewechselt – ein Indiz für die wachsende Unsicherheit in der Berufseinstiegsphase.[45] Auch eine Fallstudie mit 1824 Arbeitslosen in Süddeutschland belegt, dass die Jungen von den Entwicklungen des Arbeitsmarktes besonders hart betroffen sind, und zwar heute mehr als in der Vergangenheit. Der Studie zufolge hatten 1986 nur 35 Prozent der über 55-Jährigen mindestens eine Phase von Arbeitslosigkeit hinter sich, während zehn Jahre später bei den unter 25-Jährigen schon 70 Prozent mindestens einmal arbeitslos waren.[46] Ebenso belegt ein Vergleich der Jahrgänge 1964 und 1971, dass die Jüngeren in höherem Maße von befristeter Beschäftigung betroffen sind.[47] Die verlängerten Phasen bis zur Festanstellung ziehen nicht nur Unsicherheit, sondern auch schlechtere Löhne nach sich, denn befristet Beschäftigte verdienen deutlich weniger.[48] Auch hier schneidet der jüngere Jahrgang also schlechter ab. Viele müssen Zweit- und Drittjobs annehmen, um ihre Familien ernähren zu können.

Anders als ihre Eltern- und Großelterngeneration, die sich in Zeiten des Nachkriegsbooms und der Wirtschaftswunderjahre nicht um eine gesicherte Beschäftigung sorgen musste, sieht sich die heute junge Generation mit großer Unsicherheit konfrontiert. Die Benachteiligung der jungen Generation durch ihre überproportionale Betroffenheit von Scheinpraktika und anderen Formen prekärer Beschäftigung, die sich sowohl im Vergleich mit den heute Älteren als auch im Vergleich zu früheren Zeiten zeigt, stellt somit eine Verletzung des Gebots der Generationengerechtigkeit dar.

## Fair P(l)ay im Praktikum!

Praktika sind ein sinnvoller Weg, um Erfahrungen in der Arbeitswelt zu sammeln. Problematisch ist allerdings der rapide Anstieg an Scheinpraktika, die ein Einfallstor für prekäre Lebensverhältnisse bilden. Es sollten einfache, aber wirksame Regelungen getroffen werden, um Scheinpraktika zu vermeiden, ohne dem Instrument des Praktikums an sich zu schaden.

Bundesarbeitsminister Scholz hat bislang nur eine einzige Maßnahme veranlasst: Er hat ein Gesetz vorgelegt, das die bereits vorhandenen Regelungen des Berufsbildungsgesetzes, die schon heute eine «angemessene Vergütung» und ein «Lernverhältnis» für Praktikanten vorschreiben, in das Bürgerliche Gesetzbuch übernimmt. Die Vorschriften sollten dadurch «sichtbarer» werden.[49] Dies reicht aber nicht aus. Die bisherigen Erkenntnisse machen einen dringenden Handlungsbedarf deutlich, der konsequentere Maßnahmen erfordert:

1. Klarheit und Transparenz schaffen: Im Berufsbildungsgesetz ist der Begriff «Praktikum» klar von Arbeitsverhältnissen und Berufseinstiegsprogrammen abzugrenzen. Alle Praktikanten müssen außerdem einen schriftlichen Vertrag erhalten, in dem Dauer, Inhalte und Ansprüche festgeschrieben sind. Nach dem Praktikum muss ein Zeugnis ausgestellt werden.
2. Hochschulen mit Praxis und Arbeitsmarkt verzahnen: Wer Praktika nach dem Studium vermeiden will, muss Praktika während des Studiums fördern und dazu anregen, früh Berufserfahrung zu sammeln und Kontakte zu knüpfen. Die Bundesländer und die Universitäten sollten daher die Absolvierung von Praktika als festen Bestandteil in den Studiengängen verankern und andere Praxiselemente einbauen. Außerdem sollten die Hochschulteams der Arbeitsagenturen ausgeweitet und spezielle Beratungsangebote geschaffen werden (z. B. «Career Center»).
3. Aufklärung optimieren: Bereits jetzt haben Praktikanten einen gesetzlich verbürgten Anspruch auf Urlaub, einen Praktikumsvertrag und ein Zeugnis. Nur wer seine Rechte kennt, kann sie auch einfordern. Sinnvoll wäre eine gesetzliche Vorschrift, dass der Praktikant vor oder unmittelbar zu Beginn seines Praktikums

über seine Rechte und Pflichten aufzuklären ist. Durch eine Aufklärungskampagne sollten Politik, Tarifparteien und Arbeitsagenturen sowohl Praktikanten über ihre Rechte aufklären als auch die Unternehmen hinsichtlich der Frage fairer Praktika informieren und sensibilisieren. Dabei geht es nicht um das Schüren übertriebener Verunsicherung, sondern darum, den Druck auf «schwarze Schafe» im Sinne eines «Naming, Blaming, Shaming» zu erhöhen.

4. Zeitliche Begrenzungen einführen: Praktika sollen mehr Lern- als Arbeitsverhältnisse sein. Je länger ein Praktikum dauert, desto mehr rückt die Arbeit in den Vordergrund. Daher sind Praktika gesetzlich auf maximal vier Monate zu begrenzen. Begründete Ausnahmen soll es dort geben, wo für Praxiserwerb in komplexen Tätigkeiten längere studienbegleitende, vor- oder nachgelagerte Praktika erforderlich sind; solche Praktika sind besonders in die Studien- oder Ausbildungsgestaltung zu integrieren. Das gilt z. B. für das Anerkennungsjahr bei der Erzieherausbildung, das Referendariat bei Juristen, das praktische Jahr im Rettungsdienst oder für Volontariate.
5. Aufwandsentschädigung fair gestalten: Arbeitgeber sollten Praktika mit einer angemessenen Aufwandsentschädigung vergüten. Ein gesetzlicher Anspruch auf eine Aufwandsentschädigung ist sinnvoll, wobei die Festschreibung einer Mindesthöhe sich als heikel erweisen könnte: Von einigen Seiten wird durch die Einführung einer Mindestvergütung eine Sogwirkung nach unten befürchtet. Auch wenn dieser Zusammenhang gewiss kein Automatismus ist, wären die Konsequenzen gewiss nicht erwünscht. Für Scheinpraktika nach abgeschlossenem Studium oder abgeschlossener Berufsausbildung gilt, dass sie nicht als Praktika, sondern als Arbeitsverhältnisse anzusehen und auch als solche zu entlohnen sind.
6. Zertifizierung stärken: Wer ein Praktikum sucht, muss wissen können, ob der Anbieter zu den schwarzen Schafen gehört oder nicht. Mit dem «Prädikat Praktikum» der Organisation Fairwork steht ein unabhängiges Gütesiegel zur Verfügung, das Unternehmen auszeichnet, die sich zu Mindeststandards bei Praktika und Berufseinstiegsprogrammen jenseits gesetzlicher Vorschriften verpflichten und sich zur regelmäßigen Überprüfung bereit erklären.

7. Staatliche Vorbildfunktion wahrnehmen: Der Staat trägt aufgrund seiner Vorbildfunktion eine besondere Verantwortung. Ministerien, Parlamente und Behörden sollten sich daher auf allen Ebenen zu fairen Praktika verpflichten, die über die bloße Erfüllung gesetzlicher Vorgaben hinausgehen. Die Bundestagsfraktionen der Grünen sowie der Linken sind hier mit gutem Beispiel vorangegangen. Zudem sollte die öffentliche Hand nur noch solche Unternehmen fördern und Aufträge an sie vergeben, die sich zu fairen Praktika verpflichten.
8. Auf Eigenverantwortung Jugendlicher bauen: Die jungen Menschen tragen ihrerseits Verantwortung, faire Praktika einzufordern. Bei der Auswahl eines Praktikums sollten sie von vornherein stärker auf Qualität und Eignung achten. Online-Beratungen gibt es bereits. Außerdem sollten sich Studenten während ihres Studiums auch aus eigener Initiative mehr um Praktika und Netzwerkbildung bemühen und sich einen Überblick über den Arbeitsmarkt verschaffen, z. B. durch den Besuch von Jobmessen, Vorträgen, Seminaren und Konferenzen.
9. Datenbasis verbessern: Die Datenbasis zur Entwicklung von Praktika ist zu verbessern. Derzeit mangelt es noch an belastbarem Datenmaterial insbesondere über lange Zeiträume. Praktika sind in den Arbeitsmarktstatistiken gesondert auszuweisen.

## Die Ausbildungskrise: Jugend auf dem Abstellgleis

Junge Menschen verbinden mit dem Arbeitsmarkt heute nicht Vollbeschäftigung und Arbeit, sondern Rationalisierung und Lehrstellenmangel. Sie sind gerade in dieser entscheidenden Phase des Lebens besonders hart von Arbeitslosigkeit betroffen: Erst Arbeit ermöglicht eine Teilnahme am wirtschaftlichen und sozialen Leben, Arbeit bildet in unserer Gesellschaft die Grundlage von Identität und Anerkennung. Nach dem Schulabschluss müssen Jugendliche ihren eigenen Weg finden – doch immer mehr scheitern darin.

Die Lücke zwischen Bewerbern und betrieblichen Ausbildungsplätzen liegt immer noch bei rund 270 00 Stellen,[50] allen anderslautenden Versprechungen der Arbeitgeberverbände zum Trotz. Auf 100 Bewerber kamen im Jahr 2006 rechnerisch nur 58 Stellen – infolgedessen verschlechterte sich die Situation sogar gegenüber dem Ausbildungsjahr 2004/05, in dem immerhin noch 61 Stellen zur Verfügung standen. Das heißt: Nur noch drei von fünf Jugendlichen haben heute einen Ausbildungsplatz, alle anderen müssen warten. Die Zahl der angebotenen Plätze sinkt seit Jahren.

Junge Menschen müssen verzweifelt versuchen, einen der immer rarer werdenden Ausbildungsplätze zu bekommen. Sie schreiben eine Bewerbung nach der anderen und erhalten eine Absage nach der anderen. Schon gleich nach der Schule sind sie arbeitslos – und ohne jede Perspektive. War der Hauptschulabschluss früher der direkte Weg in die Ausbildung, so bekommt heute nur noch die Hälfte eines Jahrgangs eine Lehrstelle. Viele halten sich in Übergangssystemen auf, wie dem so genannten Berufsvorbereitungsjahr oder dem Berufsbildungsjahr, oder müssen in den «Einstiegsqualifizierungsjahren» (EQJ) gegen einen Hungerlohn von monatlich 192 Euro Praktika absolvieren.

Der Ausbildungspakt ist gescheitert. Der Pakt verpflichtet die Arbeitgeber nicht einmal, zusätzliche Ausbildungsstellen zu schaffen – nur «neue», wie jedes Jahr. Der Pakt hat zwar zu einer besseren Zusammenarbeit mit Kammern und Arbeitsagentur geführt, einige Fortschritte konnten beobachtet werden. Doch von einer Trendwende sind wir weit entfernt.[51] Selbst Arbeitgeber-Chef Dieter Hundt sagt, der Pakt «kann keinen dauerhaften Durchbruch zu mehr Beschäftigung und damit mehr Ausbildung bringen».[52] Bundeskanzlerin Merkel ist absolut zuzustimmen, wenn sie sagt, der Ausbildungsmarkt sei nach wie vor «in einem Zustand, mit dem wir nicht zufrieden sein können.»[53] Jeder Jugendliche soll eine Lehrstelle erhalten – so häufig Jugendliche dieses Versprechen schon gehört haben, so häufig wurden sie bitter enttäuscht.

Durch verschiedene Neuregelungen hat man in den letzten Jahren versucht, Unternehmen zu mehr Engagement für die Ausbildung zu bewegen. Die Probezeit für Azubis wurde verlängert, die Vor- und Nachbereitung für den Berufsschulunterricht und die Erstattung von Unterkunftskosten wurden gekürzt. Der Erfolg blieb aus. Ein-Euro-Jobs oder Jugend-Kombilöhne helfen auch nicht dabei weiter, die Ausbildungskrise zu lösen. Schon heute erhält eine wachsende Zahl junger Leute keine gute Ausbildung mehr. Ausbleibende Vergütung, fehlende Inhalte und ausbildungsfremde Tätigkeiten sowie weitere Verstöße gegen das Jugendarbeitsschutzgesetz sind keine Ausnahmen.

Unternehmen schaden sich selbst, wenn sie zu wenig ausbilden – und auf diese Weise Fachkräftemangel vorprogrammieren. Die Politik muss intervenieren, um den jungen Menschen in unserem Land eine Perspektive zu geben. Ein nochmaliges Vertagen des Problems wäre nichts anderes als Raubbau an der Zukunft vieler junger Menschen.

Beschäftigungspolitische Maßnahmen für Jugendliche ohne Ausbildungsplatz kosten jährlich vier Milliarden Euro. Doch am Ende stehen die Jugendlichen nicht besser da, weil die Maßnahmen von den Betrieben nicht anerkannt werden. Das muss sich ändern: Jedes Qualifikationsprogramm muss mit bundesweit anerkannten Zertifikaten abgeschlossen werden. Eine «echte» Prüfung bei den Industrie- und Handelskammern sollte eine außerbetrieblich absolvierte Ausbildung ermöglichen. Durch Einteilung in einzelne, aufeinander abgestimmte Module können Ausbildungsgänge flexibler gestaltet werden, sodass sie auch in kurzer Zeit sowie einzeln und zeitversetzt geleistet werden können. Lernschwachen Jugendlichen sowie Schul- und Ausbildungsabbrechern kann so wirksam geholfen werden. Dadurch ist der schwierige Übergang von der Schule ins Berufsleben keine enge (Sack-)Gasse mehr, sondern ein breiter Weg mit vielen Einstiegsmöglichkeiten. Insbesondere müssen wir denjenigen Jugendlichen aus Familien mit Migrationshintergrund, die oft die deutsche Sprache nicht gut beherrschen, konsequent mit Pflicht-Sprachkursen weiterhelfen.

Die Wirtschaft hat die gesellschaftliche Pflicht, Ausbildungsplätze in ausreichendem Maß bereitzustellen.[54] Viele Betriebe bilden aber nicht aus, obwohl sie es könnten. Oft genug fehlt nicht das Geld, sondern schlicht die Information. Die Kammern und Arbeitgeberverbände müssen daher mehr Beratung für die Betriebe anbieten. Zugleich muss die Ausbildungsbegleitung insbesondere für junge Leute mit geringer Bildung verbessert werden, damit sie sich schnell in dieser wichtigen Lebensphase zurechtfinden können. Schon in der Schule müssen Jugendliche besser auf das Berufsleben vorbereitet werden, um die Abbrecherquoten reduzieren zu können.

Unternehmen, die ihren Beitrag zur Ausbildung von Fachkräften leisten, müssen unterstützt werden. Die Prüfungsgebühren der Kammern sollten daher auf alle ihre Mitgliedsbetriebe verteilt werden. Die Kosten der Ausbildung sollten außerdem im Rahmen eines Umlagesystems, das auch branchen- oder regionalspezifisch gestaltet werden kann, zwischen ausbildenden und nicht ausbildenden Betrieben besser verteilt werden. Die Gesellschaft sollte es nicht mehr hinnehmen, dass sich viele Unternehmen ihrer Verantwortung, jungen Menschen eine berufliche Zukunftsperspektive zu geben, entziehen.

Ohne eine entschlossene Offensive von Staat, Wirtschaft und Gewerkschaften werden wir die Ausbildungskrise und die Jugendarbeitslosigkeit nicht überwinden können.[55] Dabei zeichnet sich der Fachkräftemangel schon jetzt deutlich ab. Es liegt im eigenen Interesse der Wirtschaft, gerade vor dem Hintergrund des demografischen Wandels und der Herausforderungen des Technologiezeitalters, genug Ausbildungsplätze anzubieten. Wir vergeuden den wertvollsten Rohstoff, den wir in unserem Land haben, nämlich die Köpfe der jungen Menschen.

## Senioritätsprivilegien: Sitzprämien für Alte

Aus Gründen der Generationengerechtigkeit verbietet es sich, Jüngere hinsichtlich des Lohns und der sozialen Sicherungsansprüche schlechter zu stellen als Ältere. Dennoch haben sich in Deutschland mit dem Senioritätsprinzip und zahlreichen Anciennitätsregelungen so genannte «Sitzzulagen» etabliert, die unabhängig von Leistung oder anderen Kriterien allein aufgrund des (Dienst-)Alters diverse Vergünstigungen für ältere Beschäftigte vorsehen. Auf diese Weise werden Ältere ungerechtfertigt bevorzugt.

Ältere bekommen mehr Lohn, genießen einen deutlich besseren Kündigungsschutz, haben mehr Urlaub und müssen weniger Arbeitsstunden pro Woche leisten als ihre jüngeren Kollegen, obwohl alle die gleiche Arbeit erledigen. Das ist nicht fair gegenüber den Jungen, die sich eine eigene Existenz aufbauen müssen, die vielleicht eine Familie gründen wollen und die sichere Perspektiven für ihr Leben brauchen. Selbst bei der Raumvergabe im Deutschen Bundestag gilt das Senioritätsprinzip: Die besten Büroräume in den Bundestagsfluren werden konventionsgemäß nach dem Senioritätsprinzip verteilt.

Seit der EU-Gleichbehandlungsrichtlinie und deren Umsetzung in nationales Recht durch das Allgemeine Gleichbehandlungsgesetz im August 2006 stehen Ungleichbehandlungen, die direkt oder indirekt am Kriterium des Lebensalters anknüpfen, auf dem Prüfstand. Nach ersten Erfahrungen der Antidiskriminierungsstelle betreffen die meisten der ersten 2800 Einzelbeschwerden und -anfragen die Diskriminierungen am Arbeitsmarkt, insbesondere aufgrund des Alters, und sie wurden vor allem von jüngeren Arbeitnehmern eingereicht.[56]

Ein Beispiel, wie Ältere im staatlichen Sozialsystem bevorzugt werden – und in diesem Falle letztlich zu ihrem eigenen Schaden –, ist die Arbeitslosenversicherung. Anfang des Jahres 2006 wurden die bis dahin mit bis zu drei Jahren äußerst langen Bezugszeiten des Arbeitslosengeldes für Ältere verkürzt. Von den langen Bezugszeiten profitierten die Alten nur scheinbar, denn Unternehmen nutzten diese Regelung aus, um ältere Arbeitnehmer in die «sozialverträgliche» Frühverrentung abzuschieben.[57] Das Ausmaß dieser Praxis wird angesichts der Tatsache offenkundig, dass in den drei Monaten vor Inkrafttreten der Verkürzung im Februar 2006 noch etwa 50 000 Beschäftigungsverhältnisse von Älteren beendet wurden, um von den längeren Bezugszeiten zu profitieren. Seitdem die kürzeren Bezugszeiten gelten, sind die Arbeitsmarktchancen Älterer dagegen deutlich gestiegen.[58] Mit anderen Worten, die Älteren haben von der Angleichung profitiert.[59] Gegen kürzere Bezugsdauern für Jüngere lässt sich zudem einwenden, dass es für sie auf lange Sicht gravierende Folgen haben kann, wenn sie sich unter Zeitdruck auf einen schlechter bezahlten, perspektivlosen Job einlassen müssen.[60] Die jüngste Entscheidung der großen Koalition, das Arbeitslosengeld für Ältere wieder zu verlängern, schadet also sowohl den Jungen als auch den Alten.

Ein zweites Beispiel: Der Staat subventioniert die Altersteilzeit mit 1,5 Milliarden Euro jährlich.[61] Die Zuschüsse sollten Ende 2009 auslaufen, doch die SPD will sie erhalten. Die Zuschüsse begünstigen es, dass ältere Arbeitnehmer vorzeitig selbst aufhören oder von den Betrieben sozialverträglich aussortiert werden. Milliarden werden in die Frühverrentung gepumpt, um ausgerechnet in Zeiten einer alternden Gesellschaft die Älteren aus den Unternehmen zu drängen. Das schadet den Alten auf Dauer selbst: Zum einen wird das Vorurteil von den leistungsschwachen Alten durch solche Vergünstigungen gefestigt.

Zum anderen lohnt es sich für die Arbeitgeber nicht, in die Ausbildung ihrer Mitarbeiter zu investieren, wenn diese schon früh in den Ruhestand gehen. Wissen die Betriebe hingegen, dass ihre Beschäftigten bis zum Alter von 67 Jahren bleiben, rentieren sich auch Weiterbildungsmaßnahmen.[62] Das Ende der Altersteilzeit wäre deshalb ein wichtiges Signal und das Geld wäre besser in ein Programm für gute Arbeit oder eine Weiterbildungsoffensive investiert.

Alte bekommen in vielen Branchen außerdem höhere Löhne als ihre jungen Kollegen, obwohl sie die gleiche Arbeit verrichten – allein deswegen, weil sie älter sind. Das Senioritätsprinzip bei der Entlohnung ist zwar kein flächendeckendes Phänomen, aber sowohl im öffentlichen Dienst als auch in der Privatwirtschaft finden sich Lohnmuster, die direkt oder indirekt am Alter anknüpfen. Einige Beispiele:

- Im öffentlichen Dienst wurde die lebensaltersbezogene Staffelung 2005/2006 durch eine neue Entgelttabelle ersetzt, bei der Lohnsteigerungen nicht mehr entsprechend der Lebensjahre, sondern entsprechend der Berufsjahre erfolgen (in der Regel nach 1, 3, 6, 10 und 15 Jahren).[63] Unverändert bleibt dabei: Wer älter wird, bekommt mehr Lohn.
- Im Bankgewerbe gibt es Lohnsteigerungen nach Berufsjahren, wobei die Spanne bis zu 715 Euro Unterschied ausmacht.
- In der chemischen Industrie erhalten in den untersten drei der insgesamt 13 Entgeltgruppen die unter-18-Jährigen weniger Lohn als die über-18-Jährigen (die Spanne liegt bei knapp 300 Euro), die höchsten acht Entgeltgruppen staffeln das Gehalt nach Jahren in der Gruppe, wobei die Alterszuschläge bis zu 426 Euro ausmachen.
- Die Angestellten im Einzelhandel in Nordrhein-Westfalen bekommen je nach Tätigkeitsjahren bis zu 666 Euro mehr aufgrund ihres Alters.
- Bei der Energiewirtschaft Nordrhein-Westfalen werden die Alterszulagen auf bis zu ca. 270 Euro beziffert.
- Bei VW erhalten neue, normalerweise jüngere Mitarbeiter 20 Prozent weniger Lohn als die im Schnitt ältere Stammbelegschaft, obwohl sie die gleichen Arbeiten leisten.

Eine solche Lohnpolitik ist mit Generationengerechtigkeit nicht zu vereinbaren, die Diskriminierung der Jüngeren ist nicht legitim.

Für Deutschland fehlen belastbare Datenreihen hierzu, doch für Frankreich liegen Zahlen vor, wonach 1975 ein 30-Jähriger im Durchschnitt 15 Prozent geringer entlohnt wurde als ein 50-Jähriger; diese Differenz ist heute auf 35 bis 40 Prozent angestiegen – die Schere zwischen Jung und Alt geht also immer weiter auseinander.[64]

Außerdem ist grundsätzlich fraglich, ob die Besserstellung Älterer diesen tatsächlich hilft. Die Wissenschaftlichen Dienste des Deutschen Bundestages schreiben: «So verteuert sich etwa aufgrund des Senioritätsprinzips die Arbeit älterer Mitarbeiter im Vergleich zu jüngeren, was zum einen zur Folge hat, dass ältere Arbeitnehmer bevorzugt entlassen werden, und zum anderen, dass ein für ältere Arbeitnehmer häufig ohnehin schwieriger Wiedereinstieg in den Arbeitsmarkt weiter erschwert wird.»[65] Eine Abschaffung altersabhängiger Lohnerhöhungen zugunsten höherer Einstiegsgehälter ist daher nicht nur im Interesse der jungen Generation.

Das Bürgerliche Gesetzbuch schreibt außerdem verlängerte Kündigungsfristen für Ältere vor: Je länger jemand bei einem Betrieb arbeitet, desto länger sind die gesetzlichen Kündigungsfristen. In den meisten Tarifbereichen ist neben einer Grundkündigungsfrist eine zusätzliche Frist definiert, die meist ebenfalls nach der Dauer der Betriebszugehörigkeit gestaffelt ist. Vereinzelt knüpft der Kündigungsschutz zusätzlich am Lebensalter an. Im Bankgewerbe, in der chemischen Industrie, im Einzelhandel Nordrhein-Westfalen oder im öffentlichen Dienst der Gemeinden gibt es Alterszuschläge auf die Grundkündigungsfrist von bis zu sechs Monaten.

Neben längeren Fristen sehen viele Tarifverträge für Ältere einen zusätzlich verstärkten Kündigungsschutz vor, der eine ordentliche Kündigung praktisch ausschließt. Ältere werden damit unkündbar. Ab einem bestimmten Lebensalter und einer bestimmten Betriebszugehörigkeit sind etwa die Beschäftigten im öffentlichen Dienst der Gemeinden, in der Eisen- und Stahlindustrie, im Groß- und Außenhandel oder im Einzelhandel Nordrhein-Westfalen nicht mehr ordentlich kündbar. «Die Regelungen zum Bestandsschutz des Arbeitsverhältnisses weisen zweifelsohne einen starken Altersbezug auf», so das Fazit einer umfassenden Auswertung durch das Tarifarchiv des gewerkschaftsnahen Wirtschafts- und Sozialwissenschaftlichen Instituts der Hans-Böckler-Stiftung (WSI).[66]

Der besondere Kündigungsschutz soll dem Ausgleich der geringeren Arbeitsmarktchancen Älterer mit langer Beschäftigung in ein und demselben Betrieb dienen. Insofern können diese Regelungen als «positive Diskriminierung» bewertet werden, die bestehende Nachteile ausgleichen soll. Ohne den tariflichen Kündigungsschutz wäre, so wird vermutet, ein «Aussortieren» älterer Beschäftigter mit dem Ziel des Beschäftigungsabbaus noch reibungsloser möglich als über den heute gegangenen Weg der Frühverrentung. Doch letztlich führt gerade die längere Kündigungsfrist die ungünstigeren Arbeitsmarktchancen Älterer herbei: Unternehmen werden Ältere unter Umständen nicht einstellen, weil ihnen die Kündigungsbedingungen zu unflexibel erscheinen. Der Schutz älterer Arbeitnehmer macht also paradoxerweise den Schutz älterer Arbeitnehmer erst erforderlich.[67] Zwar bescheinigt eine Studie der OECD, dass die Höhe der Arbeitslosigkeit vom Kündigungsschutz nicht beeinflusst werde, jedoch durchaus deren qualitative Zusammensetzung.[68] Insofern müssen die Altersprivilegien überprüft werden. Schließlich sind gerade auch Jüngere auf Arbeitsplatzsicherheit angewiesen, um sich im Berufsleben zu etablieren und berechenbare Perspektiven zu haben, was insbesondere für die Familienplanung wichtig ist. Ferner können junge Menschen normalerweise bei Verlust des Arbeitsplatzes noch nicht auf ein Sparvermögen zurückgreifen.

Ausgesprochen problematisch sind Altersprivilegien beim Kündigungsschutz insbesondere, wenn sie auch auf betriebsbedingte Kündigungen angewandt werden, weil dann nach vorherrschender Rechtsauffassung die ordentlich unkündbaren Beschäftigten gar nicht mehr in die Sozialauswahl einzubeziehen sind: So wäre dann z. B. ein lediger 50-Jähriger mit guten Ersparnissen von vornherein geschützt, während eine junge Mutter von Kündigung bedroht wäre.

Alte genießen in der Arbeitswelt noch eine Reihe anderer Privilegien. So etwa die Verdienstsicherungen: Sie werden ausgezahlt, wenn das Entgelt für einen Beschäftigten aus Gründen gekürzt wird, die der Beschäftigte nicht selbst zu vertreten hat, wie z. B. Abgruppierung infolge von Rationalisierungsmaßnahmen, alters- bzw. gesundheitsbedingte Leistungsminderung oder sozial gerechtfertigte Änderungskündigung. In solchen Fällen gewährleisten die in Tarifverträgen weit verbreiteten Verdienstsicherungen das bisherige Entgeltniveau. Ob bei der Deutschen Post, beim Versicherungsgewerbe, der Deutschen Bahn, dem Kfz-Gewerbe oder dem Einzelhandel: Der Verdienst für Alte kann praktisch nicht mehr sinken.[69]

Hinzu kommen regelmäßig höhere Urlaubsansprüche für Ältere. Häufig sind die Urlaubszeiten nach dem Lebens- oder Dienstalter gestaffelt. So beträgt der Jahresurlaub im öffentlichen Dienst bis zum 30. Lebensjahr 26 Tage, bis zum 40. Lebensjahr 29 Tage und ab dem 40. Lebensjahr 30 Tage. Bahn und Post haben ähnliche Staffelungen. Auch bei den bayerischen Brauereien und Hotels, in der Druckindustrie, in der Energiewirtschaft und anderen Branchen gibt es mehr Urlaub für Ältere.[70]

Die Wochenarbeitszeit ist ebenfalls kürzer, je älter man ist: Ab dem 45. Lebensjahr werden z. B. im Kfz-Gewerbe in Nordrhein-Westfalen die Wochenarbeitszeiten stufenweise reduziert, in der Chemie-Industrie gibt es ab 57 eine Altersfreizeit von 2,5 Stunden pro Woche, und bei manchem Telekommunikations-Unternehmen wird die Wochenarbeitszeit ab dem 50. Lebensjahr stufenweise verkürzt.[71]

Die Alten genießen diese Vorrechte allein deswegen, weil sie alt sind – und nicht, weil sie mehr leisten oder weil sie gesundheitlich geschützt werden müssten. Die Privilegien dürften sich nach der Antidiskriminierungsrichtlinie nicht mehr lange rechtfertigen lassen. Zugunsten besserer Arbeit für alle Altersgruppen sollten alle Altersprivilegien abgeschafft werden.

Beim Arbeitslosengeld oder der Altersteilzeit ist es wie mit vielen anderen Altersprivilegien im deutschen Sozialrecht und in den Tarifverträgen: Nur wenige davon sind sinnvoll und gerechtfertigt. Die meisten Altersprivilegien diskriminieren junge Menschen ohne legitime Begründung und müssen zurückgenommen werden. Dabei geht es nicht darum, alle Klauseln kurzerhand zu streichen. Viele der Regelungen wollen ältere Arbeitnehmer schützen und gehen doch oft an ihrem eigentlichen Anliegen vorbei. Generationengerechte Lösungen müssen für Jung und Alt fair sein.

## Alte Hasen oder altes Eisen?

Häufig wird befürchtet, dass in «überalterten Gesellschaften» Produktivität und Innovationskraft abnähmen, weil die körperliche und geistige Leistungskraft alter Menschen niedriger sei.[72] Bis etwa zum 25. oder 30. Lebensjahr steige die Produktivität an, danach bleibe sie bis etwa zum 45. Lebensjahr konstant, um dann wieder abzufallen. Aufgrund des Senioritätsprinzips würde die Kluft zwischen Lohnkosten und Produktivität sich also mit dem Alter immer weiter öffnen, schon lange vor dem eigentlichen Rentenalter. «Die Produktivität älterer Arbeitnehmer sinkt tendenziell, während ihre Lohnkosten konstant bleiben oder sogar weiter steigen», behauptet eine Studie des arbeitgebernahen Instituts der deutschen Wirtschaft.[73]

Diese Vorstellung von sinkender Leistung im Alter, die als Defizit-Modell bezeichnet wird, vereinfacht jedoch zu stark. In der Tat belegen zwar statistische Analysen, dass ein höherer Anteil älterer Arbeitnehmer mit einer geringeren Produktivität auf Firmenebene einhergeht. Doch die Kausalitäten sind nicht eindeutig identifizierbar. Die negative Korrelation könnte etwa darin begründet sein, dass Unternehmen mit geringerer Produktivität weniger junge Beschäftigte neu einstellen. In größeren Unternehmen lassen die Auswertungen keine Produktivitätsnachteile bei älterer Belegschaft erkennen, was daran liegen mag, dass unproduktive Alte durch Frühverrentung nicht mehr erfasst werden oder in größeren Betrieben eher der Kapital- als der Personaleinsatz die Produktivität bestimmt.[74]

Aufgrund der besseren Gesundheitsversorgung leben die Menschen nicht nur länger, sie bleiben auch länger gesund und leistungsfähig. Der alterungsbedingte Abbau der Leistungskraft setzt nicht mehr automatisch bereits im fortgeschrittenen Erwerbsalter ein. Es handelt sich um einen Wandel, nicht um einen Verlust an Qualifikation: Die «fluide Intelligenz» – also körperliche Belastbarkeit, Aufnahmefähigkeit, Veränderungsbereitschaft sowie Gedächtnisleistung – sinkt zwar ab einem bestimmten Lebensalter tendenziell, während dafür aber die «kristalline Intelligenz» – also Erfahrung, Menschenkenntnis und Organisationswissen – tendenziell zunimmt. Eine sinkende Gesamtleistung ist erst für das höhere Alter nachgewiesen, wenn das Erwerbsleben bereits abgeschlossen ist.[75] Das Defizit-Modell sei durch die Erkenntnisse der Altersforschung «erschüttert», so Gunda Maintz, langjährige Direktorin der Bundesanstalt für Arbeitsschutz und Arbeitsmedizin.[76] «Die Defizit-Hypothese vom automatischen Leistungsabbau ist überholt», bestätigt Ernst Kistler, Direktor am Institut für Empirische Sozialökonomie (INIFES).[77]

Die Demografie-Enquete-Kommission beurteilt das Defizit-Modell wie folgt: «Aus wissenschaftlicher Perspektive erweist sich diese Haltung jedoch als Vorurteil. Einschlägige empirische Befunde liefern jedenfalls keinen Hinweis darauf, dass zwischen Lebensalter und Leistungsfähigkeit ein eindeutig negativer Zusammenhang besteht. Menschen im Alter zwischen 50 und 64 Jahren sind zumindest im Durchschnitt nicht weniger leistungsfähig als jüngere. Mit dem Alter findet allenfalls ein Wandel in der Art der Leistungsfähigkeit im Sinne einer Verschiebung zwischen altersspezifischen Stärken und Schwächen statt. Untersuchungen in altersgemischten Unternehmen konnten zudem zeigen, dass die Lernfähigkeit und Innovationsbereitschaft sehr viel mehr von den Erfahrungen der Mitarbeiterinnen und Mitarbeiter im Umgang mit neuen Herausforderungen und unsicheren Situationen als mit dem Lebensalter zu tun hat. Vielfach verfügen gerade ältere Mitarbeiterinnen und Mitarbeiter über spezifische Erfahrungen, die für den Erfolg von Unternehmen unverzichtbar sind. Sie verlieren nur dann an Flexibilität und Leistungsfähigkeit, wenn sie lediglich mit Routineaufgaben betraut und mit ihrer Arbeit unterfordert sind.»[78]

Viel realitätsnäher als das Defizit-Modell vom Leistungsabbau ist das Kompetenz-Modell vom Leistungswandel, das Altern nicht einseitig nach der Zahl der Lebensjahre beschreibt, sondern individuell differenziert – denn Altern ist ein Prozess, der zwar vom chronologischen Lebensalter mitbestimmt wird, aber bei weitem nicht von diesem determiniert ist.[79] Ein Beispiel des Altersforschers Paul B. Baltes mag dies illustrieren: Bei einem Klassentreffen von 15-Jährigen sieht man auf den ersten Blick, wie alt sie sind. Bei einem Klassentreffen von 65-Jährigen sehen einige aus, als hätten sie ihren Vater mitgebracht, und andere, als hätten sie ihren Sohn dabei. Das kalendarische Alter an sich wird immer weniger relevant für das Altern. Wichtiger ist, was die Menschen daraus machen. Entscheidend ist nicht die Frage nach den grauen Haaren, sondern die Frage nach den grauen Zellen.

Einige Beispiele: Ein Fußballspieler wird wohl spätestens ab dem 35. Lebensjahr nicht mehr auf dem Platz mithalten können, aber er wird als Trainer, Manager, Sportdozent oder Sportjournalist gute Leistungen bringen können. Auch Fliesenleger, Kohlekumpels, Paketzusteller oder Software-Entwickler werden ihre Arbeit nicht 40 Jahre lang ausüben können, ihr Leistungsprofil wandelt sich: Sie können z. B. Nachwuchs ausbilden, die Logistik organisieren oder in anderen Branchen Fuß fassen.

Inwiefern sich dieser Wandel des Qualifikationsprofils auf die Arbeitsproduktivität auswirkt, ist umstritten.[80] «In der betrieblichen Praxis gibt es das Problem der Innovationsschwäche älterer Mitarbeiter praktisch nicht», erklärt der Innovationsspezialist Michael Astor, der am Prognos-Institut zur Leistungsfähigkeit alternder Belegschaften forscht. Das Deutsche Institut für Wirtschaftsforschung bestätigte jüngst diese Einschätzung. Allerdings: Das Vorurteil, Alte seien weniger leistungsfähig, habe sich in vielen Köpfen – vor allem auch in denen der Alten selbst – festgesetzt. Mit diesem «Defizit-Denken» stünden sich Betriebe und Beschäftigte selbst im Weg.[81] In intellektuellen Berufen können etliche Menschen sogar bis 80 noch Höchstleistungen bringen, wie die Berliner Altersstudie belegt.[82] Vor diesem Hintergrund kommt die Demografie-Enquete-Kommission zu dem Schluss, dass die noch immer verbreitete Frühverrentungspraxis und Diskriminierung Älterer bei Einstellungen dem Unternehmenserfolg nicht zuträglich sind.[83]

Eine generell unterschiedliche Behandlung nach Lebensalter kann jedenfalls mit dem sich wandelnden Produktivitätsprofil nicht gerechtfertigt werden, weder im Sinne einer höheren Entlohnung Älterer aufgrund deren Lebenserfahrung, noch im Sinne einer höheren Entlohnung Jüngerer aufgrund deren höherer körperlicher Belastbarkeit. Produktivitätsunterschiede zwischen Alt und Jung dürfen ebenso wenig unterstellt werden wie zwischen Frauen und Männern und können auch ebenso wenig Diskriminierung begründen.

## Deutsche Betriebe im Jugendwahn

Die Vorurteile und Stereotype gegenüber Alten äußern sich in der altersdiskriminierenden Personalpolitik: Frühverrentung und jugendzentrierte Einstellungspraxis. Die insbesondere in den 1990ern gängige, aber auch heute noch gepflegte Frühverrentungskultur hat dazu geführt, dass die Arbeitsmarktsituation bei Älteren trotz der in jüngster Zeit wieder ansteigenden Erwerbstätigkeit von überproportional hoher Arbeitslosigkeit und vielfältigen Formen der Diskriminierung gekennzeichnet ist.[84] Frühverrentung wird genutzt, um den Beschäftigtenumfang möglichst reibungslos und kostengünstig zu verringern, wobei die Kosten der Freistellungen von den Betroffenen oder von der Renten- und Arbeitslosenversicherung getragen werden.[85]

Die Demografie-Enquete-Kommission kritisiert diese «altersselektive und jugendzentrierte Personalpolitik»: «Das Instrument der Frühverrentung eröffnete Unternehmen die Möglichkeit, ohne rechtliche oder tarifvertragliche Schutzbestimmungen und getragen von einem gesellschaftlichen Konsens zu einem Personalabbau und somit zu einer schnellen Verjüngung und Veränderung der Qualifikationsstruktur der Belegschaften zu gelangen. Dadurch sind die älteren Beschäftigten zunehmend zu einer Dispositionsmasse geworden, über die im Rahmen betrieblicher Personalstrategien flexibel verfügt und die zur Bewältigung unterschiedlicher betriebswirtschaftlicher Probleme fast beliebig vermindert werden kann.»[86]

Verlieren Ältere ihren Arbeitsplatz, sind die Chancen, eine neue Anstellung zu finden, äußerst gering.[87] Bei der Befragung des IAB-Betriebspanels antworteten 15 Prozent der Personalchefs, prinzipiell keine Älteren über 50 Jahre einzustellen. Weitere acht Prozent würden dies nur dann tun, wenn keine Jüngeren verfügbar sind. Andere knüpften die Einstellung an sonstige Bedingungen wie: nur als Teilzeitkräfte, nur mit befristeten Verträgen, nur mit Lohnkostenzuschüssen. Lediglich 54 Prozent der Betriebe zeigten sich bedingungslos bereit, Ältere einzustellen.[88] Während amerikanische Manager ihre Mitarbeiter bis zum 60. Lebensjahr für voll leistungsfähig halten, trauen deutsche Führungskräfte dies ihren Mitarbeitern nur bis zum 51. Lebensjahr zu.[89] Wir verspielen leichtfertig das Potenzial der älteren Generation. Die Haltung von Unternehmen gegenüber älteren Arbeitnehmern ist immer noch abwartend und distanziert,[90] Weiterbildung für Ältere gilt als «blinder Fleck».[91] Erst langsam setzt sich eine Trendumkehr durch. Die ehemalige Bundesfamilienministerin Ursula Lehr (CDU) sagte zu Recht: «Es gilt, nicht nur den Leben Jahre, sondern den Jahren Leben zu geben.»

## Alter(n)sgerechtes Arbeiten statt Altersdiskriminierung: Alt werden, jung bleiben!

Aus Gründen der Generationen- und der Lohngerechtigkeit müssen sämtliche ungerechtfertigte Altersprivilegien in tariflichen und gesetzlichen Bestimmungen gestrichen und durch andere Karrieremodelle und nichtdiskriminierende Regelungen ersetzt werden. Dies fordert auch die Demografie-Enquete-Kommission.[92]

Generell ist ein Paradigmenwechsel notwendig: Junge Menschen sollten auf höhere Gehälter bestehen, gerade weil sie in Zukunft nicht mehr damit rechnen können, im Alter besser entlohnt zu werden. Höhere Löhne für Junge würden ihnen auch beim Aufbau einer eigenständigen Existenz und bei der Familiengründung helfen. Der europäische Gewerkschaftsbund CESI fordert explizit ein solches Umdenken: «Jüngeren Arbeitnehmern, die verstärkt vorsorgen müssen, hohe Abgaben an die Sozialversicherung zu leisten haben und bei alledem selbst Familien gründen wollen, sollten in der Tendenz höhere Einkommen gezahlt werden als heute üblich. Demgegenüber sind die heutigen Einkommensstrukturen, die die höchsten Einkommen bei den älteren Arbeitnehmern sehen, kritisch zu überprüfen. Die zumeist höheren Einkommen älterer Arbeitnehmer verschlechtern ihre Chancen auf den Arbeitsmärkten.»[93]

Im Zuge des demografischen Wandels ergibt sich die Chance, ungerechtfertigte Altersbevorzugungen abzubauen, ohne ungewollte Verschlechterungen beim allgemeinen sozialen Schutz eingehen zu müssen: Da die Gesellschaft und mit ihr das Erwerbspersonenpotenzial altert, kommen die Unternehmen gar nicht daran vorbei, auch ältere Arbeitnehmer zu beschäftigen. Mit der Alterung der Gesellschaft verbessern sich die Arbeitsmarktchancen der Älteren, sodass sich die in der Vergangenheit notwendigen sozialen Schutzrechte erübrigen.

Zugleich können Ältere bereits heute durchaus vom Abbau der Altersbevorzugungen profitieren, wie nicht zuletzt etwa die Erfahrungen mit den Vorruhestandsregelungen oder mit der Verkürzung der Bezugsdauer von Arbeitslosengeld zeigen. Durch die Abschaffung von Altersprivilegien sinken die Beschäftigungshemmnisse für Ältere, so das Institut für Angewandte Wirtschaftsforschung (IAW): «Kündigungsschutzbestimmungen und eine mögliche Senioritätsentlohnung erweisen sich zwar nicht in allen, aber doch in einigen Bereichen als tatsächliche Einstellungshemmnisse gegenüber älteren Arbeitnehmer/innen. Dies bestätigen nicht nur die Aussagen der Personalverantwortlichen, sondern auch die Betriebsräte und die älteren Arbeitnehmer/innen selbst.»[94]

Anstelle des Senioritätsprinzips muss daher eine kohärente Strategie für alter(n)sgerechtes Arbeiten entwickelt werden, die bereits die jungen Beschäftigten einbezieht. Mit der Devise «50plus» wird man die Herausforderungen des demografischen Wandels nicht bewältigen können, weil sie zu spät greift. Politik für die Generation 50plus muss dreißig Jahre vorher beginnen. Eine Studie des Iso-Instituts für Sozialforschung formuliert: «Ein wesentliches Merkmal der neuen Strategie einer alter(n)sgerechten Arbeits- und Personalpolitik wird sein, dass – so paradox es klingen mag – der Fokus nicht (nur) auf die Älteren gerichtet wird. Alter(n)sgerechte Ausrichtung betrieblicher Maßnahmen beginnt mit den Jüngeren (in ihrer Zusammenarbeit mit den Älteren), geht über die Mitarbeiter mittleren Alters (bei der Sicherung von Qualifikation und Gesundheit) und schließt den Kreis bei den Älteren.»[95]

Das Instrumentarium reicht von der Rekrutierungspolitik über die Qualifizierung, den Gesundheitsschutz und den Know-How-Transfer bis zur Arbeitszeitgestaltung und Unternehmenskultur. Nicht nur für Ältere ist ein verbesserter Einsatz dieser Instrumente sinnvoll, alle Beschäftigten profitieren davon. Es geht nicht darum, Ältere aus Wohltätigkeit zu schonen, sondern darum, ihre Potenziale bestmöglich auszuschöpfen. Das Humankapital der alternden Belegschaften muss erhalten und erweitert werden. Wir brauchen Arbeitsstrukturen, die es möglich machen, länger als 45 Jahre produktiv zu sein. Der neueste Bundesaltenbericht und die Demografie-Enquete-Kommission haben dazu umfangreiche Maßnahmenkataloge erarbeitet,[96] die zügige Umsetzung verdienen.

Die Herausforderung für Politik, Arbeitgeber und Gewerkschaften besteht darin, die Arbeitsfähigkeit einer alternden Erwerbsbevölkerung zu fördern, das Potenzial älterer Arbeitnehmer zu aktivieren und voll auszuschöpfen. Nur so können auch unter dem Zeichen des demografischen Wandels weiterhin Produktivitätsfortschritte realisiert werden. Passt sich die Personalpolitik der Unternehmen nicht an, wird der Fachkräftemangel vorprogrammiert.

Diese Herausforderung wird nur durch konsequente Investitionen in die Aus- und Weiterbildung und die Gesundheitsvorsorge sowohl der jüngeren als auch der älteren Arbeitnehmer zu meistern sein. Der Aphoristiker Werner Mitsch brachte es auf den Punkt: «Es kommt nicht darauf an, wie alt man wird, sondern wie man alt wird.»

## Die Zukunft gibt es nicht umsonst

### Warum wir einen Aufstand der Jungen brauchen

Es liegt auf der Hand, dass nachrückende Generationen dem gegenwärtigen Verschieben von Lasten in die Zukunft nicht zustimmen würden. Doch in einer Demokratie müssen die Verantwortlichen nicht auf deren Interessen Rücksicht nehmen, da das Grundgesetz nur die Rechte bereits Geborener schützt und nur ihnen eine Beteiligung an der allgemeinen Willensbildung zusichert. Könnten die künftigen Generationen mit abstimmen, würde eine auf die Gegenwart ausgerichtete Politik keine Mehrheit mehr finden. Die Stimme der nachrückenden Generationen wird überhört, sie geht im Lärm und Getöse der Interessengruppen unter, um deren Gunst die Entscheidungsträger ringen. Es existiert kein Regulativ, das Generationengerechtigkeit belohnt. Belange der Zukunft werden dem Zeitgeist der Gegenwart geopfert. Niemand wird die heutigen Entscheidungsträger je dafür zur Verantwortung ziehen können, denn sie werden die langfristigen Folgen ihres Handelns nicht mehr miterleben. Was sie anrichten, müssen die künftigen Generationen ausbaden.

Politiker wollen wiedergewählt werden – und denken daher zuerst an die nächsten Wahlen und erst danach an die nächste Generation. Bei der parlamentarischen Mehrheitsbeschaffung kann nicht einmal die erste nachrückende, also die heute junge Generation mitwirken, da sie vom Wahlrecht ausgeschlossen wird. Die intergenerationelle Gerechtigkeit bleibt auf der Strecke.

Unsere Verfassung schützt nur die Rechte der bereits lebenden, nicht aber der noch ungeborenen Generationen. Der ehemalige Präsident des Bundesverfassungsgerichts, Hans-Jürgen Papier, bezeichnete es daher als eine der größten verfassungsrechtlichen Herausforderungen der Zukunft, das Sozialstaatsprinzip für einen Ausgleich zwischen gegenwärtigen und zukünftigen Perspektiven und Chancen nutzbar zu machen.[1] Im Jahr 2005 haben 105 Abgeordnete einen Antrag für mehr Generationengerechtigkeit im Grundgesetz eingebracht.[2] Der Antrag sieht vor, Nachhaltigkeit als Staatsziel aufzunehmen und die Berücksichtigung künftiger Generationen bei der Aufnahme öffentlicher Schulden vorzuschreiben. Beide neuen Klauseln wären aber wieder nur deklaratorisch und damit unverbindlich – und zudem so allgemein formuliert, dass sie nach dem politischen Kalkül der Regierung oder im Zweifel durch das Bundesverfassungsgericht erst interpretiert werden müssen. So wichtig das Anliegen der Abgeordneten also auch ist, ihre Vorschläge werden kaum zur Stärkung der Generationengerechtigkeit beitragen.[3] Wirkungsvoller wären konkrete Regelungen wie etwa der Einbau einer Schuldenbremse in die Finanzverfassung, die Formulierung einer Rentenverfassung oder eine Verschärfung des Umweltschutz-Artikels 20a des Grundgesetzes.[4]

In einer parlamentarischen Demokratie wie der unseren ist die Zukunft in keinem Gremium vertreten und hat daher auch keine Stimme. Ein spannender Ansatz zur Neutralisierung des Dilemmas ist die Einrichtung einer Kommission für künftige Generationen (oder eines Zukunftsrates, oder wie immer man dieses Gremium auch nennen mag). Diese Kommission, zusammengesetzt aus unabhängigen, renommierten Persönlichkeiten mit ausgewiesenen Fachkenntnissen auf dem Gebiet der Generationengerechtigkeit, hätte die Aufgabe, die Interessen künftiger Generationen zu erahnen, zu formulieren und in den demokratischen Willensbildungsprozess einzubringen.

Derartige Gremien sind zwar bereits in Ansätzen vorhanden, insbesondere mit dem Rat der Bundesregierung für Nachhaltige Entwicklung oder dem Parlamentarischen Beirat für Nachhaltige Entwicklung. Doch beide Gremien sind zahnlose Tiger. Sie haben keine nennenswerten Kompetenzen und spielen weder im breiten öffentlichen Diskurs noch in der politischen Praxis eine erwähnenswerte Rolle. Ein drittes relevantes Gremium, der Staatssekretärsausschuss für Nachhaltige Entwicklung, dient lediglich der Koordination der Ministerien und nicht der politischen Normensetzung. Um seiner Rolle als Sprachrohr der Zukunft wirklich gerecht werden zu können, müsste die Stellung eines solchen Gremiums durch Verankerung in der Verfassung gestärkt werden, es bräuchte ein Recht zur Gesetzesinitiative und ein Begutachtungsrecht. Auch ein aufschiebendes Vetorecht wäre zu diskutieren.[5]

Die vielfältigen Möglichkeiten zur institutionellen Verankerung von Generationengerechtigkeit werden im *Handbuch Generationengerechtigkeit* der Stiftung für die Rechte zukünftiger Generationen eingehend erörtert.[6] Die 1997 von Studenten gegründete Stiftung ist wohl die derzeit bedeutendste Stimme, wenn es um die Rechte kommender Generationen geht. Mit zahlreichen Veröffentlichungen hat sie sich in die öffentliche Debatte eingemischt, ob mit ihrem Konzept einer Teilungslösung in der Rentenversicherung, ihrem Vorschlag für eine Neufassung des Umweltschutz-Staatsziels oder ihrer Forderung nach einem Kinderwahlrecht. Sie ist auch führend auf dem Forschungsgebiet der Generationengerechtigkeit: Die Stiftung schreibt Preise für junge Wissenschaftler aus, führt selbst eigene Untersuchungen durch, veranstaltet wissenschaftliche Kongresse und Fachtagungen und gibt, neben zahlreichen Büchern, das *Journal für Generationengerechtigkeit* heraus. Die Arbeiten der Stiftung haben häufig Pioniercharakter. Der im Bundestag verhandelte Antrag für mehr Generationengerechtigkeit im Grundgesetz wäre ohne die Aktivitäten der Stiftung kaum vorstellbar gewesen (www.srzg.de).

In letzter Zeit sind weitere Initiativen entstanden, in denen sich junge Menschen mit Zukunftsfragen auseinandersetzen und für die Zukunftsverantwortung der heutigen Gesellschaft eintreten. Unter dem Dach des Club of Rome ist an prominenter Stelle der Think Tank 30 (tt30) angesiedelt, eine ausgesuchte Gruppe junger Meinungsführer um die 30 Jahre, die Empfehlungen für eine langfristige Politik formulieren und kritische Impulse für Veränderungen setzen (www.tt30.de).

Im Jugendbündnis Zukunftsenergie haben sich fünf große Jugendverbände zusammengeschlossen, um sich gemeinsam für Erneuerbare Energien einzusetzen. Seit dem Jahr 2004 organisiert das Jugendbündnis Konferenzen, Aktionen und Werbekampagnen und ist mit einem Jugendkomitee im Bundesumweltministerium vertreten (www.zukunftsenergie.org).

An zahlreichen Universitäten haben sich Studierendeninitiativen gegründet, die mit zum Teil beachtlichem Erfolg die Thematik der Generationengerechtigkeit und der nachhaltigen Entwicklung voranbringen. Hervorzuheben ist etwa die Initiative für nachhaltige

Entwicklung in Berlin, die u. a. jedes Semester eine mittlerweile zum Klassiker avancierte Vortragsreihe zu Nachhaltigkeit anbietet, ein Forschungskolloquium organisiert und Photovoltaik auf die Dächer der Berliner Universitäten bringt (www.nachhaltigkeitsinitiative.de). Gemeinsam mit der Berliner Nachhaltigkeitsinitiative haben sich mehrere Jugend- und Studierendengruppen zu einem Netzwerk zusammengetan, das sich auch auf der Ebene des Bundestags regelmäßig mit Politikern austauscht. Darunter sind u. a. die Wirtschaftsstudenten-Organisationen OIKOS, AIESEC und SNEEP, die Initiative Psychologie im Umweltschutz, die Initiative für Nachhaltigkeit an der Uni Duisburg-Essen und die AG Nachhaltigkeit an der Uni Erfurt. In Berlin haben sich junge Aktive aus den vielfältigsten Hintergründen zu einem «Jour Fixe Nachhaltigkeit» vernetzt. In mehreren Städten Deutschlands haben sich junge Berufstätige zum Netzwerk «3plusX» zusammengefunden, um sich für Nachhaltigkeit starkzumachen, und noch viele andere junge Gruppen streiten deutschlandweit für Nachhaltigkeit sowie für die Rechte und Interessen der nachrückenden Generationen.

Nicht immer wird die Jugend ernst genommen. Es bedurfte langen Engagements aktiver Jugendlicher, bis endlich ein Jugendvertreter in den Nachhaltigkeitsrat der Bundesregierung aufgenommen wurde – eigentlich sollte es eine Selbstverständlichkeit sein, dass die junge Generation in diesem Gremium, das immerhin alle wichtigen gesellschaftlichen Gruppen repräsentieren soll, vertreten ist. Bei der nächsten Neubesetzung des Rates wurde der einzige Jugendvertreter bereits wieder ausgeschlossen. Darf die nachrückende Generation nicht mitreden, wenn es um nachhaltige Entwicklung geht? Was haben wir als Jugendliche für Mitspracherechte, außer der Teilnahme an Alibi-Veranstaltungen, die sowieso nichts bewirken? Es gibt gute Gründe, warum sich die Jugend unverstanden fühlt. Unter die Stimmung von Resignation, Enttäuschung und Frustration mischen sich Ohnmacht und Wut.

Die demografische Verschiebung macht die Frage umso dringlicher, wie die Generationen miteinander umgehen und leben wollen. Ob sich Jung und Alt in Respekt und Solidarität begegnen, sich als Last oder Bereicherung begreifen, entscheidet sich im alltäglichen Generationendialog – und insbesondere darin, ob die Alten die Jungen ernst nehmen. Generationensolidarität ist keine Einbahnstraße.

Allein dadurch, dass die Jugendlichen quantitativ weniger werden, wird ihre Position in unserer Gesellschaft geschwächt. Die Definition des Gemeinwohls wird älter.

Wir müssen aufpassen, dass die Jugend in Zeiten des demografischen Wandels nicht zur «vergessenen Generation» wird. Bei allen guten und gut gemeinten Ansätzen: Es liegt noch ein weiter Weg vor uns, unsere Demokratie fit für die Zukunft zu machen. Innovative Impulse der jungen Generation sind ein Gewinn für unsere ganze Gesellschaft. Deswegen brauchen wir einen Aufstand der Jungen. Einen Aufstand nicht gegen die Alten, sondern gegen einen unfairen Zustand, einen Aufstand für das Recht auf Mitsprache und das Recht auf Zukunft. Denn: Der Jugend gehört die Zukunft – aber es gibt sie nicht umsonst.

«Für zwei Dinge allerdings gibt es keine Grenzen: keine für die Zahl künftiger Generationen, auf die wir Rücksicht nehmen müssen, und keine für den Erfindungsgeist. Die künftigen Generationen fordern uns heraus: Wir müssen nicht nur für unsere eigene Generation Sorge tragen; auch alle künftigen Generationen müssen sich aus den begrenzten Flüssen der irdischen Ressourcen versorgen und ernähren können. Unsere Kreativität hat Ideen und Maßnahmen zu entwickeln, die diesen Ansprüchen gerecht werden.»

*Jan Tinbergen, Nobelpreisträger für Wirtschaftswissenschaften*[7]

# Dank

Ohne die Mithilfe zahlreicher Menschen wäre dieses Buch nicht in der vorliegenden Form möglich gewesen. Neben den vielen, mir anonym gebliebenen Mitarbeitern der Ministerien und Behörden, Verbände und Institute gehören dazu auch viele, die inzwischen zu meinen Freundinnen und Freunden geworden sind.

Insbesondere möchte ich den Bundestagsabgeordneten der verschiedenen Parteien sowie ihren Mitarbeiterinnen und Mitarbeitern danken, die Tag um Tag für mehr Generationengerechtigkeit streiten und mich in meiner Arbeit stets engagiert unterstützt haben. Dazu zählen insbesondere Marco Bülow MdB (SPD) und sein Mitarbeiter Thomas Wisniewski, Horst Meierhofer MdB (FDP) und seine Mitarbeiterin Brigita Jeroncic, Dr. Anton Hofreiter MdB (Grüne) und sein Mitarbeiter Udo Werner, Corinna Heilmann vom Büro Swen Schulze MdB (SPD), Elmar Große-Ruse vom Büro Kai Gehring MdB (Grüne) und Florian Pronold MdB (SPD).

Thomas Goger, ehemaliger Landesvorsitzender der Jusos Bayern, hat mir unermüdlich seine Standpunkte aus sozialdemokratischer Perspektive erläutert. Milena Riede und Manuel J. Hartung vom tt30 sowie Tobias Kemnitzer, Demografie-Referent der Grünen Bundestagsfraktion, lieferten mir insbesondere zu den Themen Familien-, Jugend- und Bildungspolitik wertvolle Anmerkungen.

Besonderen Dank schulde ich Dr. Dr. Jörg Tremmel, Direktor der Stiftung für die Rechte zukünftiger Generationen, ohne dessen wertvolle Vorarbeiten und seine langjährige Begleitung auf meinem politischen Lebensweg dieses Buch nicht zustande gekommen wäre.

Zuletzt möchte ich meinem Lektor Dr. Stefan Bollmann vom Verlag C. H. Beck für die vertrauensvolle Zusammenarbeit danken sowie allen, die hier nicht namentlich erwähnt werden können, aber ebenso auf die eine oder andere Art und Weise an der Entstehung dieses Buches beteiligt waren.

## Zum Weiterlesen

Aus Platzgründen konnten nicht alle relevanten Themen in diesem Buch besprochen werden. Weitergehende Gedanken sind auf www.wolfgang-gruendinger.de zu finden.

Birg, Herwig: Die ausgefallene Generation. Was die Demographie über unsere Zukunft sagt. München 2005
Bofinger, Peter: Wir sind besser, als wir glauben. Wohlstand für alle. München 2005
Böhning, Björn/Burmeister, Kai (Hg.): Generationen & Gerechtigkeit. Hamburg 2004
Bülow, Marco: Generation Zukunft. Ein Plädoyer für verantwortungsbewusstes Handeln. München 2004
Butterwegge, Christoph/Klundt, Michael (Hg.): Kinderarmut und Generationengerechtigkeit. Familien- und Sozialpolitik im demografischen Wandel. Opladen 2003
Gründinger, Wolfgang: Die Energiefalle. Rückblick auf das Erdölzeitalter. München 2006
Heubach, Andrea: Generationengerechtigkeit – Herausforderung für die zeitgenössische Ethik. Göttingen 2008
Hondrich, Karl Otto: Weniger sind mehr. Warum der Geburtenrückgang ein Glücksfall für unsere Gesellschaft ist. Frankfurt am Main 2007
Kaufmann, Franz-Xaver: Schrumpfende Gesellschaft. Vom Bevölkerungsrückgang und seinen Folgen. Bonn 2005
Kistler, Ernst: Die Methusalem-Lüge. Wie mit demographischen Mythen Politik gemacht wird. München/Wien 2006
Lauterbach, Karl: Der Zweiklassenstaat. Wie die Privilegierten Deutschland ruinieren. Berlin 2007
Müller, Albrecht: Die Reformlüge. 40 Denkfehler, Mythen und Legenden, mit denen Politik und Wirtschaft Deutschland ruinieren. München 2004
Niejahr, Elisabeth: Alt sind nur die anderen. So werden wir leben, lieben und arbeiten. Frankfurt am Main 2004
Schirrmacher, Frank: Das Methusalem-Komplott. München 2004
Schlegl, Tobias: Zu spät? So zukunftsfähig sind wir Deutschen. Reinbek bei Hamburg 2008
Shell Deutschland (Hg.): Jugend 2006. Eine pragmatische Generation unter Druck. Bonn 2006

Stiftung für die Rechte zukünftiger Generationen (Hg.): Handbuch Generationengerechtigkeit. München 2003
Stiftung für die Rechte zukünftiger Generationen (Hg.): Wahlrecht ohne Altersgrenze? Verfassungsrechtliche, demokratietheoretische und entwicklungspsychologische Aspekte. München 2007
Strange, Nicholas: Keine Angst vor Methusalem! Warum wir mit dem Altern unserer Bevölkerung gut leben können. Springe 2006
Tremmel, Jörg: Nachhaltigkeit als politische und analytische Kategorie. Der deutsche Diskurs um nachhaltige Entwicklung im Spiegel der Interessen der Akteure. München 2003
Tremmel, Jörg: Bevölkerungspolitik im Kontext ökologischer Generationengerechtigkeit. Wiesbaden 2005
Tremmel, Jörg/Ulshöfer, Gotlind (Hg.): Unternehmensleitbild Generationengerechtigkeit. Theorie und Praxis. Frankfurt am Main 2005
Tremmel, Jörg (Hg.): Handbook of Intergenerational Justice. Cheltenham/Northampton 2006
Tremmel, Jörg (Hg.): Demographic Change and Intergenerational Justice. The Implementation of Long-Term Thinking in the Political Decision Making Process. Heidelberg 2008
Tutt, Cornelia: Das große Schrumpfen. Berlin 2007
Weimann, Mike: Wahlrecht für Kinder. Weinheim/Berlin/Basel 2002

# Quellenverzeichnis


## Nachhaltigkeit: Trugbild und Leitbild

1 Wüllenweber, Walter: Die Last mit den Alten. Konflikt der Generationen. In: Stern Nr. 48/2002: 50–56
2 «Rücktrittsforderungen gegen Mißfelder». In: Die Welt vom 8. 8. 2003
3 «JuLi-Chef ‹gibt den Löffel ab›», tagesschau.de vom 4. 3. 2005
4 Zschaler, Mathias: Generation Mißfelder. In: Die Welt online vom 9. 8. 2003
5 Sinn, Hans-Werner: Das demografische Defizit. Die Fakten, die Folgen, die Ursachen und die Politikimplikationen. In: Birg, Herwig (Hg.): Auswirkungen der demographischen Alterung und der Bevölkerungsschrumpfung auf Wirtschaft, Staat und Gesellschaft. Münster 2005: 54
6 Gronemeyer, Reimer: Kampf der Generationen. München 2004: 9, 21 f.
7 Klöckner, Bernd W.: Die gierige Generation. Frankfurt am Main 2003: 13–16
8 zit. nach Schütte, Christian: «Zukunftsorientierung» statt «Generationengerechtigkeit». In: Nagel, Eckhard; von Vietinghoff, Eckhart (Hg.): Alt gegen Jung? Jung gegen Alt? Hannover 2005: 111–115, hier: 112
9 Frank Schirrmacher: Das Methusalem-Komplott. München 2005
10 Landtagspräsident Alois Glück kritisiert «Jugendfixierung» der Parteien, ddp vom 24. 2. 2005
11 Frankfurter Allgemeine Sonntagszeitung vom 11. 3. 2007: 4
12 So beim VdK-Forum im April 2008 in Tutzing
13 «Schönbohm fordert elektronische Fußfesseln». In: stern.de vom 21. 10. 2003
14 Sinn, Hans-Werner/Übelmesser, Silke: Wann kippt Deutschland um? Ifo-Schnelldienst Nr. 28–29/2000: 20–26
15 Dausend, Peter: Rentner an der Macht. In: Die Zeit Nr. 16/2008: 14
16 «Die neue Macht der Alten». In: Bild vom 11. 4. 2008: 2
17 Zit. n. Blome, N./Hoeren, D./Koch, E.: Roman Herzog warnt vor Rentner-Demokratie. In: Bild vom 11. 4. 2008: 1
18 «Die neue Macht der Alten». In: Bild vom 11. 4. 2008: 2
19 «Rentenstreit – Morddrohungen gegen CDU-Politiker». In: Welt online vom 18. 4. 2008
20 Deutscher Bundestag (Hg.): Schlussbericht der Enquete-Kommission «Demographischer Wandel». Herausforderungen unserer älter werdenden Gesellschaft an den Einzelnen und die Politik. Berlin 2002: 38

21 Forum Familie stark machen (Hg.): Generationen-Barometer 2006. Eine Studie des Instituts für Demoskopie Allensbach. Freiburg/München 2006: 10
22 Opaschowski, Horst W.: Aufeinander angewiesen bleiben – Perspektiven eines neuen Generationenpakts. In: Generationengerechtigkeit! Nr. 2/2006: 23 f., hier: 23
23 Forsa (Hg.): Meinungen zur Generationengerechtigkeit. Berlin 2007: 1–3
24 Zit. n. Pötzl, Nobert F.: Handeln statt Jammern. In: Spiegel Special Nr. 8/2006: 6–20, hier: 14 f.; vgl. auch Interview mit Paul B. Baltes: «Die Jungen werden die Alten beschützen». In: Tagesspiegel vom 28. 6. 2004: 25
25 Leven, Ingo: Generationenbeziehungen. Vortrag beim Familienpolitischen Kongress der Grünen Bundestagsfraktion, Berlin, 27. 10. 2007; Hurrelmann, Klaus/Albert, Mathias: Jugend 2006. 15. Shell Jugendstudie. Frankfurt am Main 2006: 152
26 Infratest-Umfrage, vgl. Der neue Tag vom 11. 12. 2003; vgl. auch die ähnlichen Ergebnisse der Shell-Studie: Hurrelmann, Klaus/Albert, Mathias: Jugend 2006. 15. Shell Jugendstudie. Frankfurt am Main 2006: 271
27 Schütte, Christian: «Zukunftsorientierung» statt «Generationengerechtigkeit». In: Nagel, Eckhard; von Vietinghoff, Eckhart (Hg.): Alt gegen Jung? Jung gegen Alt? Hannover 2005: 111–115, hier: 112
28 Bülow, Marco: Generation Zukunft. Plädoyer für ein verantwortungsbewusstes Handeln. Berlin 2004: 71
29 World Vision Deutschland (Hg.): Kinder in Deutschland 2007. 1. World Vision Kinderstudie. Bonn 2007: 18
30 Woestmeyer, Martin: Generationengerechte Kulturpolitik. Kann man ein kulturelles Erbe ausschlagen? In: Stiftung für die Rechte zukünftiger Generationen (Hg.): Handbuch Generationengerechtigkeit. München 2003: 295–309, hier: 303
31 So Ingrid Arndt-Bauer MdB (SPD) beim Parlamentarischen Abend zum Fortschrittsbericht 2008 zur nationalen Nachhaltigkeitsstrategie am 18. 6. 2008 in Berlin
32 Reinhard Brüderle, in: http://www.fdp-rlp-aktuell.de/control.php?ezSID=addf7ec8cbba50995b827130eb4ffod3&topgroupname=&groupname=&subgroupname=, Abruf 8. 5. 2008
33 Kenzelmann, Peter: Kundenbindung. Kunden begeistern und nachhaltig binden. Berlin 2003
34 WM-Fans werden Deutschland-Fans. In: Spiegel Online vom 30. 6. 2006
35 So fragt auch: Die Bundesregierung (Hg.): Nationale Nachhaltigkeitsstrategie – Konsultationspapier zum Fortschrittsbericht 2008. Berlin 2007: 3. Dr. Günter Bachmann, Geschäftsführer des Nachhaltigkeitsrates, kritisiert ebenfalls: «Viele reden über Nachhaltigkeit, aber ihre Rede bleibt inhaltlich dürftig und teilweise unsinnig. Sie verwechseln den Begriff mit

nachdrücklich, anhaltend, bleibend. ... Es wird viel Schindluder getrieben. Aber so ist das, wenn ein Begriff Mehrheiten erreicht. Der Klamauk bleibt nicht aus. Aber immerhin: Er gibt uns Gelegenheit zur Klarstellung und zum produktiven Streit.» Vgl. Bachmann, Günter: Nationale Nachhaltigkeitsstrategie. Vortrag zur Dialogveranstaltung «Nachhaltigkeitsstrategie» des Sächsischen Staatsministeriums für Umwelt und Landwirtschaft, Dresden, 30. 1. 2008: 3 f.

36 Nachhaltigkeit ist in der Tat mittlerweile zu einem weiteren Sozialprinzip der katholischen Soziallehre avanciert. Vgl. Münk, Hans J.: Nachhaltige Entwicklung (Sustainable Development) und Soziallehre. In: Stimmen der Zeit Bd. 216/1998: 231–245

37 Bülow, Marco: Generation Zukunft. Plädoyer für ein verantwortungsbewusstes Handeln. Berlin 2004: 41, 58

38 Deutscher Bundestag (Hg.): Zwischenbericht der Enquete-Kommission «Nachhaltige Energieversorgung unter den Bedingungen der Globalisierung und Liberalisierung». Berlin 2001: Tz. 24

39 Lass, Wiebke/Reusswig, Fritz: Nachhaltigkeit und Umweltkommunikation. Ein Forschungsprojekt auf der Suche nach sozialwissenschaftlichen Perspektiven. In: Umweltbundesamt (Hg.): Perspektiven für die Verankerung des Nachhaltigkeitsbildes in der Umweltkommunikation: Chancen, Barrieren und Potenziale der Sozialwissenschaften. Berlin 2002: 13–36

40 Zit. n. Bülow, Marco: Generation Zukunft. Plädoyer für ein verantwortungsbewusstes Handeln. Berlin 2004: 42

41 Pezzey, John C. V.: Sustainability Constraints versus «Optimality» versus Intertemporal Concern, and Axioms versus Data. In: Land Economics 73 (4)/1999: 448–66

42 Dobson, Andrew: Drei Konzepte ökologischer Nachhaltigkeit. In: Natur und Kultur Nr. 1–2/2000: 62–85. Eine ausführliche Synopse wissenschaftlicher Definitionen gibt Tremmel, Jörg: Nachhaltigkeit als politische und analytische Kategorie. Der deutsche Diskurs um nachhaltige Entwicklung im Spiegel der Interessen der Akteure. München 2003: 98–126

43 zit. n. Grober, Ulrich: Modewort mit tiefen Wurzeln – Kleine Begriffsgeschichte von «sustainability» und «Nachhaltigkeit». In: Generationengerechtigkeit! Nr. 1/2003: 11–14, hier: 11

44 Die Bundesregierung (Hg.): Unsere Strategie für eine nachhaltige Entwicklung. Berlin 2002: 18

45 Sachverständigenrat für Umweltfragen (Hg.): Stellungnahme zum Regierungsentwurf zur deutschen Nachhaltigkeitsstrategie. Berlin 2002: 68

46 Vorholz, Fritz: Nachhaltig? Kurzsichtig! In: Die Zeit Nr. 18/2002: 26

47 Tremmel, Jörg: Nachhaltigkeit als politische und analytische Kategorie. München 2003: 41–43; Tremmel, Jörg/Dannenberg, Astrid: Die Verwen-

dung von Nachhaltigkeit in den Parteiprogrammen. In: Generationengerechtigkeit! Nr. 1/2003: 26 f.

48 CDU/CSU: Wahlprogramm der CDU/CSU. Berlin 2002: 15, 34, 65; FDP: Wahlprogramm der FDP 1998. Bonn 1998: 8; Wahlprogramm der FDP. Bonn 2002: 60, 85

49 Tremmel, Jörg: Nachhaltigkeit als politische und analytische Kategorie. München 2003: 151 f.; kritisch ebenfalls mit gleicher Argumentationslinie: Ekardt, Felix: Das Prinzip Nachhaltigkeit. Generationengerechtigkeit und globale Gerechtigkeit. München 2005: 27–31

50 Bohmeyer, Axel: Der moralische Status zukünftiger Generationen. In: Generationengerechtigkeit! Nr. 4/2007: 16–19, hier: 16

51 Z. B. prominent: Beckerman, Wilfried: «Sustainable Development»: Is it a useful concept? In: Environmental Values Vol. 3/1994: 191–209. Als politische Stimme z. B.: Pronold, Florian: Sozialdemokratische Grundwerte und demografische Herausforderung. Beitrag für die Arbeitstagung der Friedrich-Ebert-Stiftung, Schloss Genshagen, Manuskript, 29.–31. Oktober 2004

52 Metzger, Oswald: Einspruch! Wider den organisierten Staatsbankrott. München 2003: 63 f. Für Metzger bedeutet Nachhaltigkeit v. a. ein Kurs des Sparens bei den Staatsausgaben (insbesondere der Sozialleistungen): «Nachhaltige Finanzpolitik besteht deshalb in erster Linie darin, die Ansprüche an den Staat auf ein langfristig finanzierbares Maß zu reduzieren. Ohne Ausgabenbeschränkungen wird sich dieses Ziel nicht erreichen lassen.» (ebd.: 174)

53 BDI: Lektion Nachhaltigkeit längst gelernt? Berlin 2003. Vgl. auch: Tremmel, Jörg/Dannenberg, Astrid: Die Nachhaltigkeitskonzepte von Wirtschaft und Gewerkschaften. In: Generationengerechtigkeit! Nr. 1/2003: 27–29

54 Loske, Reinhard: Die wunderbaren Jahre. In: politische ökologie Nr. 100/2006: 53–55, hier: 54

55 http://www.rwe.com/generator.aspx/konzern/verantwortung/language=de/id=311 524/verantwortung.html, Rev. 2008–03–11

56 http://www.rwe.com/generator.aspx/konzern/karriere/arbeitgeber-rwe/denkweise/umwelt-nachhaltigkeit/language=de/id=495 136/umwelt-nachhaltigkeit.html, Rev. 2008–03–11

57 Europas Klimasünder haben das Kennzeichen «D». In: Handelsblatt online vom 10. 5. 2007

58 Deutsches Atomforum (Hg.): Kernenergie im nachhaltigen Energiemix. Berlin 2007: o. S.

59 Anzeige von Lufthansa im vorwärts Nr. 6/2008: 19

60 Beyer, Matthias: Die Lücken und Tücken des nachhaltigen Tourismus. Vortrag bei der Initiative für nachhaltige Entwicklung, Berlin, 27. 5. 2008

61 Rat von Sachverständigen für Umweltfragen (Hg.): Umweltgutachten 2000. Langfassung. Bt.-Drks. 14/8792. Berlin 2002: 57

62 Zit. n. Tremmel, Jörg: Nachhaltigkeit als politische und analytische Kategorie. Der deutsche Diskurs um nachhaltige Entwicklung im Spiegel der Interessen der Akteure. München 2003: 13

63 Zit. n. Kapust, Anja: Der Krieg und der Ausfall der Sprache. München 2004: 254

64 Daly, Herman E.: Wirtschaft jenseits von Wachstum. Die Volkswirtschaftslehre nachhaltiger Entwicklung. Salzburg/München 1999: 16 f.

65 In: Zeitschrift für Sozialistische Politik und Wirtschaft (SPW) Nr. 4/2003: 35 ff.; Jüdes, Ulrich: Sprachverwirrung. Auf der Suche nach einer Theorie des Sustainable Development. In: Politische Ökologie Nr. 52/1997: 1–12, hier: 1; Lélés, Susanna: Sustainable Development. A critical review. In: World Development Vol. 19/6/1991: 607–621, hier: 613; Szydlik, Marc: Von wegen alte Hüte. Klassische Unterschiede und neue Herausforderungen: Generation statt Schicht? In: Frankfurter Rundschau vom 3. 12. 2002

66 Butterwegge, Christoph/Klundt, Michael: Die Demografie als Ideologie und Mittel sozialpolitischer Demagogie? In: Dies. (Hg.): Kinderarmut und Generationengerechtigkeit. Opladen 2003: 59–80, hier: 79

67 Pronold, Florian: Keine neoliberalen Kampfbegriffe ins Grundgesetz – Generationengerechtigkeit hat in unserer Verfassung nichts zu suchen. In: Faust Nr. 1/2005: 32

68 Goger, Thomas: Innerparteiliche und parlamentarische Diskussions- und Entscheidungsprozesse: Konflikte zwischen politischen Konzepten oder Generationen? Beitrag zum Seminar «Zukunft des Demokratischen Sozialismus», Georg-von-Vollmar-Akademie 2003: 4 f.

69 Rau, Johannes: «Politik ist Einmischung!» Ein Aufruf an junge Menschen in Deutschland. 3. Nikolaikirchenrede am 4. Oktober 2003. Berlin 2003: 11

70 Beckerman, Wilfried: Intergenerational Justice. In: Intergenerational Justice Review Nr. 2/2004: 1–5; ders.: The Impossibility of a theory of intergenerational justice. In: Tremmel, Chet Joerg (Hg.): Handbook of Intergenerational Justice. Massachusetts 2006: 53–71

71 Pronold, Florian: Keine neoliberalen Kampfbegriffe ins Grundgesetz – Generationengerechtigkeit hat in unserer Verfassung nichts zu suchen. In: Faust Nr. 1/2005: 32

72 Vortrag von Dr. Helmut Klein beim Seminar «Energiepolitik nach dem Atomausstieg», Georg-von-Vollmar-Akademie, Kochel am See, 6.–10. 11. 2005

73 Heubach, Andrea: Generationengerechtigkeit – Herausforderung für die zeitgenössische Ethik. Göttingen 2008

74 Brand, Karl-Werner: Nachhaltig oder gerecht? Kontroversen über ein neues gesellschaftliches Entwicklungsmodell. In: Generationengerechtigkeit! Nr. 1/2003: 1–5, hier: 1

75 Hauff, Volker (Hg.): Unsere gemeinsame Zukunft. Der Bericht der Weltkommission für Umwelt und Entwicklung, Greven 1987: 46. Im Original:

«Humanity has the ability to make development sustainable – to ensure that it meets the needs of the present without compromising the ability of future generations to meet their own needs.» (World Commission on Environment and Development (Hg.): Our Common Future. Oxford/New York/Toronto 1987: 8)

76 BUND/Misereor (Hg.): Zukunftsfähiges Deutschland. Ein Beitrag zu einer global nachhaltigen Entwicklung. Basel/Boston/Berlin 1996; Loske, Reinhard: Die wunderbaren Jahre des Aufbruchs. In: politische ökologie Nr. 100 /2006: 53–55; Zahrnt, Angelika: Neuer Kristallisationspunkt notwendig. In: politische ökologie Nr. 100 (2006): 56

77 Grober, Ulrich: Modewort mit tiefen Wurzeln – Kleine Begriffsgeschichte von «sustainability» und «Nachhaltigkeit». In: Generationengerechtigkeit! Nr. 1/2003: 11–14, hier: 11

78 Vgl. Grober, Ulrich: Modewort mit tiefen Wurzeln – Kleine Begriffsgeschichte von «sustainability» und «Nachhaltigkeit». In: Generationengerechtigkeit! Nr. 1/2003: 11–14; ders.: Die Idee der Nachhaltigkeit als zivilisatorischer Entwurf. In: Aus Politik und Zeitgeschichte Nr. 24/2001: 3–5

79 Institut für Angewandte Forschung der Hochschule Pforzheim, http://umwelt.hs-pforzheim.de/sonstiges/historisches/carlowitz-titel-inhalt/

80 Rawls, John: A Theory of Justice. Oxford 1972. Vgl. auch: Gründinger, Wolfgang: Der aktuelle Diskurs um Generationengerechtigkeit vor dem Hintergrund der Rawls'schen Gerechtigkeitstheorie. Vordenken Nr. 9/2006

81 So schreibt Chaim Perelman, einer der bedeutendsten Rechtsphilosophen des 20. Jahrhunderts: «Der Gerechtigkeitsbegriff suggeriert allen unvermeidlich die Vorstellung einer gewissen Gleichheit. Seit Platon und Aristoteles bis zu den zeitgenössischen Juristen, Ethikern und Philosophen sind alle über diesen Punkt einig.» In: Perelman, Chaim: Über die Gerechtigkeit. München 1967: 307. Es ist davon auszugehen, dass in der Moderne «die Gleichbehandlung den natürlichen Ausgangszustand darstellt, gegenüber dem jede Ungleichbehandlung zu rechtfertigen ist», so Koller, Peter: Soziale Gleichheit und Gerechtigkeit. In: Müller, Hans-Peter/Wegener, Bernd (Hg.): Soziale Ungleichheit und soziale Gerechtigkeit. Opladen 1995: 58; vgl. auch Horn, Christoph/Scarano, Niko: Philosophie der Gerechtigkeit. Frankfurt am Main 2000: 12. Auch das BVerfG hat den allgemeinen Gleichheitssatz von Anfang an konsequent als Gerechtigkeitsgebot interpretiert, vgl. dazu: Osterloh, Lerke: Der verfassungsrechtliche Gleichheitssatz – Entwicklungslinien in der Rechtsprechung des Bundesverfassungsgerichts. In: Europäische Grundrechte-Zeitschrift (EuGRZ) 29 (13/14)/2002: 309–313. Einen guten Überblick bieten auch die Beiträge zum Thema «Ungleichheit – Ungerechtigkeit» in: Aus Politik und Zeitgeschichte Nr. 37/2005

82 Das BVerfG entschied, es sei gerecht, «Gleiches gleich, Ungleiches seiner Eigenart entsprechend verschieden» zu behandeln, vgl. BVerfGE 3, 58, 135; vgl. auch Hesselberger, Dieter: Das Grundgesetz. Kommentar für die politische Bildung. Bonn 2000: 81 f.

83 Zu Gleichheit der Generationen vgl.: Tremmel, Jörg: Generationengerechtigkeit – Versuch einer Definition. In: Stiftung für die Rechte zukünftiger Generationen (Hg.): Handbuch Generationengerechtigkeit. München 2003: 27–80, hier: 33; ähnlich u. a. auch bei: Metzger, Oswald: Einspruch! Wider den organisierten Staatsbankrott. München 2003: 167. Für den Bereich der Rentenversicherung findet sich das Gleichheitspostulat u. a. bei: Bundesministerium für Gesundheit und Soziale Sicherung (Hg.): Nachhaltigkeit in der Finanzierung der Sozialen Sicherungssysteme. Bericht der Nachhaltigkeitskommission. Berlin 2003: 48; kritisch: Lenze, Anne: Gleichheitssatz und Generationengerechtigkeit. In: Der Staat Nr. 46/2007: 89–108

84 Vgl. Tremmel, Jörg: Generationengerechtigkeit – Versuch einer Definition. In: Stiftung für die Rechte zukünftiger Generationen (Hg.): Handbuch Generationengerechtigkeit. München 2003: 27–80, hier: 30–36; Tremmel, Jörg/Goetz, Oliver: Steigende Lebensqualität und Generationengerechtigkeit. In: Generationengerechtigkeit! Nr. 4/2007: 20–25; auch der Ökonom Hauser schreibt: «Man muss sich daher mit dem Grundsatz behelfen, dass jede Generation der nächsten eine größere Gesamterbschaft hinterlassen sollte, als sie selbst empfangen hat. Das heißt: Jede Generation sollte an die nachfolgende einen positiven Nettotransfer leisten, der höher ist als jener, den sie selbst von ihrer Vorgängergeneration empfangen hat.» In: Hauser, Richard: Generationengerechtigkeit, Volksvermögen und Vererbung. In: Böhning, Björn/Burmeister, Kai (Hg.): Generationen & Gerechtigkeit. Hamburg 2004: 29–44, hier: 36. Mit Bezugnahme auf ökonomische Traditionen kann auch auf das Non-Declining-Welfare-Kriterium abgestellt werden: «Es verlangt, dass zu jedem Zeitpunkt die Wohlfahrt der lebenden Menschen mindestens der Wohlfahrt der in der Vorperiode lebenden Individuen entspricht.» Siehe: Bayer, Stefan: Nachhaltigkeitskonforme Diskontierung. Das Konzept des «Generational Adjusted Disconting». In: Vierteljahreshefte für Wirtschaftsforschung Nr. 73/2004: 142–157, hier: 153, vgl. auch ebd.: 144

85 Höffe, Otfried: Gerechtigkeit zwischen den Generationen. In: Generationengerechtigkeit! Nr. 4/2007: 4–6, hier: 5 f.

86 Tremmel, Jörg: Generationengerechtigkeit – Versuch einer Definition. In: Stiftung für die Rechte zukünftiger Generationen (Hg.): Handbuch Generationengerechtigkeit. München 2003: 27–80, hier: 34

87 So auch das Plädoyer bei: Tremmel, Jörg: Nachhaltigkeit als politische und analytische Kategorie. München 2003: 121–123. Vgl. auch: Tremmel, Jörg: Nachhaltigkeit als politische Leerformel? In: Generationengerechtigkeit! Nr. 1/2003: 6–8

88 Zur Definition von «Generation» vgl.: Weisbrod, Bernd: Generation und Generationalität in der Neueren Geschichte. In: Aus Politik und Zeitgeschichte Nr. 8/2005: 3–9; mit explizitem Hinblick auf Generationengerechtigkeit: Tremmel, Jörg: Die Kunst des Generationenvergleichens. SRzG-Studien Nr. 2/2006; Tremmel, Jörg: Was ist eine «Generation»? In: Generationengerechtigkeit! Nr. 2/2006: 11–16. Für sozialstaatliche Generationengerechtigkeit ist die Definition von Leisering als «sozialstaatliche Generation» bedeutend, welche die Generationszugehörigkeit am Erwerbsstatus festmacht (noch nicht erwerbstätig – erwerbstätig – nicht mehr erwerbstätig), siehe: Leisering, Lutz: «Regeneration» des Sozialstaats? Die Legitimationskrise der Gesetzlichen Rentenversicherung als Wechsel «sozialstaatlicher Generationen». In: Deutsche Rentenversicherung Nr. 9/2000: 608–621, hier insb.: 609

89 Tremmel, Jörg: Generationengerechtigkeit – Versuch einer Definition. In: Stiftung für die Rechte zukünftiger Generationen (Hg.): Handbuch Generationengerechtigkeit. München 2003: 27–80, hier: 71 f.

90 Hengsbach, Friedhelm: Feindbild «Generation». Drei Fehlschlüsse zur Generationengerechtigkeit. In: Salto Rationale Nr. 11/2005: 39–41; vgl. auch Hengsbach, Friedhelm: Gerechtigkeit zwischen den Generationen? In: Generationengerechtigkeit! Nr. 3/2003: 16–18

91 Leisering, Lutz: Sozialstaat und demographischer Wandel. Frankfurt am Main 1992: 42 ff.

92 Opaschowski, Horst: Der Generationenpakt. Das soziale Netz der Zukunft. Darmstadt 2004: 199. Die genaue Formulierung bei der Befragung lautete: «Für die junge Generation wird es in Zukunft viel schwieriger, ebenso abgesichert und im Wohlstand zu leben wie die heutige Elterngeneration.» Dieser Aussage stimmten 61 % der 18–49-Jährigen, 58 % der 50–64-Jährigen, 49 % der 65–79-Jährigen und 43 % der über 79-Jährigen zu. Vgl. auch Gaschke, Susanne: Wie die Gesellschaft ihre Jugend verspielt. In: Die Zeit Nr. 20/1998

## Aussterben abgesagt

1 Kaufmann, Franz-Xaver: Schrumpfende Gesellschaft. Bonn 2005: 48–50; zur demografischen Entwicklung vgl. ebd.: 38–62, Deutscher Bundestag (Hg.): Schlussbericht der Enquete-Kommission «Demographischer Wandel – Herausforderungen unserer älter werdenden Gesellschaft an den Einzelnen und die Politik» (Drks. 14/8800). Berlin 2002: 15–35; Statistisches Bundesamt (Hg.): Bevölkerung Deutschlands bis 2050. 11. koordinierte Bevölkerungsvorausberechnung. Wiesbaden 2006

2 Bild vom 15. 3. 2006, Bild vom 18. 3. 2006, Spiegel-Titel Nr. 2/2004, Spiegel-Titel Nr. 43/2000

3 Baier, Stefan: kinderlos. Europa in der demographischen Falle. Aachen 2004

4 Schirrmacher, Frank: Das Methusalem-Komplott. München 2005: 14, 56
5 Schirrmacher, Frank: Minimum. Vom Vergehen und Neuentstehen unserer Gemeinschaft. München 2006
6 Interview mit Herwig Birg: «Schlimmer als der 30jährige Krieg». In: Die Welt vom 5. 10. 2005
7 Birg, Herwig: Bevölkerungsentwicklung, Alterung und Einwanderungen in Deutschland – Entwicklung seit dem Zweiten Weltkrieg und Ausblick auf das 21. Jahrhundert. In: Weber, Albrecht (Hg.): Einwanderungsland Bundesrepublik Deutschland in der Europäischen Union: Gestaltungsauftrag und Regelungsmöglichkeiten. Osnabrück 1997: 70
8 Afheldt, Heik: Die Bombe tickt… doch die Politiker wollen nicht hören. Die überalterte Gesellschaft sprengt die Sozialsysteme. In: Die Zeit vom 27. 12. 2001; FAZ.net Special vom 28. 4. 2005
9 Koch, Karl-Friedrich: Kriminalität und öffentliche Sicherheit. In: Frevel, Bernhard (Hg.): Herausforderung demografischer Wandel. Wiesbaden 2003: 221–237, hier insb.: 236
10 Landtag Brandenburg (Hg.): Bericht zu den Auswirkungen der demografischen und wirtschaftsstrukturellen Veränderungen in Brandenburg. Drks. 3/7088. Potsdam 2004: 34 f.
11 Süddeutsche Zeitung Magazin vom 21. 10. 2005: 16
12 Strange, Nicholas: Keine Angst vor Methusalem! Warum wir mit dem Altern unserer Bevölkerung gut leben können. Springe 2006: 7
13 zit. n. Pötzl, Norbert F.: Handeln statt Jammern. In: Spiegel Special Nr. 8/2006: 6–20, hier: 11, 15
14 Vgl. auch Maxeiner, Dirk/Miersch, Michael: Das Methusalem-Komplott. In: Die Welt vom 31. 3. 2004
15 Ehrlich, Paul: Die Bevölkerungsbombe. München 1982 (Erstveröffentlichung 1968)
16 Wander, Hilde: Der Geburtenrückgang wirtschaftlich gesehen. Kiel 1971: 15
17 Posener, Alan: Schrumpfen wir uns gesund. In: Welt am Sonntag vom 19. 3. 2006: 12
18 Die Wechselwirkungen zwischen Umweltverbrauch und Bevölkerungsgröße sind allerdings komplex. Vgl. Tremmel, Jörg: Bevölkerungspolitik im Kontext ökologischer Generationengerechtigkeit. Wiesbaden 2005: 84–111, 260–280. Vgl. auch ders.: Ist Deutschland überbevölkert? In: Generationengerechtigkeit! Nr. 2/2001: 16; BUND/Misereor (Hg.): Zukunftsfähiges Deutschland. Ein Beitrag zu einer global nachhaltigen Entwicklung. Basel/Boston/Berlin 1996: 15 f., 124–144; Wagner, Angelika: Der «ökologische Fußabdruck» der Menschheit. In: Generationengerechtigkeit! Nr. 1/2004: 14 f.
19 Umweltakademie Baden-Württemberg (Hg.): Bevölkerungsrückgang. Konsequenzen für Flächennutzung und Umwelt. Stuttgart 2004: 102

20 Xu Jianmin, Mitglied im Ausschuss für Umwelt und Ressourcen des Nationalen Volkskongresses, auf Nachfrage des Autors beim Symposium über «Klimaschutz und nachhaltige Entwicklung» im Rahmen des Dialogs der Kommunistischen Partei Chinas und der Sozialdemokratischen Partei Deutschlands, 1. 2. 2008, Peking
21 Ekardt, Felix: Das Prinzip Nachhaltigkeit. Generationengerechtigkeit und globale Gerechtigkeit. München 2005: 194 f.
22 Tremmel, Jörg: «Hilfe wir schrumpfen!» Deutschland und die Welt im demographischen Wandel. In: Generationengerechtigkeit! Nr. 1/2004: 19–22, hier: 19
23 Fukuyama, Francis: Women and the evolution of world politics. In: Foreign Affairs, Sept./Oct. 1998: 38
24 Koch, Karl-Friedrich: Kriminalität und öffentliche Sicherheit. In: Frevel, Bernhard (Hg.): Herausforderung demografischer Wandel. Wiesbaden 2003: 221–237, hier insb.: 236
25 Robert Bosch Stiftung (Hg.): Demographie als Chance. Demographische Entwicklung und Bildungssystem – finanzielle Spielräume und Reformbedarf. Stuttgart 2006: 18–26, 64–74
26 Zit. n. Niejahr, Elisabeth: Mehr Wohlstand für alle. In: Die Zeit Nr. 43/2004: 23 f., hier: 24
27 Straubhaar, Thomas: Demographic Development: Not Really a Problem for Coming Generations. In: Tremmel, Joerg Chet (ed.): Demographic Change and Intergenerational Justice. Heidelberg 2008: 53–70, hier: 56, 53. Übersetzung durch den Autor.
28 Zit. n. Schwentker, Björn: Aussterben abgesagt. In: Die Zeit Nr. 24/2006: 35 f.
29 Zit. n. Niejahr, Elisabeth: Mehr Wohlstand für alle. In: Die Zeit Nr. 43/2004: 23 f., hier: 24
30 Barbier, Hans D.: Warum ist Überalterung unser Glück? In: Frankfurter Allgemeine Sonntagszeitung vom 11. 3. 2007: 58
31 Hondrich, Karl Otto: Weniger sind mehr. Warum der Geburtenrückgang ein Glücksfall für unsere Gesellschaft ist. Frankfurt am Main 2007
32 Diese werden als «r-Strategie» bzw. «K-Strategie» bezeichnet. Vgl. Hondrich, Karl Otto: Weniger sind mehr. Warum der Geburtenrückgang ein Glücksfall für unsere Gesellschaft ist. Frankfurt am Main 2007: 38; Krätschmer-Hahn, Rabea/Prenger, Markus: Der Fall der Geburtenrate – Glücksfall oder Alarmsignal? In: zur debatte Nr. 2/2007: 19–21, hier: 19 f.
33 Hondrich, Karl Otto: Weniger sind mehr. Warum der Geburtenrückgang ein Glücksfall für unsere Gesellschaft ist. Frankfurt am Main 2007: 202, 34, 265
34 Bülow, Marco: Generation Zukunft. Berlin 2004: 74
35 Bütler, Monika: Arbeiten lohnt sich nicht – ein zweites Kind noch weniger. Zu den Auswirkungen einkommensabhängiger Tarife in der Kinderbetreuung. In: Perspektiven der Wirtschaftspolitik 8 (1)/2007: 1–19

36 Hondrich, Karl Otto: Weniger sind mehr. Warum der Geburtenrückgang ein Glücksfall für unsere Gesellschaft ist. Frankfurt am Main 2007; Krätschmer-Hahn, Rabea/Prenger, Markus: Der Fall der Geburtenrate – Glücksfall oder Alarmsignal? In: zur debatte Nr. 2/2007: 19–21
37 Zit. n. Pötzl, Norbert F.: Handeln statt Jammern. In: Spiegel Special Nr. 8/2006: 6–20, hier: 11
38 Niejahr, Elisabeth: Wirtschaftswunder in Grau. In: Die Zeit Nr. 51/2003: 21 f., hier: 21
39 Zit. n. ver.di (Hg.): Mythos Demografie. Berlin 2003: 1
40 Zit. n. ver.di (Hg.): Mythos Demografie. Berlin 2003: 1
41 Zit. n. ver.di (Hg.): Mythos Demografie. Berlin 2003: 1
42 Nullmeier, Frank: Die politische Karriere des Begriffs «Generationengerechtigkeit» und seine wissenschaftliche Bedeutung. In: Generationengerechtigkeit! Nr. 4/2004
43 Kaufmann, Franz-Xaver: Schrumpfende Gesellschaft. Vom Bevölkerungsrückgang und seinen Folgen. Bonn 2005: 10, 16, 44, 28
44 Zit. n. ver.di (Hg.): Mythos Demografie. Berlin 2003: 1
45 Zit. n. Pötzl, Norbert F.: Handeln statt Jammern. In: Spiegel Special Nr. 8/2006: 6–20, hier: 16
46 Butterwegge, Christoph/Klundt, Michael: Die Demografie als Ideologie und Mittel sozialpolitischer Demagogie? In: Dies. (Hg.): Kinderarmut und Generationengerechtigkeit. Opladen 2003: 59–80
47 Statistisches Bundesamt (Hg.): Bevölkerung Deutschlands bis 2050–11. koordinierte Bevölkerungsvorausberechnung. Wiesbaden 2006: 9
48 Kaufmann, Franz-Xaver: Schrumpfende Gesellschaft. Vom Bevölkerungsrückgang und seinen Folgen. Bonn 2005: 42, 23
49 Statistisches Bundesamt (Hg.): Bevölkerung Deutschlands bis 2050–11. koordinierte Bevölkerungsvorausberechnung. Wiesbaden 2006: 13
50 Deutscher Bundestag (Hg.): Zweiter Zwischenbericht der Enquete-Kommission Demographischer Wandel. Herausforderungen unserer älter werdenden Gesellschaft an den einzelnen und die Politik. Bonn 1998: 123
51 Deutscher Bundestag (Hg.): Zweiter Zwischenbericht der Enquete-Kommission Demographischer Wandel. Herausforderungen unserer älter werdenden Gesellschaft an den einzelnen und die Politik. Bonn 1998: 124
52 Bosbach, Gerhard: Demographische Entwicklung – nicht dramatisieren! In: Gewerkschaftliche Monatshefte 2/2004: 96–103; vgl. auch ders.: Die Panik der Deutschen. In: Süddeutsche Zeitung vom 24. 4. 2006: 2
53 Statistisches Bundesamt (Hg.): Bevölkerung Deutschlands bis 2050. Übersicht der Ergebnisse der 11. koordinierten Bevölkerungsvorausberechnung – Varianten und zusätzliche Modellrechnungen. Wiesbaden 2006, Varianten 5-W1 und 4-W2
54 Statistisches Bundesamt (Hg.): Bevölkerung Deutschlands bis 2050–11. koordinierte Bevölkerungsvorausberechnung. Wiesbaden 2006: 15
55 Joffe, Josef: Kinderschwund – na und? In: Die Zeit Nr. 13/2006: 47

56 Bölsche, Jochen u.a: Land ohne Lachen. In: Der Spiegel Nr. 2/2004: 38–48, hier: 38
57 So verschiedene Meldungen am 16. 3. 2006 in Heute, SZ, Handelsblatt, FAZ, Frontal 21, Bonner Rundschau
58 Bundesministerium für Familie, Senioren, Frauen und Jugend: www.bmfsfj.de/RedaktionBMFSFJ/Abteilung2/ Pdf-Anlagen/daten-internationaler-vergleich.pdf, Rev. 1. 4. 2008: 2
59 Schwentker, Björn: Pokerspiele an der Wiege. In: Die Zeit Nr. 25/2006: 35 f., hier: 35
60 Statistisches Bundesamt (Hg.): Bevölkerung Deutschlands bis 2050–11. koordinierte Bevölkerungsvorausberechnung. Wiesbaden 2006: 58
61 ver.di (Hg.): Mythos Demografie. Berlin 2003: 13. Das Beispiel ist freilich vereinfacht, da eigentlich die im sekundären Sektor verortete Lebensmittelindustrie sowie Teile z. B. des Einzelhandels mit eingerechnet werden müssten, da heute diese Bereiche aus den Höfen ausgelagert sind, sie früher aber noch dort angesiedelt waren. Der Illustration halber soll aber an dieser Stelle das Beispiel so vereinfacht belassen werden.
62 ver.di (Hg.): Mythos Demografie. Berlin 2003: 14
63 Bosbach, Gerhard: Demographische Entwicklung – nicht dramatisieren! In: Gewerkschaftliche Monatshefte 2/2004: 96–103
64 Zit. n. Köpf, Peter: Die All-Inclusive-Generation fordert: Her mit dem Zaster, Opa! In: tageszeitung vom 16. 7. 2003
65 Handelsblatt vom 23. 9. 2003
66 Vaupel, James W./Loichinger, Elke: Der demografische Wandel wird schon bald etwas kosten. In: Demografische Forschung aus Erster Hand Nr. 1/2006: 1 f., hier: 2
67 Deutscher Bundestag (Hg.): Zweiter Zwischenbericht der Enquete-Kommission «Demographischer Wandel». Herausforderungen unserer älter werdenden Gesellschaft an den Einzelnen und die Politik. Bonn 1998: 216–239; Deutscher Bundestag (Hg.): Abschlussbericht der Enquete-Kommission «Demographischer Wandel». Herausforderungen unserer älter werdenden Gesellschaft an den Einzelnen und die Politik. Berlin 2002: 67–76
68 Deutscher Bundestag (Hg.): Abschlussbericht der Enquete-Kommission «Demographischer Wandel». Herausforderungen unserer älter werdenden Gesellschaft an den Einzelnen und die Politik. Berlin 2002: 176, vgl. auch ebd.: 76
69 Böhning, Björn: Demografischer Wandel: 1000 Dogmen und keine Antworten. In: Argumente Nr. 1/2005: 51–63, hier 59
70 Straubhaar, Thomas: Demographic Development: Not Really a Problem for Coming Generations. In: Tremmel, Joerg Chet (ed.): Demographic Change and Intergenerational Justice. Heidelberg 2008: 53–70, hier: 64. Übersetzung durch den Autor.

71 Gründinger, Wolfgang: Nachhaltigkeit durch höhere Fertilität? In: Generationengerechtigkeit! Nr. 3/2007: 4–8, hier: 4

72 UN Population Division (Hg.): World Population in 2300. New York 2004: 96 (Annex Table B.6)

73 Im Sinne der Gesamtfertilitätsrate (auch Gesamtfruchtbarkeitsrate, zusammengefasste Geburtenziffer, engl. total fertility rate, TFR). «Die Gesamtfertilitätsrate gibt an, wie viele Kinder eine Frau im Laufe ihres Lebens durchschnittlich bekommen würde, wenn die für den gegebenen Zeitpunkt maßgeblichen altersspezifischen Fruchtbarkeitsverhältnisse der betrachteten Population als konstant angenommen werden.» Vgl. Glossar des Berlin Instituts für Bevölkerung und Entwicklung, in: http://www.berlin-institut.org/online_handbuchdemografie/glossar.html

74 Klingholz, Reiner et al.: Demografie. Das Ende des Wachstums. In: Hauff, Volker/Bachmann, Günther (Hg.): Unterm Strich. Erbschaften und Erblasten für das Deutschland von morgen – Eine Generationenbilanz. Bonn 2006: 9–22: 12, der als zeitliche Zielmarge das Jahr 2015 vorschlägt; Bomsdorf kommt mit einer Zuwanderung von 200.000 Personen und einer Fertilität von 1,7 Kindern zum selben Ergebnis, vgl. Bomsdorf, Eckard: Perspektive für eine nachhaltige Familienpolitik. Berlin 2005: 2–4

75 Umfrage von stern, ZDF, McKinsey vom 24. 4. 2006

76 Robert Bosch Stiftung (Hg.): Kinderwünsche in Deutschland. Konsequenzen für eine nachhaltige Familienpolitik. Stuttgart 2006: 63 f.

77 zur Unterscheidung der beiden Begriffe vgl. Kaufmann, Franz-Xaver: Schrumpfende Gesellschaft. Vom Bevölkerungsrückgang und seinen Folgen. Bonn 2005: 187

78 Bundesministerium für Familie, Senioren, Frauen und Jugend (Hg.): Familie zwischen Flexibilität und Verlässlichkeit. Siebter Familienbericht. Berlin 2006: 262; Bundesministerium für Wirtschaft und Arbeit (Hg.): Alterung und Familienpolitik. Gutachten des Wissenschaftlichen Beirats. Berlin 2005: 42; Homburg, Stefan/Schnabel, Reinhold: Reform der Familienpolitik. Gütersloh 2005: 8 f.

79 Bundesministerium für Familie, Senioren, Frauen und Jugend (Hg.): Familien und Familienpolitik im geeinten Deutschland – Zukunft des Humanvermögens. Fünfter Familienbericht. Bonn 1994: 287–299

80 Zit. n. Report Mainz vom 28. 1. 2002

81 Borchert, Jürgen: Kinderlose beuten die Familien aus. In: Tagesspiegel vom 29. 2. 2008

82 Bundesministerium für Familie, Senioren, Frauen und Jugend (Hg.): Zukunft: Familie. Berlin 2005: 8, Kröhnert, Steffen/Klingholz, Reiner: Emanzipation oder Kindergeld? Berlin 2005: 10–12

83 O. A.: Alt gegen Jung – die falsche Gerechtigkeitsdebatte. In: Böckler Impuls Nr. 8/2008: 4 f., hier: 5; Daten Deutschland 2005, Schweden 2004, Frankreich 2003, Italien 2000

84 Kröhnert, Steffen/Klingholz, Reiner: Emanzipation oder Kindergeld? Berlin 2005: 12 f.

85 Institut für Demoskopie (Hg.): Einflußfaktoren auf die Geburtenrate. Ergebnisse einer Repräsentativbefragung der 18- bis 44jährigen Bevölkerung. Allensbach am Bodensee 2004: 73 f.

86 «Verdreifachung der Krippenplätze bis 2013», in: Spiegel Online vom 15. 5. 2007

87 Zu Familienbild und Ganztagsschule vgl.: Wenning, Norbert: Ganztagsschuldiskussion und Familienbild. In: Generationengerechtigkeit! Nr. 3/2003: 4–6

88 Bundesministerium für Familie, Senioren, Frauen und Jugend (Hg.): Erwartungen an einen familienfreundlichen Betrieb. Erste Auswertungen einer repräsentativen Befragung von Arbeitnehmerinnen und Arbeitnehmern mit Kindern oder Pflegeaufgaben. Berlin 2006: 8; Institut für Demoskopie (Hg.): Einflußfaktoren auf die Geburtenrate. Ergebnisse einer Repräsentativbefragung der 18- bis 44jährigen Bevölkerung. Allensbach am Bodensee 2004: 71 f.

89 Flüter-Hoffmann, Christiane/Solbrig, Joan: Wie familienfreundlich ist die deutsche Wirtschaft? IW-Trends 30(4) /2003: 37–46

90 Bundesministerium für Familie, Senioren, Frauen und Jugend (Hg.): Familie zwischen Flexibilität und Verlässlichkeit. Siebter Familienbericht. Berlin 2006: 236 f.

91 Bertram, Hans/Rösler, Wiebke/Ehlert, Nancy: Nachhaltige Familienpolitik. Zukunftssicherung durch einen Dreiklang von Zeitpolitik, finanzieller Transferpolitik und Infrastrukturpolitik. Berlin 2005: 20–26; Bundesministerium für Familie, Senioren, Frauen und Jugend (Hg.): Familie zwischen Flexibilität und Verlässlichkeit. Siebter Familienbericht. Berlin 2006: 22–26; Kiernan, Kathleen: European Perspectives on Union Formation. In: Waite, Linda J. et al.: The ties that bind. Aldine 2000: 40–58

92 Bundesministerium für Familie, Senioren, Frauen und Jugend (Hg.): Familien und Familienpolitik im geeinten Deutschland – Zukunft des Humanvermögens. Fünfter Familienbericht. Bonn 1994: 314

93 Institut für Demoskopie (Hg.): Zusammenfassung der wichtigsten Befunde der Studie «Einflussfaktoren auf die Geburtenrate – ein deutsch-französischer Vergleich». Berlin 2007: 1 f.

94 Bundesministerium für Familie, Senioren, Frauen und Jugend (Hg.): Familien und Familienpolitik im geeinten Deutschland – Zukunft des Humanvermögens. Fünfter Familienbericht. Bonn 1994: 299–312; dass.: Familie zwischen Flexibilität und Verlässlichkeit. Siebter Familienbericht. Berlin 2006: 189–197 und 273–283; vgl. auch http://www.lokale-buendnisse-fuer-familie.de

95 Vgl. die in zentralen Punkten übereinstimmenden Plädoyers der Vertreter verschiedener politischer Lager: Schmidt, Renate: Zukunft der Familie und sozialer Zusammenhalt. In: Generationengerechtigkeit! Nr. 3/2003:

1–4; Borchert, Jürgen: Der «Wiesbadener Entwurf» einer famlienpolitischen Strukturreform des Sozialstaats. In: Generationengerechtigkeit! Nr. 3/2003: 7–9; Berninger, Matthias: Plädoyer für eine moderne Familienpolitik in Deutschland. In: Generationengerechtigkeit! Nr. 3/2003: 13 f.
96 Der Soziologe Franz-Xaver Kaufmann bevorzugt daher den Begriff «Nachwuchssicherung» statt «Bevölkerungspolitik». Vgl. Kaufmann, Franz-Xaver: Ohne Nachwuchs keine Zukunft: Nachwuchssicherung als politisches Ziel. In: Generationengerechtigkeit! Nr. 1/2004: 9–11, hier: 10 f.; ders.: Schrumpfende Gesellschaft. Vom Bevölkerungsrückgang und seinen Folgen. Bonn 2005: 167–173
97 Weimann, Mike: Über den Gebrauchswert von Kindern. In: Generationengerechtigkeit! Nr. 3/2003: 12
98 Bachmann, Günther/Hauff, Volker (Hg.): Unterm Strich. Erbschaften und Erblasten für das Deutschland von morgen – Eine Generationenbilanz. Bonn 2006: 53 f.
99 United Nations (Hg.): Replacement migration: Is it a solution to declining and ageing populations? New York 2000: insb. Scenario VI
100 Lau, Jörg: Wir waren ein Einwanderungsland. In: Die Zeit Nr. 24/2006
101 Statistisches Bundesamt: Strukturdaten und Integrationsindikatoren über die ausländische Bevölkerung in Deutschland 2003. Wiesbaden 2005; exakte Zahlen für 2003: 10,5 % Arbeitslosigkeit bei deutschen Erwerbspersonen, 19,2 % bei Ausländern. 2,9 % Sozialhilfe bei Deutschen, 8,4 % bei Ausländern.
102 Positive Wirkungen ermittelt: von Loeffelholz, Hans D./Köpp, Günter: Ökonomische Auswirkungen der Zuwanderung nach Deutschland, RWI-Schriftenreihe 63, Berlin 1998; ebenso: Straubhaar, Thomas/Boswell, Christina: Braucht Deutschland die Zuwanderung von Arbeitskräften aus dem Ausland? Focus Migration Kurzdossier Nr. 2/2005. Negative Wirkungen ermittelt: Sinn, Hans-Werner/Flaig, Gebhard/Werding, Martin: EU-Erweiterung und Arbeitskräftemigration – Wege zu einer schrittweisen Annäherung der Arbeitsmärkte. Ifo-Beiträge zur Wirtschaftsforschung 2. München 2001
103 Loeffelholz, Hans Dietrich von: Kosten der Nichtintegration ausländischer Zuwanderer. In: Beihefte der Konjunkturpolitik, Heft 52/2001, Migration in Europa, Berlin: S. 191–212
104 Hüther, Michael: Intergenerational Justice and Economic Growth. A Challenge for Economic Policy. In: Tremmel, Joerg Chet (ed.): Demographic Change and Intergenerational Justice. Heidelberg 2008: 31–52, hier: 50. Übersetzung durch den Autor.
105 Straubhaar, Thomas: Demographic Development: Not Really a Problem for Coming Generations. In: Tremmel, Joerg Chet (ed.): Demographic Change and Intergenerational Justice. Heidelberg 2008: 53–70, hier: 59, 60, 69. Übersetzung durch den Autor.
106 Bündnis 90/Die Grünen (Hg.): Verändern wir uns! Demografischer

Wandel in Ostdeutschland. Problemlagen und Perspektiven. Berlin 2005; Tremmel, Jörg: Bevölkerungspolitik im Kontext ökologischer Generationengerechtigkeit. Wiesbaden 2005: 242–255; Kröhnert, Steffen/van Olst, Nienke/Klingholz, Rainer: Deutschland 2020. Die demografische Zukunft der Nation. Berlin 2004: 92–94; Troge, Andreas: Kommunen, Bevölkerungsentwicklung und Umwelt: Risiken erkennen – Chancen wahrnehmen. In: Umweltakademie Baden-Württemberg (Hg.): Bevölkerungsrückgang. Konsequenzen für Flächennutzung und Umwelt. Stuttgart 2004: 29–40; Kil, Wolfgang: Luxus der Leere. Wuppertal 2004; Kraemer, Andreas R. et al.: Demographic Change and Sustainability: A Generational Balance. In: Tremmel, Joerg Chet (ed.): Demographic Change and Intergenerational Justice. Heidelberg 2008: 99–125

107 Deggerich, Markus: Die Wahlverwandtschaften. In: Spiegel Special Nr. 8/2006: 98–100; vgl. auch im Internet: http://www.mehrgenerationenhaeuser.de/

## Generationenvertrag am Ende?

1 Forsa-Umfrage im Auftrag des Stern, November 2003, zit. n. Bofinger, Peter: Wir sind besser, als wir glauben. Wohlstand für alle. Berlin 2005: 217

2 Raffelhüschen, Bernd/Feist, Karen: Der Sozialstaat in der Generationenbilanz – Mitgift oder Hypothek? Köln 2000

3 Sinn, Hans-Werner: Das demografische Defizit. In: ifo-Schnelldienst Nr. 5/2003

4 Kleinhenz, G. D.: Der Austausch zwischen den Generationen. In: Krappmann, L. (Hg.): Alt und Jung. Spannung und Solidarität zwischen den Generationen. Frankfurt am Main/New York 1997: 66–82, hier: 70–75; Deutscher Bundestag (Hg.): Schlussbericht der Enquete-Kommission «Demographischer Wandel». Herausforderungen unserer älter werdenden Gesellschaft an den Einzelnen und die Politik. Berlin 2002: 37; Rürup, Bernd: Hält der Generationenvertrag? Soziale Sicherung im Alter. In: Niederfranke, A./Naegele, G./Frahm, E. (Hg.): Funkkolleg Altern 2. Lebenslagen und Lebenswelten, soziale Sicherung und Altenpolitik. Opladen/Wiesbaden 1999: 287–339, hier: 288 f.; vgl. auch Urteil des BVerfG vom 3.4. 2001 zur Pflegeversicherung: «Die heutigen Beitragszahler vertrauen im Umlageverfahren darauf, dass in der Zukunft in ausreichendem Umfang neue Beitragsschuldner vorhanden sind.»

5 Wüllenweber, Walter: Die Last mit den Alten. Konflikt der Generationen. In: Stern Nr. 48/2002: 50–56

6 Miegel, Meinhard: Die deformierte Gesellschaft. Wie die Deutschen ihre Wirklichkeit verdrängen. Berlin 2000: 270, 267

7 Dettling, Daniel: Gesucht: ein neuer Generationenvertrag. In: Nagel, Eckhard; von Vietinghoff, Eckhart (Hg.): Alt gegen Jung? Jung gegen Alt? Hannover 2005: 125–127, hier: 126

8 Metzger, Oswald: Einspruch! Wider den organisierten Staatsbankrott. München 2003: 122
9 Kleine-Brockhoff, Thomas: Betrug an der Jugend. Renten, Schulden, Abgaben – der Fluch der späten Geburt. In: Die Zeit vom 7. 11. 1997: 1
10 Diese Analyse teilen angebotsorientierte wie sozialdemokratisch geprägte Autoren gleichermaßen. So erklärt die Rürup-Kommission: «Diese Finanzierungsweise hat zur Folge, dass steigende Altenquotienten und sinkende Wachstumsraten einen zunehmenden Druck auf die Beitragssätze zur gesetzlichen Sozialversicherung erzeugen.» Bundesministerium für Gesundheit und Soziale Sicherung (Hg.): Nachhaltigkeit in der Finanzierung der Sozialen Sicherungssysteme. Bericht der Kommission. Berlin 2003: 45 f. Übereinstimmend schreibt der sozialdemokratische Politikwissenschaftler Frank Pilz: «Diese solidarische Absicherung ist aber in dem Maße gefährdet, in dem immer weniger Junge mit ihren Versicherungsbeiträgen für einen Rentner sorgen müssen. Aus dem Vertrag der Generationen droht ein Konflikt der Generationen zu werden.» Pilz, Frank: Der Sozialstaat. Ausbau – Kontroversen – Umbau. Bonn 2004: 82
11 Prognos (Hg.): Auswirkungen veränderter ökonomischer und rechtlicher Rahmenbedingungen auf die Gesetzliche Rentenversicherung in Deutschland. In: DRV-Schriften Band 9. Frankfurt am Main 1998: 83 ff.
12 Zit. n. Köpf, Peter: Die All-inclusive-Generation fordert: Her mit dem Zaster, Opa. In: taz vom 16. 7. 2003
13 Pilz, Frank: Der Sozialstaat. Ausbau – Kontroversen – Umbau. Bonn 2004: 132–137
14 Bofinger, Peter: Wir sind besser, als wir glauben. Wohlstand für alle. Berlin 2005: 212; VDR (Hg.): Bericht der Bundesregierung zur Entwicklung der nicht beitragsgedeckten Leistungen und der Bundesleistungen an die Rentenversicherung vom 13. August 2004. Deutsche Rentenversicherung Heft 10/2004: 569–585, hier: 571, 579
15 Am 8. 11. 2002, zit. n. Müller, Albrecht: Die Reformlüge. 40 Denkfehler, Mythen und Legenden, mit denen Politik und Wirtschaft Deutschland ruinieren. München 2004: 135, 138
16 Mueller, John: The Stock Market Won't Beat Social Security. Both are driven by the same economic and demographic trend. In: Challenge Vol. 2/1998: 95 ff.; Wagner, Gert G.: Kapitaldeckung: kein Wunder für die Altersvorsorge. In: DIW-Wochenbericht Nr. 46/1998: insb. 836 f.; Kirner, Ellen/Meinhardt, Volker/Wagner, Gert G.: Probleme der Altersvorsorge allein durch Änderung des Finanzierungsverfahrens nicht zu lösen. In: DIW-Wochenbericht Nr. 30/2000: insb. 481; Hessische Staatskanzlei (Hg.): Die Familienpolitik muss neue Wege gehen! Der «Wiesbadener Entwurf» zur Familienpolitik. Wiesbaden 2002: 21–23
17 Meinhardt, Volker/Wagner, Gert/Zwiener, Rudolf: Einstieg in die Teilkapitaldeckung der Altersvorsorge mit Wachstumseinbußen verbunden. In: DIW-Wochenbericht Nr. 46/1999; vgl. auch Wagner, Gert/Meinhardt,

Volker/Leinert, Johannes/Kirner, Ellen: Kapitaldeckung: Kein Wundermittel für die Altersvorsorge. In: DIW-Wochenbericht Nr. 46/1998
18 Sinn, Hans-Werner/Übelmesser, Silke: Rentenreform, strategische Mehrheit und demographische Entwicklung: Wann kippt Deutschland um? In: Ifo-Schnelldienst Nr. 28–29/2000: 20–25: 21; zur Übergangsproblematik vgl. auch Bundesministerium für Gesundheit und Soziale Sicherung (Hg.): Nachhaltigkeit in der Finanzierung der Sozialen Sicherungssysteme. Bericht der Kommission. Berlin 2003: 112
19 Raffelhüschen nennt Pflegeversicherung «eine tickende Zeitbombe», in: Wirtschaftswoche vom 9. 2. 2005
20 Tremmel, Jörg: Wie die gesetzliche Rentenversicherung nach dem Prinzip der Generationengerechtigkeit reformiert werden kann. In: Gesellschaft für die Rechte zukünftiger Generationen (Hg.): Ihr habt dieses Land nur von uns geborgt. Hamburg 1997: 149–240, hier: 176
21 Deutscher Bundestag (Hg.): Zweiter Zwischenbericht der Enquete-Kommission «Demographischer Wandel». Herausforderungen unserer älter werdenden Gesellschaft an den Einzelnen und die Politik. Bonn 1998: 343
22 Meinhardt, Volker/Wagner, Gert/Zwiener, Rudolf: Einstieg in die Teilkapitaldeckung der Altersvorsorge mit Wachstumseinbußen verbunden. In: DIW-Wochenbericht Nr. 46/1999
23 Mackenroth, Gerhard: Die Reform der Sozialpolitik durch einen deutschen Sozialplan. Berlin 1952: 41
24 Vgl. zu letzterem Blickwinkel: Flassbeck, Heiner: Generationenvertrag versus private Vorsorge: Falsche Alternativen in der Rentendebatte. In: Handelsblatt vom 18. 7. 2000
25 Deutscher Bundestag (Hg.): Zweiter Zwischenbericht der Enquete-Kommission «Demographischer Wandel». Herausforderungen unserer älter werdenden Gesellschaft an den Einzelnen und die Politik. Bonn 1998: 325; vgl. auch ebd.: 341–344
26 Deutscher Bundestag (Hg.): Zweiter Zwischenbericht der Enquete-Kommission «Demographischer Wandel». Herausforderungen unserer älter werdenden Gesellschaft an den Einzelnen und die Politik. Bonn 1998: 343
27 Lampert, Heinz: Lehrbuch der Sozialpolitik. Berlin 1996: 270 ff.
28 Deutscher Bundestag (Hg.): Zweiter Zwischenbericht der Enquete-Kommission «Demographischer Wandel». Herausforderungen unserer älter werdenden Gesellschaft an den Einzelnen und die Politik. Bonn 1998: 344
29 Hypo Vereinsbank: Age-Wave – Zur Demografieanfälligkeit von Aktienmärkten. Policy Brief vom 26. 6. 2001; Deutsche Bundesbank: Alternde Bevölkerung, Finanzmärkte und Geldpolitik. In: Monatsberichte der Deutschen Bundesbank Nr. 6/2001
30 Bachmann, Günther/Hauff, Volker (Hg.): Unterm Strich. Erbschaften und Erblasten für das Deutschland von morgen – Eine Generationenbilanz. Bonn 2006: 28. In diesem Zusammenhang wird die «Asset-Meltdown»-These diskutiert, die auf Mankiw/Weil zurückgeht. Diese sagten

für den US-Immobilienmarkt einen demografisch bedingten Preisabsturz aufgrund sinkender Nachfrage vorher. Bzgl. der Finanzmärkte werden seitdem entsprechende Effekte erforscht. Wenn die ab 2020 vermehrt in den Ruhestand gehende Babyboomer-Generation ihre Vermögenswerte veräußert, um damit ihre Altersversorgung zu finanzieren, würde die Nachfrage nach Finanzanlagen die Kapitalrendite senken und die Vermögen abschmelzen. Die Asset-Meltdown-These ist in einer offenen Volkswirtschaft mit mobilen Finanzmärkten nur eingeschränkt gültig. Vgl. Mankiw, Gregory N./Weil David N.: The Baby-Boom, the Baby-Bust and the Housing Market. In: Regional Science and Urban Economics 19/1989: 235–258; Börsch-Supan, Axel/Ludwig, Alexander/Winter, Joachim: Aging, Pension Reform and Capital Flows: A Multi-Country Simulation Model. DNB Working Papers No. 065/2005

31 Meinhardt, Volker/Wagner, Gert/Zwiener, Rudolf: Einstieg in die Teilkapitaldeckung der Altersvorsorge mit Wachstumseinbußen verbunden. In: DIW-Wochenbericht Nr. 46/1999; vgl. auch Wagner, Gert/Meinhardt, Volker/Leinert, Johannes/Kirner, Ellen: Kapitaldeckung: Kein Wundermittel für die Altersvorsorge. In: DIW-Wochenbericht Nr. 46/1998

32 Bundesministerium für Gesundheit und Soziale Sicherung (Hg.): Nachhaltigkeit in der Finanzierung der Sozialen Sicherungssysteme. Bericht der Kommission. Berlin 2003: 108

33 Schwarze, Johannes/Frick, Joachim R.: Old Age Pension Systems and the Income Distribution among the Elderly – Germany and the United States Compared. In: Hauser, Richard/Becker, Irene (Hg.): The Personal Distribution of Income in an International Perspective, Heidelberg 2000: 225–243.

34 Gronemeyer, Reimer: Kampf der Generationen. München 2004: 73

35 Brost, Marc: Bis hierhin und nicht weiter. Die Lebensversicherer rufen nach dem Staat – und kaschieren das eigene Versagen. In: Die Zeit Nr. 44/2003: 26

36 Kirner, Ellen/Meinhardt, Volker/Wagner, Gert G.: Probleme der Altersvorsorge allein durch Änderung des Finanzierungsverfahrens nicht zu lösen. In: DIW-Wochenbericht Nr. 30/2000

37 Kurz, Robert: Generation Bankrott. Ein Nachruf auf den Neuen Markt. In: konkret Nr. 11/2002

38 Deutsche Rentenversicherung (Hg.): Rendite der gesetzlichen Rentenversicherung. Berlin 2007: 5 f.

39 ACIO Networks GmbH, http://www.versicherung-vergleiche.de/private_altersvorsorge/garantien.htm, Abruf am 21. 4. 2008

40 Walter, Norbert: Auswirkungen der demographischen Entwicklung auf die Kapitalmärkte. In: BAV Nr. 6/2003

41 Deutscher Bundestag (Hg.): Zweiter Zwischenbericht der Enquete-Kommission «Demographischer Wandel». Herausforderungen unserer älter

werdenden Gesellschaft an den Einzelnen und die Politik. Bonn 1998: 337, 340

42 Deutscher Bundestag (Hg.): Schlussbericht der Enquete-Kommission «Demographischer Wandel». Herausforderungen unserer älter werdenden Gesellschaft an den Einzelnen und die Politik. Berlin 2002: 51 f.; vgl. auch Wagner, Gert/Meinhardt, Volker/Leinert, Johannes/Kirner, Ellen: Kapitaldeckung: Kein Wundermittel für die Altersvorsorge. In: DIW-Wochenbericht Nr. 46/1998: «Darüber hinaus ist es falsch, die ‹rohe› Kapitalverzinsung mit der Rendite einer Rentenversicherung zu vergleichen.»

43 Deutsches Institut für Wirtschaftsforschung/Wuppertal Institut/Wissenschaftszentrum Berlin: Arbeit und Ökologie. Projektabschlussbericht. Berlin/Wuppertal 2000: 134 f.; Zinn, Karl Georg: Sozialstaat in der Krise. Zur Rettung eines Jahrhundertprojekts. Berlin 1999: 87

44 Deutscher Bundestag (Hg.): Zweiter Zwischenbericht der Enquete-Kommission «Demographischer Wandel». Herausforderungen unserer älter werdenden Gesellschaft an den Einzelnen und die Politik. Bonn 1998: 341

45 Deutscher Bundestag (Hg.): Zweiter Zwischenbericht der Enquete-Kommission «Demographischer Wandel». Herausforderungen unserer älter werdenden Gesellschaft an den Einzelnen und die Politik. Bonn 1998: 341; Meinhardt, Volker/Wagner, Gert/Zwiener, Rudolf: Einstieg in die Teilkapitaldeckung der Altersvorsorge mit Wachstumseinbußen verbunden. In: DIW-Wochenbericht Nr. 46/1999

46 Meinhardt, Volker/Wagner, Gert/Zwiener, Rudolf: Einstieg in die Teilkapitaldeckung der Altersvorsorge mit Wachstumseinbußen verbunden. In: DIW-Wochenbericht Nr. 46/1999; Wagner, Gert/Meinhardt, Volker/Leinert, Johannes/Kirner, Ellen: Kapitaldeckung: Kein Wundermittel für die Altersvorsorge. In: DIW-Wochenbericht Nr. 46/1998

47 Flassbeck, Heiner: Generationenvertrag versus private Vorsorge: Falsche Alternativen in der Rentendebatte. In: Handelsblatt vom 18. 7. 2000

48 Bundesministerium für Gesundheit und Soziale Sicherung (Hg.): Nachhaltigkeit in der Finanzierung der Sozialen Sicherungssysteme. Bericht der Kommission. Berlin 2003: 65

49 Müller, Albrecht: Die Reformlüge. 40 Denkfehler, Mythen und Legenden, mit denen Politik und Wirtschaft Deutschland ruinieren. München 2004: 135

50 Blüm, Norbert: Die Rentenversicherung ist viel besser als ihr Ruf. In: Süddeutsche Zeitung vom 23. 3. 2006: 2

51 Wagner, Gert/Meinhardt, Volker/Leinert, Johannes/Kirner, Ellen: Kapitaldeckung: Kein Wundermittel für die Altersvorsorge. In: DIW-Wochenbericht Nr. 46/1998

52 So auch das Plädoyer in: Deutscher Bundestag (Hg.): Zweiter Zwischenbericht der Enquete-Kommission «Demographischer Wandel». Herausforderungen unserer älter werdenden Gesellschaft an den Einzelnen und die Politik. Bonn 1998: 344

53 Rürup, Bernd: Gesamtwirtschaftliche Aspekte der betrieblichen Altersvorsorge. In: Förster, Wolfgang et al. (Hg.): Altersversorgung und Vergütung. Köln 2006: 221–234; Ehrentraut, Oliver: Alterssicherung in Deutschland – das Zusammenspiel der drei Säulen. In: Deutsche Rentenversicherung 8–9/2007: 576–589, hier insb.: 580 f.
54 Sinn, Hans-Werner: Das demografische Defizit. In: ifo-Schnelldienst Nr. 5/2003
55 Gronemeyer, Reimer: Kampf der Generationen. München 2004: 265 f.
56 Opaschowski, Horst W.: Der Generationenpakt. Das soziale Netz der Zukunft. Darmstadt 2004: 157
57 Ruland, Franz: Die «Einschnitte bei den Renten» – zur Methode und zu ihrer verfassungsrechtlichen Zulässigkeit. In: Deutsche Rentenversicherung Nr. 4–5/2005: 217 ff., hier: 228
58 Angaben für 2002. Bundesministerium für Familie, Senioren, Frauen und Jugend (Hg.): Fünfter Bericht zur Lage der älteren Generation in der Bundesrepublik Deutschland. Potenziale des Alters in Wirtschaft und Gesellschaft. Der Beitrag älterer Menschen zum Zusammenhalt der Generationen. Bericht der Sachverständigenkommission. Berlin 2005: 202; Quote zur Kinderarmut: http://www.schaunichtweg.de/wissenswertes/index.htm#Zahlen%20und%20Fakten
59 Preston, Samuel H.: Children and the Elderly. Divergent paths for America's dependents. In: Demography 21(4) /1984: 435–497; vgl. auch Sackmann, Rainer: Generationsverhältnis und Gerechtigkeit – das Beispiel Rentenversicherung. In: Gewerkschaftliche Monatshefte 49/1998: 713–721, hier: 714
60 Angaben für 2000. Statistisches Bundesamt (Hg.): Datenreport 2002 – Zahlen und Fakten über die Bundesrepublik Deutschland. Schriftenreihe Band 36. Bonn 2002: 589
61 Deutsche Bank Research: Auf dem Prüfstand der Senioren. Alternde Kunden fordern Unternehmen auf allen Ebenen. Aktuelle Themen Nr. 278/2003: 4; Eurostat: Consumers in Europe – Facts and Figures. Luxemburg 2001
62 Grabka, Markus M./Frick, Jaochim R.: Vermögen in Deutschland wesentlich ungleicher verteilt als Einkommen. In: DIW-Wochenbericht Nr. 45/2007: 665–672, hier: 668
63 Grabka, Markus M./Frick, Jaochim R.: Vermögen in Deutschland wesentlich ungleicher verteilt als Einkommen. In: DIW-Wochenbericht Nr. 45/2007: 665–672, hier: 668
64 Münnich, Margot: Einnahmen und Ausgaben von Rentner- und Pensionärshaushalten. Untersuchungen auf der Grundlage der Ergebnisse der Einkommens- und Verbrauchsstichprobe 2003. Statistisches Bundesamt: Wirtschaft und Statistik Nr. 6/2007: 593–629, hier: 595
65 Jarass, Lorenz: Reform der Erbschaftsteuer. Vortragsmanuskript. Wiesbaden, 16. 2. 2007: 1

66 Schupp, Jürgen/Szydlik, Marc: Erbschaften und Schenkungen in Deutschland. Wachsende fiskalische Bedeutung der Erbschaftssteuer für die Länder. In: DIW-Wochenbericht Nr. 5/2004: 59–65, hier: 65
67 Deutsches Institut für Altersvorsorge: Durchschnittliche Zahlbeträge und Schichtung der Versichertenrenten. Homepage, http://www.dia-vorsorge.de/df_050211.htm, Rev. 2008–03–15
68 Münnich, Margot: Einnahmen und Ausgaben von Rentner- und Pensionärshaushalten. Untersuchungen auf der Grundlage der Ergebnisse der Einkommens- und Verbrauchsstichprobe 2003. Statistisches Bundesamt: Wirtschaft und Statistik Nr. 6/2007: 593–629, hier: 593
69 Deutsche Bank Research: Auf dem Prüfstand der Senioren. Alternde Kunden fordern Unternehmen auf allen Ebenen. Aktuelle Themen Nr. 278/2003: 4
70 Hain, W./Tautz, R.: Finanzielle Auswirkungen der Rentenreform. In: Deutsche Rentenversicherung Nr. 6–7/2001: 359–377, hier: 365
71 Riester, Walter: «So ist das System». In: einblick Nr. 19/2000
72 Die Rentenreform im Bundestag, Interview in Deutschlandfunk, 16. 11. 2000
73 Weitere Stimmen zur Debatte unter http://www.bundestag.de/bp/2003/bp0301/0301034a.html, Rev. 2008–03–16
74 Bundesministerium für Arbeit und Soziales, zit. n. Deutsches Institut für Altersvorsorge, http://www.dia-vorsorge.de/df_030309.htm, Rev. 2008–03–15
75 Corneo, Giacomo/Keese, Matthias/Schröder, Carsten: Erhöht die Riester-Förderung die Sparneigung von Geringverdienern? Berlin 2007
76 Bereits vor dem Vorliegen belastbarer Daten wurde diese Entwicklung vorhergesehen: Vgl. Bofinger, Peter: Wir sind besser, als wir glauben. Wohlstand für alle. München 2005: 159–163; Ebert, Thomas: Rentenreform 2001: Sozialverträgliche Modernisierung? In: Sozialer Fortschritt Nr. 8/2001: 185 f.; Fehr, Hans/Jess, Heinrich: Gewinner und Verlierer der aktuellen Rentenreform. In: Die Angestelltenversicherung Nr. 5–6/2001: 176–187, hier: 180
77 Niejahr, Elisabeth: Walter Riester mogelt. In: Die Zeit Nr. 38/2000
78 Schreiber, Wilfried: Existenzsicherheit in der industriellen Gesellschaft. Unveränderter Nachdruck des «Schreiber-Planes» zur dynamischen Rente aus dem Jahr 1955. Köln 1955: 19
79 Tremmel, Jörg: Wie die gesetzliche Rentenversicherung nach dem Prinzip der Generationengerechtigkeit reformiert werden kann. In: Gesellschaft für die Rechte zukünftiger Generationen (Hg.): Ihr habt dieses Land nur von uns geborgt. Hamburg 1997: 149–240, hier: 209–225
80 Bofinger, Peter: Wir sind besser, als wir glauben. Wohlstand für alle. München 2005: 153 f.
81 Schmähl, Winfried: Weiterer Raubbau an den Sozialbudgets? In: VdK Bayern (Hg.): Soziale Verunsicherung ohne Ende? Das politische Sys-

tem setzt die Bürger auch weiter unter Druck. München 2006: 23–41, hier: 39
82 Bundesministerium für Gesundheit und Soziale Sicherung (Hg.): Nachhaltigkeit in der Finanzierung der sozialen Sicherungssysteme. Bericht der Kommission. Berlin 2003: 3
83 Deutsches Institut für Altersvorsorge (Hg.): Die neue Rentenreform: Die Nettorenten sinken. Köln 2004: 18
84 OECD: Renten auf einen Blick 2007. Pressemitteilung zu Deutschland vom 7. 6. 2007
85 Dunkel, Monika: Junge müssen sich auf Altersarmut einstellen. In: Financial Times Deutschland vom 7. 6. 2007
86 Bundesministerium für Gesundheit und Soziale Sicherung (Hg.): Nachhaltigkeit in der Finanzierung der sozialen Sicherungssysteme. Bericht der Kommission. Berlin 2003: 108
87 Vgl. auch Bäcker, Gerhard: Reform oder Abbau des Sozialstaats? In: Böhning, Björn/Burmeister, Kai (Hg.): Generationen/Gerechtigkeit. Hamburg 2004: 76–98, hier: 84; Bäcker, Gerhard: Perspektiven älterer Arbeitnehmer auf dem Arbeitsmarkt: Beschäftigungsförderung statt Anhebung der Altersgrenzen. In: Soziale Sicherheit Nr. 11/2003: 382
88 Bäcker, Gerhard: Reform oder Abbau des Sozialstaats? In: Böhning, Björn/Burmeister, Kai (Hg.): Generationen/Gerechtigkeit. Hamburg 2004: 76–98, hier: 80 f.; Leisering, Lutz: Alternde Bevölkerung – veraltender Sozialstaat? Demografischer Wandel als Politik. In: Aus Politik und Zeitgeschichte Nr. 35/1996: 18 ff.; ähnlich Ehrentraut, Oliver: Alterssicherung in Deutschland – das Zusammenspiel der drei Säulen. In: Die Rentenversicherung 8–9/2007: 576–589, hier: 582
89 Vgl. Fuest, Clemens: Sind unsere sozialen Sicherungssysteme generationengerecht? Freiburger Diskussionspapiere zur Ordnungsökonomik Nr. 3/2007
90 Sozialbeirat (Hg.): Gutachten des Sozialbeirats zum Rentenversicherungsbericht 2001. Berlin 2001: Tz. 22
91 Sachverständigenrat zur Begutachtung der gesamtwirtschaftlichen Entwicklung (Hg.): Jahresbericht 2003/2004: Staatsfinanzen konsolidieren – Steuersystem reformieren. Wiesbaden 2003: Ziff. 337
92 Bundesministerium für Gesundheit und Soziale Sicherung (Hg.): Nachhaltigkeit in der Finanzierung der Sozialen Sicherungssysteme. Bericht der Kommission. Berlin 2003: 46 f., 108
93 Tremmel, Jörg: Generationengerechtigkeit – Versuch einer Definition. In: Stiftung für die Rechte zukünftiger Generationen (Hg.): Handbuch Generationengerechtigkeit. München 2003: 27–79, hier: 38; Tremmel, Jörg: Wie die gesetzliche Rentenversicherung nach dem Prinzip der Generationengerechtigkeit reformiert werden kann. In: Gesellschaft für die Rechte zukünftiger Generationen (Hg.): Ihr habt dieses Land nur von uns geborgt. Hamburg 1997: 149–240, hier: 172, 199

94 Deutscher Bundestag (Hg.): Schlussbericht der Enquete-Kommission «Demographischer Wandel». Herausforderungen unserer älter werdenden Gesellschaft an den Einzelnen und die Politik. Berlin 2002: 51 f.
95 Schmähl, Winfried: «Generationengerechtigkeit» und Alterssicherung. In: Böhning, Björn/Burmeister, Kai (Hg.): Generationen & Gerechtigkeit. Hamburg 2004: 45–61, hier: 49–52
96 Deutscher Bundestag (Hg.): Schlussbericht der Enquete-Kommission «Demographischer Wandel». Herausforderungen unserer älter werdenden Gesellschaft an den Einzelnen und die Politik. Berlin 2002: 51 f.
97 Thum, Marcel/von Weizsäcker, Jakob: Implizite Einkommensteuer als Meßlatte für die aktuellen Rentenreformvorschläge. In: Perspektiven der Wirtschaftspolitik Nr. 1/2000: 453–468, hier: 465
98 Kirner, Ellen/Meinhardt, Volker: Finanzielle Konsequenzen der Einführung eines universellen Alterssicherungssystems. In: DIW-Wochenbericht Nr. 45/2002
99 Deutscher Bundestag (Hg.): Schlussbericht der Enquete-Kommission «Demographischer Wandel». Herausforderungen unserer älter werdenden Gesellschaft an den Einzelnen und die Politik. Berlin 2002: 157–159; Bundesministerium für Gesundheit und soziale Sicherung (Hg.): Nachhaltigkeit in der Finanzierung der Sozialen Sicherungssysteme. Bericht der Nachhaltigkeitskommission. Berlin 2003: 120–126; vgl. auch Sinn, Hans-Werner: Ist Deutschland noch zu retten? München 2004: 358–360
100 Zit. n. Schumann, Harald: Wo die Rente sicher ist. In: Der Tagesspiegel vom 28. 5. 2006: 5
101 Keppeler, Toni: Bloß kein Neid auf die Schweiz. In: taz vom 26. 8. 2003: 4
102 BVerfGE 87/15
103 Sinn, Hans-Werner: The Value of Children and Immigrants in a Pay-as-you-go Pension System. Ifo Studien Nr. 47/2001: 77–94; Sinn, Hans-Werner: Ist Deutschland noch zu retten? München 2004: 351–397; Hessische Staatskanzlei (Hg.): Die Familienpolitik muss neue Wege gehen! Der «Wiesbadener Entwurf» zur Familienpolitik. Wiesbaden 2002: 47–49. Eine Modellrechnung, die eine spürbare Verbesserung der Rentenhöhe bei Kindererziehung kalkuliert – wobei eine Wiederaufnahme der Erwerbstätigkeit unterstellt wird –, findet sich bei: Ruland, Franz: Familie und Rentenversicherung. Manuskript. Würzburg 2003: 4 f.
104 Zuletzt das «Pflegeurteil» von 2001 (BVerfGE103, 242)
105 Bundesministerium für Wirtschaft und Arbeit (Hg.): Alterung und Familienpolitik. Gutachten des Wissenschaftlichen Beirats. Berlin 2005: 40–45; Hessische Staatskanzlei (Hg.): Die Familienpolitik muss neue Wege gehen! Der «Wiesbadener Entwurf» zur Familienpolitik. Wiesbaden 2002: 62–68; Robert Bosch Stiftung (Hg.): Starke Familie. Bericht der Kommission «Familie und demographischer Wandel». Stuttgart

2005: 104–107; Sinn, Hans-Werner: Ist Deutschland noch zu retten? München 2004: 390; Borchert, Jürgen: Innenweltzerstörung. Frankfurt am Main 1989: 120ff.; ders.: Renten vor dem Absturz. Frankfurt am Main 1993: 269ff.

106 Ebert, Thomas: Beutet der Sozialstaat die Familien aus? In: Butterwege, Christoph/Klundt, Michael: Kinderarmut und Generationengerechtigkeit. Opladen 2003: 99–111, hier: 108 f.

107 Bundesministerium für Gesundheit und soziale Sicherung (Hg.): Nachhaltigkeit in der Finanzierung der Sozialen Sicherungssysteme. Bericht der Nachhaltigkeitskommission. Berlin 2003: 115 f.; Ruland, Franz: Familie und Rentenversicherung. Manuskript. Würzburg 2003: 2

108 Zur Kritik der «Rente nach Kinderzahl» vgl. auch Bundesministerium für Wirtschaft und Arbeit (Hg.): Alterung und Familienpolitik. Gutachten des Wissenschaftlichen Beirats. Berlin 2005: 45 f.; Tremmel, Jörg: Bevölkerungspolitik im Kontext ökologischer Generationengerechtigkeit. Wiesbaden 2005: 298–301

109 So auch das Plädoyer der Rürup- und Herzog-Kommission. Vgl. Bundesministerium für Gesundheit und soziale Sicherung (Hg.): Nachhaltigkeit in der Finanzierung der Sozialen Sicherungssysteme. Bericht der Nachhaltigkeitskommission. Berlin 2003: 72–80 und 114–118; CDU (Hg.): Bericht der Kommission «Soziale Sicherheit» zur Reform der sozialen Sicherungssysteme. Berlin 2003: 37–40 und 44 f.

110 Bundesministerium für Gesundheit und soziale Sicherung (Hg.): Nachhaltigkeit in der Finanzierung der Sozialen Sicherungssysteme. Bericht der Nachhaltigkeitskommission. Berlin 2003: 82ff.; «Rente mit 67 beschlossen», in: Süddeutsche Zeitung vom 9. 3. 2007

111 Sachverständigenrat zur Begutachtung der gesamtwirtschaftlichen Entwicklung (Hg.): Jahresgutachten 2004/2005: Erfolge im Ausland – Herausforderungen im Inland. Wiesbaden 2004: 241 f.

112 Vgl. Kistler, Ernst E.: Die Methusalem-Lüge. Wie mit demographischen Mythen Politik gemacht wird. München/Wien 2006: 169–199; Lauterbach, Karl: Der Zweiklassenstaat. Wie die Privilegierten Deutschland ruinieren. Berlin 2007: 142–146

113 Bäcker, Gerhard: Rente mit 67: Länger arbeiten oder länger arbeitslos? Probleme einer Heraufsetzung der Altersgrenze. In: Friedrich-Ebert-Stiftung (Hg.): Rente mit 67. Steuerungspotenziale in der Renten- und Beschäftigungspolitik. Bonn 2006: 6–23, hier: 7–14

114 Bundesministerium für Gesundheit und soziale Sicherung (Hg.): Nachhaltigkeit in der Finanzierung der Sozialen Sicherungssysteme. Bericht der Nachhaltigkeitskommission. Berlin 2003: 135 f.

115 Bäcker, Gerhard: Rente mit 67: Länger arbeiten oder länger arbeitslos? Probleme einer Heraufsetzung der Altersgrenze. In: Friedrich-Ebert-Stiftung (Hg.): Rente mit 67. Steuerungspotenziale in der Renten- und Beschäftigungspolitik. Bonn 2006: 6–23, hier: 20–22

116 Deutscher Bundestag (Hg.): Schlussbericht der Enquete-Kommission «Demographischer Wandel». Herausforderungen unserer älter werdenden Gesellschaft an den Einzelnen und die Politik. Berlin 2002: 160
117 Kirner, Ellen/Meinhardt, Volker: Finanzielle Konsequenzen der Einführung eines universellen Alterssicherungssystems. In: DIW-Wochenbericht Nr. 45/2002: o. S.
118 Schumann, Harald: Wo die Rente sicher ist. In: Der Tagesspiegel vom 28. 5. 2006: 5
119 Stiftung für die Rechte zukünftiger Generationen: Positionspapier Rente. Oberursel 2000: 7 f.
120 Kritisch: Deutscher Bundestag (Hg.): Zweiter Zwischenbericht der Enquete-Kommission «Demographischer Wandel». Herausforderungen unserer älter werdenden Gesellschaft an den Einzelnen und die Politik. Bonn 1998: 372–375; befürwortend: Tremmel, Jörg: Wie die gesetzliche Rentenversicherung nach dem Prinzip der Generationengerechtigkeit reformiert werden kann. In: Gesellschaft für die Rechte zukünftiger Generationen (Hg.): Ihr habt dieses Land nur von uns geborgt. Hamburg 1997: 149–240, hier: 193–196, 236 f.
121 Ruland, Franz: Familie und Rentenversicherung. Manuskript. Würzburg 2003: 5
122 Rasner, Annika: Wege aus der Rentenlücke in Deutschland. Stärkere Erwerbsbeteiligung von Frauen als Schlüssel zu höherer Alterssicherung. In: Demografische Forschung aus Erster Hand Nr. 1/2007: 3
123 Vgl. Kirner, Ellen: Verfassungsrechtliche Maßstäbe der Familienpolitik: Die Familie mehr, die traditionelle Ehe weniger fördern. In: Vierteljahreshefte zur Wirtschaftsforschung 71 (2002): 52–66, hier: 54–65; CDU (Hg.): Bericht der Kommission «Soziale Sicherheit» zur Reform der sozialen Sicherungssysteme. Berlin 2003: 19 f., 33 und 45 f.
124 Bundesrechnungshof: Bemerkungen 2006 zur Haushalts- und Wirtschaftsführung des Bundes. Bonn 2006: 144 f.
125 Berechnung von Meinhard Miegel, zit. n.: Pauly, Christoph/Reiermann, Christian/Sauga, Michael: Riesters Reformruine. In: Der Spiegel Nr. 7/2001: 90–105, hier: 105
126 Bofinger, Peter: Wie das Rentensystem wieder glaubwürdig werden kann. In: Handelsblatt vom 28. 3. 2000: 2; ders.: Wir sind besser, als wir glauben. Wohlstand für alle. München 2005: 165 f.
127 «Rücktrittsforderungen gegen Mißfelder», in: Die Welt vom 8. 8. 2003
128 «JuLi-Chef ‹gibt den Löffel ab›», in: tagesschau.de vom 4. 3. 2005
129 Wiemeyer, Joachim: An Haupt und Gliedern. In: Herder-Korrespondenz Nr. 12/2002
130 Report Mainz vom 2. 6. 2003
131 Breyer, Friedrich: Deutlicher Spareffekt. Interview in Rheinischer Merkur vom 12. 6. 2003

132 Hagemann, Reiner: Kampf der Generationen. In: Tagesspiegel vom 17.6. 2003: 16
133 Gronemeyer, Reimer: Kampf der Generationen. München 2004: 23 f., 94
134 Brunner, Helmut: Gesundheitsökonomie und Altersrationierung – (k)ein Thema in Deutschland. In: Möller, Peter A. (Hg.): Die Kunst des Alterns. Frankfurt am Main 2002: 137–151; Gronemeyer, Reimer: Kampf der Generationen. München 2004: 23 f.
135 Werner, Angelika/von Lengerke, Thomas: Generationengerechte Gesundheitspolitik. In: Stiftung für die Rechte zukünftiger Generationen (Hg.): Handbuch Generationengerechtigkeit. München 2003: 311–332, hier: 324
136 Vgl. Lauterbach, Karl: Der Zweiklassenstaat. Wie die Privilegierten Deutschland ruinieren. Berlin 2006: 87 f.
137 Verbrugge, Lois M.: Longer Life but Worsening Health? Trends in Health and Mortality of Middle-Aged and Older Persons. In: Milbank Memorial Fund Quarterly Vol. 62/1984: 474–519
138 Fries, James F.: The Compression of Morbidity. In: The Gerontologist Vol. 24 (1984): 354–359
139 Sanderson, Warren C./Scherbov, Sergei: Wir bleiben länger jung, als unsere Geburtstage anzeigen. In: Demografische Forschung aus Erster Hand Nr. 2/2006: 1 f.; vgl. dies.: Average remaining lifetimes can increase as human populations age. In: Nature 435 (7043)/2005: 811–813
140 Deutscher Bundestag (Hg.): Zweiter Zwischenbericht der Enquete-Kommission «Demographischer Wandel». Herausforderungen unserer älter werdenden Gesellschaft an den Einzelnen und die Politik. Bonn 1998: 410–412; Nationale Ethikkommission im Bereich Humanmedizin: Gerechtigkeit im Gesundheitswesen. Eine Problemskizze aus ethischer Sicht. Luzern 2005; vgl. auch Kistler, Ernst E.: Die Methusalem-Lüge. Wie mit demographischen Mythen Politik gemacht wird. München/Wien 2006: 206–208; Kane, Rosie C.: Beyond Caring: The Challenge of Geriatrics. In: Journal of American Geriatrics Society Vol. 36/1988
141 Vgl. Interview mit Jörg Tremmel: «Mißfelder schadet den Interessen der jungen Generation». In: Netzeitung vom 11.8.2003
142 OECD Health Division: OECD Health Dara 2007, in: www.oecd.org/dataoecd/46/36/38979632.xls, Rev. 25–03–2008
143 WHO: The World Health Report 2000. Health Systems: Improving Performance. Genf 2000: 200
144 Arrow, Kenneth: Uncertainty and the Welfare Economics of Medical Care. Bulletin of the World Health Organization : the International Journal of Public Health 82 (2)/2004: 141–149
145 Deutscher Bundestag (Hg.): Zweiter Zwischenbericht der Enquete-Kommission «Demographischer Wandel». Herausforderungen unserer älter werdenden Gesellschaft an den Einzelnen und die Politik. Bonn 1998: 438–455

146 Bérie, Hermann/Braeseke, Grit/Fink, Ulf/Völker, Ingrid: Strukturen und Kostensteuerungsmechanismen im deutschen Gesundheitswesen unter besonderer Berücksichtigung der GKV. WISO Institut für Wirtschaft und Soziales. Berlin 2005

147 Lauterbach, Karl: Der Zweiklassenstaat. Wie die Privilegierten Deutschland ruinieren. Berlin 2006: 85

148 Sachverständigenrat für die Konzertierte Aktion im Gesundheitswesen (Hg.): Bedarfsgerechtigkeit und Wirtschaftlichkeit. Band III.2: Ausgewählte Erkrankungen: ischämische Herzkrankheiten, Schlaganfall und chronische, obstruktive Lungenkrankheiten, 2000/2001. Baden-Baden 2002, zit. n. Lauterbach, Karl: Der Zweiklassenstaat. Wie die Privilegierten Deutschland ruinieren. Berlin 2006: 81 f.

149 Vgl. Ypsilanti, Andrea/Spies, Thomas/Schäfer-Gümbel, Thorsten: Zukunftsfähig und gerecht: Plädoyer für die Solidarische Bürgerversicherung. Wiesbaden 2003: insb. 8–10

150 Pfaff, Anita B./Pfaff, Martin/Kern, Axel Olaf/Langer, Bernhard: Kopfpauschalen zur Finanzierung von Krankenversicherungsleistungen in Deutschland. Volkswirtschaftliche Diskussionsreihe der Universität Augsburg Nr. 246/2003: 43–52

151 Zit. n. Oggier, Willy: Das schweizerische Sozial- und Gesundheitssystem. In: Frankfurter Hefte Nr. 4/2006: 48–51, hier: 51

152 Gesundheitsfonds: Acht Krankenkassen vor Pleite, in: Focus Online vom 10. 11. 2006

153 Lauterbach, Karl: Der Zweiklassenstaat. Wie die Privilegierten Deutschland ruinieren. Berlin 2006: 120–124

154 Vgl.: Ypsilanti, Andrea/Spies, Thomas/Schäfer-Gümbel, Thorsten: Zukunftsfähig und gerecht: Plädoyer für die Solidarische Bürgerversicherung. Wiesbaden 2003: 10–12

155 Das Handbuch Generationengerechtigkeit schlägt folgende Definition vor: «Generationengerechte Gesundheitspolitik trägt dazu bei, dass die Chancen aller nachrückenden Generationen auf Befriedigung ihrer eigenen gesundheitlichen Bedürfnisse mindestens so groß sind wie die der ihnen vorangegangenen Generationen.» (Werner, Angelika/von Lengerke, Thomas: Generationengerechte Gesundheitspolitik. In: Stiftung für die Rechte zukünftiger Generationen (Hg.): Handbuch Generationengerechtigkeit. München 2003: 311–332, hier: 311). Diese Definition verwende ich hier nicht, einerseits, weil «Generationen» im Plural steht, womit bezweckt wurde, die temporale Definition, also unter heute lebenden Generationen, anzudeuten, was in diesem Falle jedoch eher sprachliche Verwirrung darüber auslöst, von welcher Generation das Niveau zum Vergleich herangezogen werden soll, andererseits, weil die Politik nur «beitragen soll», aber nicht geklärt wird, ob sie dafür das Niveau der Versorgung gleichhalten soll oder nicht. Dass individuelle Verhaltensstile, die eine Generation von sich aus bevorzugt, oder externe Umwelt-

einflüsse, die von menschlichem Handeln nicht determiniert werden, sich auf das Gesundheitsniveau der kommenden Generation negativ auswirken können, ohne dass das Versorgungsniveau für diese Generation geringer wäre, ist wohl Intention für die weichere Formulierung («trägt bei»), berührt aber das Ziel der Generationengerechtigkeit nicht (und überfordert sie dadurch nicht), wenn das Versorgungsniveau gleich bleibt. Davon abgesehen bleibt als Ziel anzustreben: «Der Gesundheitszustand nachfolgender Generationen sollte besser sein als der vorheriger Generationen.» (Tremmel, Jörg: Generationengerechtigkeit – Versuch einer Definition. In: Stiftung für die Rechte zukünftiger Generationen (Hg.): Handbuch Generationengerechtigkeit. München 2003: 27–79, hier: 39).

156 Doblhammer, Gabriele/Westhal, Christine/Ziegler, Uta: Pflegende Angehörige brauchen mehr Unterstützung – Bedarfsprognosen zeigen einen Anstieg häuslichen Pflegepotenzials in Deutschland bis 2030. In: Demografische Forschung aus Erster Hand 4/2006: 3

157 «Jahr 2030: Alterung führt zu mehr Pflegebedürftigen und Krankenhauspatienten». Pressemitteilung des Statistischen Bundesamtes Nr. 121 vom 19. 3. 2008

158 Brunner, Helmut: Gesundheitsökonomie und Altersrationierung – (k)ein Thema in Deutschland. In: Möller, Peter A. (Hg.): Die Kunst des Alterns. Frankfurt am Main 2002: 137–151; Gronemeyer, Reimer: Kampf der Generationen. München 2004: 23 f.

159 Gronemeyer, Reimer: Kampf der Generationen. München 2004: 23 f., 94

160 Raffelhüschen nennt Pflegeversicherung eine «tickende Zeitbombe», in: Wirtschaftswoche vom 9. 2. 2005

161 Breitscheidel, Markus: Abgezockt und totgepflegt. Alltag in deutschen Pflegeheimen. Berlin 2005

162 Lauterbach, Karl: Der Zweiklassenstaat. Wie die Privilegierten Deutschland ruinieren. Berlin 2006: 150; Metzger, Oswald: Einspruch! Wider den organisierten Staatsbankrott. München 2003: 105

163 Lauterbach, Karl: Der Zweiklassenstaat. Wie die Privilegierten Deutschland ruinieren. Berlin 2006: 167

164 Denkfabrik (Hg.): Sozialdemokratische Antworten auf die demografische Herausforderung. Berlin 2005: 13

165 Lauterbach, Karl: Der Zweiklassenstaat. Wie die Privilegierten Deutschland ruinieren. Berlin 2006: 167

**Sparen an der Zukunft**

1 Bund der Steuerzahler, http://www.steuerzahler.de/webcom/show_article.php/_c-43/_nr-42/_p-1/i.html, 28. 12. 2007

2 Schneider, Carsten/Lange, Christian/Hübner, Klaas: Konsolidierung mit Perspektiven – Für einen handlungsfähigen Staat. Diskussionspapier. Berlin 2007: 1

3 Bofinger, Peter/Sinn, Hans-Werner: «Sparen!» – «Nein, bloß nicht!». Voodoo-Ökonomie, Schmerzmittel und Amputationen: Ein Streitgespräch über Staatsschulden und Konjunktur. In: Die Zeit Nr. 21/2004: 25
4 Metzger, Oswald: Einspruch! Wider den organisierten Staatsbankrott. München 2003: 210
5 Der Spiegel vom 19. 5. 2003
6 Raffelhüschen, Bernd: Was ist Generationengerechtigkeit? In: FAZ vom 7. 8. 2003: 13. Vgl. auch Raffelhüschen, Bernd: Eine Generationenbilanz der deutschen Wirtschafts- und Sozialpolitik. In: Graf Lambsdorff, Otto (Hg.): Freiheit und soziale Verantwortung. Grundsätze liberaler Politik. Frankfurt am Main 2001: 256
7 Am 8. 5. 2003, zit. n. Müller, Albrecht: Die Reformlüge. 40 Denkfehler, Mythen und Legenden, mit denen Politik und Wirtschaft Deutschland ruinieren. München 2004: 295
8 Interview mit Gerhard Schröder im Deutschlandfunk am 14. 3. 2004
9 Zit. n. Herz, Wilfried: «Ich bin kein Ausbeuter». In: Die Zeit Nr. 17/2003: 26 f., hier: 27
10 Eppler, Erhard u. a.: Für eine neue Solidarität der Generationen. Positionspapier des SPD-Generationenkongresses am 23. Juni 2000 in Berlin. Berlin 2000
11 Hauser, Richard: Generationengerechtigkeit, Volksvermögen und Vererbung. Böhning, Björn/Burmeister, Kai (Hg.): Generationen & Gerechtigkeit. Hamburg 2004: 29–44, hier: 38
12 Reuter, Norbert: Generationengerechtigkeit als Richtschnur der Wirtschaftspolitik? In: Butterwegge, Christoph/Klundt, Michael: Kinderarmut und Generationengerechtigkeit. Opladen 2003: 81–98, hier: 85
13 Dauderstädt, Michael: Was wir Deutschland schulden. WISO direkt Aug. 2007: 3
14 Vgl. auch: Bofinger, Peter: Stoibers sinnloses Sparen. In: Süddeutsche Zeitung vom 2. 1. 2004: 2; Reuter, Norbert: Generationengerechtigkeit in der Wirtschaftspolitik. Eine finanzwissenschaftliche Analyse staatlicher Haushalts- und Rentenpolitik. In: Prokla Nr. 121/2000; Butterwegge, Christoph/Klundt, Michael: Die Demografie als Ideologie und Mittel sozialpolitischer Demagogie? In: dies. (Hg.): Kinderarmut und Generationengerechtigkeit. Opladen 2003: 59–80, hier: 66 f.; Hauser, Richard: Generationengerechtigkeit, Volksvermögen und Vererbung. Böhning, Björn/Burmeister, Kai (Hg.): Generationen & Gerechtigkeit. Hamburg 2004: 29–44, hier: 38 f.; Heilbroner, Robert/Thurow, Lester: Wirtschaft. Frankfurt am Main 2002: 140 f.; Herz, Wilfried: «Ich bin kein Ausbeuter». In: Die Zeit Nr. 17/2003: 26 f., hier: 27; Pronold, Florian: Sozialdemokratische Grundwerte und demografische Herausforderung. Beitrag für die Arbeitstagung der Friedrich-Ebert-Stiftung, Schloss Genshagen, Manuskript, 29.-31. Oktober 2004: 2 f.; Hickel, Rudolf: Kassensturz. Sieben Gründe für eine andere Wirtschaftspolitik. Reinbek bei Hamburg 2006:

96 f.; Hengsbach, Friedhelm: Gerechtigkeit zwischen den Generationen? In: Generationengerechtigkeit! Nr. 3/2003: 16–18, hier: 16

15 Becker, Thorsten: Staatsverschuldung oder Der Fluch der späten Geburt. Eine schwere Hypothek: Die Staatsverschuldung als Zukunftsproblem. In: Gesellschaft für die Rechte zukünftiger Generationen (Hg.): Ihr habt dieses Land nur von uns geborgt. Hamburg 1997: 115–147, hier: 122–124; Püttner, Günter: Staatsverschuldung als Rechtsproblem. Berlin/New York 1980

16 Konrad-Adenauer-Stiftung (Hg.): Die Verschuldung des Staates 1962–2001. Sankt-Augustin 2002; für die Jahre 2002–2006: Bundesministerium der Finanzen (Hg.): Bundeshaushaltsplan 2002, 2003, 2004, 2005, 2005, abrufbar auf www.bmf.de

17 Vgl. auch Metzger, Oswald: Einspruch! Wider den organisierten Staatsbankrott. München 2003: 175 f.

18 Deutsche Bundesbank (Hg.): Monatsbericht März 1997. Frankfurt am Main 1997: 30

19 Unter den zehn größten Steuern landen die veranlagte Einkommensteuer und die Körperschaftssteuer auf den Plätzen 8 und 10, Platz 9 nimmt ein, während Lohnsteuer, Umsatzsteuer und Mineralölsteuer die mit deutlichem Abstand (!) größten Steuerquellen bilden (Soll 2002). Bemerkenswert: Der Staat zahlte an Körperschaftssteuer 2002 sogar mehr an die Unternehmen zurück, als er aus der Steuer erhielt... Die Steuer ist also, nach den jüngsten Senkungen, eine Subvention für Großkonzerne. Vgl. Bundesministerium der Finanzen (Hg.): Monatsbericht des BMF August 2002. Berlin 2002: 20

20 Bofinger, Peter/Sinn, Hans-Werner: «Sparen!» – «Nein, bloß nicht!». Voodoo-Ökonomie, Schmerzmittel und Amputationen: Ein Streitgespräch über Staatsschulden und Konjunktur. In: Die Zeit Nr. 21/2004: 25

21 Reuter, Norbert: Generationengerechtigkeit als Richtschnur der Wirtschaftspolitik? In: Butterwegge, Christoph/Klundt, Michael: Kinderarmut und Generationengerechtigkeit. Opladen 2003: 81–98, hier: 86 f.

22 Ähnliches gilt für die sog. Ricardianische Äquivalenz: Demnach ist Verschuldung grundsätzlich kontraproduktiv, da die privaten Akteure in der Erwartung, die Staatsverschuldung in der Zukunft bedienen zu müssen, ihre eigene Ersparnis erhöhen, womit die Wirkung staatlicher Schuldenaufnahme konterkariert würde. Dieser Effekt ist jedoch empirisch nicht nachweisbar.

23 Kevenhörster, Paul: Politikwissenschaft, Band 1: Entscheidungen und Strukturen. Opladen 2003: 406 f.

24 Scherf, Wolfgang: Politische Ursachen und Möglichkeiten einer konstitutionellen Begrenzung der staatlichen Verschuldung. In: Staatswissenschaften und Staatspraxis Nr. 3/1996: 365–386, hier: 378; von Weizsäcker, Robert K./Süssmuth, Bernd: Institutional determinants of public debt: a political economy perspective. In: Tremmel, Joerg Chet (Hg.): Handbook

of Intergenerational Justice. Massachusetts 2006: 170–186, hier: 173–178; von Weizsäcker, Robert K.: Staatsverschuldung und Demokratie. In: Kyklos Nr. 45/1992: 51–67, hier: 54. Empirisch nicht einwandfrei nachweisbar ist dagegen die These der «politischen Konjunkturzyklen», die besagt, dass die Politik im Vorfeld von Wahlen die Konjunktur durch kreditfinanzierte Ausgaben anheizt, um so die Wirtschaftslage und damit die eigenen Wiederwahlchancen zu verbessern. Vgl. dazu Schweinsberg, Klaus: Demokratiereform. Alle wichtigen Ideen zur Reform der deutschen Verfassung im Überblick. Aachen 2003: 65–70

25 Boettcher, Florian/Tremmel, Jörg: Generationengerechtigkeit in der Finanzverfassung. SRzG-Studien Nr. 1/2005: 9–11, 37–41; Ottnad, Adrian: Wohlstand auf Pump: Ursachen und Folgen wachsender Staatsverschuldung in Deutschland. Frankfurt am Main 1996: 125–130; Becker, Thorsten: Staatsverschuldung oder Der Fluch der späten Geburt. Eine schwere Hypothek: Die Staatsverschuldung als Zukunftsproblem. In: Gesellschaft für die Rechte zukünftiger Generationen (Hg.): Ihr habt dieses Land nur von uns geborgt. Hamburg 1997: 115–147, hier: 133 f.; Schweinsberg, Klaus: Demokratiereform. Alle wichtigen Ideen zur Reform der deutschen Verfassung im Überblick. Aachen 2003: 65–70

26 Wanderwitz, Marco et al.: Changing the German Constitution in Favor of Future Generations – Four Perspectives from the Young Generation. In: Tremmel, Joerg Chet (ed.): Demographic Change and Intergenerational Justice. Heidelberg 2008: 163–173

27 Walter, Nobert: Ist Staatsverschuldung ein Unrecht gegenüber kommenden Generationen? In: Generationengerechtigkeit! Nr. 1/2002: 7

28 Boettcher, Florian/Tremmel, Jörg: Generationengerechtigkeit in der Finanzverfassung. SRzG-Studien Nr. 1/2005: 6. Auch der Wirtschafts-Sachverständigenrat plädiert generell für die Hinnahme konjunkturbedingter Defizite ebenso wie für einen investitionsorientierten Schuldenrahmen, vgl. Sachverständigenrat zur Begutachtung der gesamtwirtschaftlichen Lage (Hg.): Chancen auf einen höheren Wachstumspfad. Jahresgutachten 2000/2001. Berlin 2000: 255. Einen Überblick über die in der Finanzwissenschaft nicht ohne Kontroversen diskutierte Frage der Lastenverschiebung durch Staatsverschuldung gibt Höfling, Wolfram: Staatsschuldenrecht. Rechtsgrundlagen und Rechtsmaßstäbe für die Staatsschuldpolitik in der Bundesrepublik Deutschland. Heidelberg 1993: 161–166

29 Statistisches Bundesamt, Volkswirtschaftliche Gesamtrechnung, 1992–2007

30 Klimenta, Harald: Das Gesellschaftswunder. Wie wir Gewinner des Wandels werden. Berlin 2006: 31

31 Reidenbach, Michael u. a.: Der kommunale Investitionsbedarf in Deutschland. Eine Schätzung für die Jahre 2000 bis 2009. Berlin 2002

32 Bofinger, Peter: Wir sind besser, als wir glauben. Wohlstand für alle. Berlin 2005: 200

33 Bofinger, Peter/Sinn, Hans-Werner: «Sparen!» – «Nein, bloß nicht!». Voodoo-Ökonomie, Schmerzmittel und Amputationen: Ein Streitgespräch über Staatsschulden und Konjunktur. In: Die Zeit Nr. 21/2004: 25; vgl. auch Bofinger, Peter: Stoibers sinnloses Sparen. In: Süddeutsche Zeitung vom 2. 1. 2004: 2
34 Krugman, Paul: Peddling Prosperity. New York 1995: 165–167; vgl. auch: Reuter, Norbert: Generationengerechtigkeit als Richtschnur der Wirtschaftspolitik? In: Butterwegge, Christoph/Klundt, Michael: Kinderarmut und Generationengerechtigkeit. Opladen 2003: 81–98, hier: 87
35 Becker, Andreas: Generationengerechte Finanzpolitik. In: Stiftung für die Rechte zukünftiger Generationen (Hg.): Handbuch Generationengerechtigkeit. München 2003: 243–271, hier: 247
36 Sachverständigenrat zur Begutachtung der gesamtwirtschaftlichen Entwicklung (Hg.): Jahresgutachten 2004/2005. Erfolge im Ausland – Herausforderungen im Inland. Wiesbaden 2004: Ziffer 738
37 Heilbroner, Robert/Thurow, Lester: Wirtschaft. Frankfurt am Main 2002: 139 f., 145 f.; Boettcher, Florian/Tremmel, Jörg: Generationengerechtigkeit in der Finanzverfassung. SRzG-Studien Nr. 1/2005: 7 f.
38 Karl-Bräuer-Institut des Bundes der Steuerzahler (Hg.): Rundschreiben: Kreditfinanzierung des Bundeshaushalts. Investitionsbegriff, Ausnahmeregelungen, Reformbestrebungen. Nr. 8/2006: 9–24
39 Dauderstädt, Michael: Was wir Deutschland schulden. WISO direkt Aug. 2007: 2
40 Dauderstädt, Michael: Was wir Deutschland schulden. WISO direkt Aug. 2007: 2
41 Metzger, Oswald: Einspruch! Wider den organisierten Staatsbankrott. München 2003: 199
42 Funke, Stefan: Die Verschuldungsordnung. Ein Beitrag zur finanzwirtschaftlichen Ordnungspolitik. Berlin 1995: 92
43 Keynes, John M.: Allgemeine Theorie der Beschäftigung, des Zinses und des Geldes. Berlin 1973: 210
44 http://www.oecd.org/document/61/0,3343,en_2649_201185_2483901_1_1_1_1,00.html, Abruf am 27. 4. 2008. Vgl. auch Bofinger, Peter: Wir sind besser, als wir glauben. Wohlstand für alle. München 2005: 123–126
45 Hagen, Jürgen von: Fiscal Discipline and Growth in Euroland. Experiences with the Stability and Growth Pact. ZEI Working Paper Nr. 6/2003
46 Uchatius, Wolfgang: Die Schulden von heute sind das Wachstum von morgen. In: Die Zeit Nr. 37/2005: 26
47 Uchatius, Wolfgang: Die Schulden von heute sind das Wachstum von morgen. In: Die Zeit Nr. 37/2005: 26
48 Stiglitz, Joseph: Die Schatten der Globalisierung. Bonn 2002: 127
49 Metzger, Oswald: Einspruch! Wider den organisierten Staatsbankrott. München 2003: 163, vgl. ebd. 198

50 Bundesrechnungshof (Hg.): Bemerkungen 2004 zur Haushalts- und Wirtschaftsführung des Bundes. Bonn 2004: Ziffer 2.1–2.5; Funke, Stefan: Die Verschuldungsordnung. Ein Beitrag zur finanzwirtschaftlichen Ordnungspolitik. Berlin 1995: 182
51 Zit. n. Schäfers, Manfred: Der missbrauchte Artikel 115. In: FAZ vom 15. 2. 2007: 2
52 Becker, Andreas: Generationengerechte Finanzpolitik. In: Stiftung für die Rechte zukünftiger Generationen (Hg.): Handbuch Generationengerechtigkeit. München 2003: 243–271, hier: 248 f.; Boettcher, Florian/Tremmel, Jörg: Generationengerechtigkeit in der Finanzverfassung. SRzG-Studien Nr. 1/2005: 8
53 Raffelhüschen, Bernd/Hagist, Christian/Heidler, Matthias/Schoder, Jörg: Die Generationenbilanz – Brandmelder der Zukunft. Argumente zu Marktwirtschaft und Politik Nr. 100/2007
54 Müller, Verena: Ich bin 25 – was kriege ich mal mit 65 raus? In: Bild vom 21. 9. 2000; das erste Zitat ist um einen grammatikalischen Fehler korrigiert durch den Autor.
55 Raffelhüschen, Bernd/Hagist, Christian/Heidler, Matthias/Schoder, Jörg: Die Generationenbilanz – Brandmelder der Zukunft. Argumente zu Marktwirtschaft und Politik Nr. 100/2007: 5 f.
56 Schmähl, Winfried: Die Alterung der Bevölkerung – ein überzeugendes Argument für eine Umverteilung zugunsten Jüngerer? In: Wirtschaftsdienst Nr. 3/2007: 146–150, hier: 149 f.; Thöne, Michael: Stellungnahme zur Öffentlichen Anhörung «Generationenbilanzen», Deutscher Bundestag, 13. 12. 2006. FiFo Köln 2006: 1–3
57 Wissenschaftlicher Beirat beim Bundesministerium der Finanzen (Hg.): Nachhaltigkeit in der Finanzpolitik. Konzepte für eine langfristige Orientierung öffentlicher Haushalte. Bonn 2001: 38
58 Raffelhüschen, Bernd/Ehrentraut, Oliver/Hagist, Christian: Stellungnahme des Forschungszentrums Generationenverträge zur Anhörung beim Parlamentarischen Beirat für nachhaltige Entwicklung des Deutschen Bundestags am 13. 12. 2006. Freiburg 2006: 2; Thöne, Michael: Stellungnahme zur Öffentlichen Anhörung «Generationenbilanzen», Deutscher Bundestag, 13. 12. 2006. FiFo Köln 2006: 1; Wissenschaftlicher Beirat beim Bundesministerium der Finanzen (Hg.): Nachhaltigkeit in der Finanzpolitik. Konzepte für eine langfristige Orientierung öffentlicher Haushalte. Bonn 2001: 38
59 Müller, Verena: Ich bin 25 – was kriege ich mal mit 65 raus? In: Bild vom 21. 9. 2000
60 Wissenschaftlicher Beirat beim Bundesministerium der Finanzen (Hg.): Nachhaltigkeit in der Finanzpolitik. Konzepte für eine langfristige Orientierung öffentlicher Haushalte. Bonn 2001: 36 f.
61 Bonin, Holger/Raffelhüschen, Bernd/Walliser, Jan: Germany: Unification and Ageing. In: European Commission (Hg.): Generational Accounting

in Europe. European Economy, Reports and Studies, No. 6/1999: 57–70, hier: 62

62 Raffelhüschen, Bernd/Ehrentraut, Oliver/Hagist, Christian: Stellungnahme des Forschungszentrums Generationenverträge zur Anhörung beim Parlamentarischen Beirat für nachhaltige Entwicklung des Deutschen Bundestags am 13. 12. 2006. Freiburg 2006: 5 f.; Sachverständigenrat zur Begutachtung der gesamtwirtschaftlichen Entwicklung (Hg.): Staatsfinanzen konsolidieren – Steuersystem reformieren. Jahresgutachten 2003/2004. Wiesbaden 2003: Ziffer 771; Boettcher, Florian/Tremmel, Jörg: Generationengerechtigkeit in der Finanzverfassung. SRzG-Studien Nr. 2/2005: 15

63 Raffelhüschen, Bernd/Ehrentraut, Oliver/Hagist, Christian: Stellungnahme des Forschungszentrums Generationenverträge zur Anhörung beim Parlamentarischen Beirat für nachhaltige Entwicklung des Deutschen Bundestags am 13. 12. 2006. Freiburg 2006: 7

64 Raffelhüschen, Bernd/Ehrentraut, Oliver/Hagist, Christian: Stellungnahme des Forschungszentrums Generationenverträge zur Anhörung beim Parlamentarischen Beirat für nachhaltige Entwicklung des Deutschen Bundestags am 13. 12. 2006. Freiburg 2006: 7 f.; Wissenschaftlicher Beirat beim Bundesministerium der Finanzen (Hg.): Nachhaltigkeit in der Finanzpolitik. Konzepte für eine langfristige Orientierung öffentlicher Haushalte. Bonn 2001: 15

65 Bommier, A./Lee, R./Miller, T./Zuber, S.: The development of public transfers in the US: historical generational accounts for education, social security, and medicare. Paper PAA Annual Meetings Boston 2004: 17. Übersetzung durch den Autor.

66 Die Pro-Kopf-Zuweisung erfolgt i. d. R. für die Transformationausgaben (Staatsverbrauch und -investitionen) mit Ausnahme der Bildungsausgaben, die der jungen Generation zugeschlagen werden. Vgl. Wissenschaftlicher Beirat beim Bundesministerium der Finanzen (Hg.): Nachhaltigkeit in der Finanzpolitik. Konzepte für eine langfristige Orientierung öffentlicher Haushalte. Bonn 2001: 30, 35 f.

67 Wissenschaftlicher Beirat beim Bundesministerium der Finanzen (Hg.): Nachhaltigkeit in der Finanzpolitik. Konzepte für eine langfristige Orientierung öffentlicher Haushalte. Bonn 2001: 38 f.

68 Schmähl, Winfried: Die Alterung der Bevölkerung – ein überzeugendes Argument für eine Umverteilung zugunsten Jüngerer? In: Wirtschaftsdienst Nr. 3/2007: 146–150, hier: 149

69 Schoder, Jörg/Raffelhüschen, Bernd: Generationengerechtigkeit – gibt's die? In: Wirtschaftsdienst Nr. 3/2007: 143–145, hier: 145

70 Schoder, Jörg/Raffelhüschen, Bernd: Generationengerechtigkeit – gibt's die? In: Wirtschaftsdienst Nr. 3/2007: 143–145, hier: 145

71 Hengsbach, Friedhelm: Gerechtigkeit zwischen den Generationen? In: Generationengerechtigkeit! Nr. 3/2003: 16–18, hier: 18

72 Schütte, Christian: «Zukunftsorientierung» statt «Generationengerechtigkeit». In: Nagel, Eckhard/von Vietinghoff, Eckhart (Hg.): Alt gegen Jung? Jung gegen Alt? Hannover 2005: 111–115, hier: 113

73 Z. B. bei Metzger, Oswald: Einspruch! Wider den organisierten Staatsbankrott. München 2003: 176 f.

74 Rat für Nachhaltige Entwicklung: Welche Ampeln stehen auf Rot? Stand der 21 Indikatoren der nationalen Nachhaltigkeitsstrategie – auf der Grundlage des Indikatorenberichts 2006 des Statistischen Bundesamtes. Berlin 2008: 36

75 Bofinger, Peter/Sinn, Hans-Werner: «Sparen!» – «Nein, bloß nicht!». Voodoo-Ökonomie, Schmerzmittel und Amputationen: Ein Streitgespräch über Staatsschulden und Konjunktur. In: Die Zeit Nr. 21/2004: 25

76 Bofinger, Peter: Wir sind besser, als wir glauben. Wohlstand für alle. Berlin 2005: 85

77 Bofinger, Peter: Wir sind besser, als wir glauben. Wohlstand für alle. Berlin 2005: 92 f.

78 Schmidt, Helmut: Die Bundesbank – kein Staat im Staate. Offener Brief an Bundesbankpräsident Hans Tietmayer. In: Die Zeit Nr. 46/1996

79 Teichmann, Dieter/Vesper, Dieter: Öffentliche Haushalte 1997/98: Trotz restriktiver Ausgabenpolitik weiterhin hohe Defizite. In: DIW-Wochenbericht Nr. 36/1997: o. S.

80 «Prodi bezeichnet Stabilitätspakt als dumm», in: Netzeitung vom 17. 10. 2002

81 Das «Drei-Säulen-Modell» (Koordination, Inflationskriterium, bisheriges Schuldenkriterium) wird so auch vorgeschlagen in: Bofinger, Peter: Wir sind besser, als wir glauben. Wohlstand für alle. Berlin 2005: 236–238

82 Das Soll 2002 sieht 38,9 Mrd. € Zinsausgaben vor bei einem Ausgabenvolumen von 247,5 Mrd. €. Nach Soziale Sicherung und Allgemeinen Diensten nehmen die Zinszahlungen mit einem Anteil von 15,7% den drittgrößten Posten nach Aufgabenbereichen ein. Vgl. Bundesministerium der Finanzen (Hg.): Monatsbericht des BMF August 2002. Berlin 2002: 16 f.

83 Die investiven Ausgaben des Bundes beliefen sich 2002 auf 25 Mrd. € (Soll), ein Minus von 8,2% gegenüber dem Vorjahr. 2001 betrugen sie noch 27,3 Mrd. € (Ist), ein Minus von 3,1% gegenüber dem Vorjahr. Die Nettokreditaufnahme des Bundes belief sich 2001 auf 22,8 Mrd. € (Ist). Vgl. Bundesministerium der Finanzen (Hg.): Monatsbericht des BMF August 2002. Berlin 2002: 121

84 Am 21. 5. 1999 und am 24. 6. 1999

85 Bofinger, Peter: Wir sind besser, als wir glauben. Wohlstand für alle. Berlin 2005: 122

86 Teichmann, Dieter/Vesper, Dieter: Öffentliche Haushalte 1997/98: Trotz restriktiver Ausgabenpolitik weiterhin hohe Defizite. In: DIW-Wochenbericht Nr. 36/1997: o. S.

87 Anstieg der Sparquote von 9,8 Prozent in 2000 auf 10,3 Prozent in 2002. Vgl. Bundesministerium für Arbeit und Wirtschaft (Hg.): Eckdaten der gesamtwirtschaftlichen Entwicklung in der Bundesrepublik Deutschland. Berlin 2003

88 Zit. n. Becker, Thorsten: Staatsverschuldung oder Der Fluch der späten Geburt. Eine schwere Hypothek: Die Staatsverschuldung als Zukunftsproblem. In: Gesellschaft für die Rechte zukünftiger Generationen (Hg.): Ihr habt dieses Land nur von uns geborgt. Hamburg 1997: 115–147, hier: 115

89 Wissenschaftlicher Beirat beim Bundesministerium der Finanzen: Gutachten Nachhaltigkeit in der Finanzpolitik – Konzepte für eine langfristige Orientierung öffentlicher Haushalte. Berlin 2001

90 Becker, Andreas: Generationengerechte Finanzpolitik. In: Stiftung für die Rechte zukünftiger Generationen (Hg.): Handbuch Generationengerechtigkeit. München 2003: 243–272, hier: 244

91 Vgl. auch Becker, Thorsten: Staatsverschuldung oder Der Fluch der späten Geburt. Eine schwere Hypothek: Die Staatsverschuldung als Zukunftsproblem. In: Gesellschaft für die Rechte zukünftiger Generationen (Hg.): Ihr habt dieses Land nur von uns geborgt. Hamburg 1997: 115–147, hier: 130

92 So auch die Rürup-Kommission: «Eine Finanzpolitik ist tragfähig und in diesem Sinne nachhaltig, wenn sich die Schuldenstandsquote, d. h. das Verhältnis von Schuldenstand zum Sozialprodukt, langfristig nicht verändert.» Bundesministerium für Gesundheit und Soziale Sicherung (Hg.): Nachhaltigkeit in der Finanzierung der Sozialen Sicherungssysteme. Bericht der Kommission. Berlin 2003: 49

93 Tremmel, Jörg: Generationengerechtigkeit – Versuch einer Definition. In: Stiftung für die Rechte zukünftiger Generationen (Hg.): Handbuch Generationengerechtigkeit. München 2003: 27–79, hier: 38

94 Reuter, Norbert: Generationengerechtigkeit als Richtschnur der Wirtschaftspolitik? In: Butterwegge, Christoph/Klundt, Michael: Kinderarmut und Generationengerechtigkeit. Opladen 2003: 81–98, hier: 96 f.

95 Umweltbundesamt: Umweltschädliche Subventionen in Deutschland. Dessau 2008

96 Richard von Weizsäcker: Mehr Mut beim Abbau von Subventionen. In: Süddeutsche Zeitung vom 4. 11. 2003

97 Laut DIHK sogar 2,4 Mrd. Euro. Vgl. o. A.: Weiter Streit um Altersteilzeit. In: Süddeutsche.de vom 21. 6. 2008

98 Zit. n. Böhning, Björn/Burmeister, Kai: Solidarische Generationen?! In: Böhning, Björn/Burmeister, Kai (Hg.): Generationen & Gerechtigkeit. Hamburg 2004: 9–28, hier: 21

99 OECD (Hg.): OECD Economic Outlook June 2003 No. 73. Paris 2003: 91–103

100 Hofmann, Herbert: Homo doctus in se semper divitas habet. Aber verdient er auch genug Geld? In: Ifo Schnelldienst Nr. 54/2000: 39–41

101 Jann, Werner/Wegrich, Kai/Tiessen, Jan: «Bürokratisierung» und Bürokratieabbau im internationalen Vergleich – wo steht Deutschland? Berlin 2007: 28 f.
102 Karl-Bräuer-Institut des Bundes der Steuerzahler (Hg.): Öffentliche Personalausgaben. Weitere Einsparungen sind nötig und möglich. Berlin 2006: 74; vgl. auch Karl-Bräuer-Institut des Bundes der Steuerzahler (Hg.): Ausgaben für Beamtenpensionen eindämmen. Versorgungsrecht auf Nachhaltigkeit ausrichten. Berlin 2006
103 Ähnlich vgl.: Friedrich, Horst/Wiedemeyer, Michael: Arbeitslosigkeit – ein Dauerproblem. Dimensionen, Ursachen, Strategien. Opladen 1998: 184 ff.
104 Bundesanstalt für Arbeit (Hg.): Überlegungen II zu einer vorausschauenden Arbeitsmarktpolitik. Nürnberg 1979
105 Wegener, Klaus: Entstehung und Wirkung des öffentlichen Zukunftsinvestitionsprogramms 1977/81 als Modell für mehr Beschäftigung und Wachstum in der Zukunft. In: Kurlbaum, Georg/Jens, Uwe (Hg.): Beiträge zur sozialdemokratischen Wirtschaftspolitik. Bonn 1983; vgl. auch Ifo-Institut (Hg.): Wirtschaftskonjunktur Nr. 7/1978. München 1978
106 Interview mit Robert Rubin: «Die Leute sind in großer Sorge». In: Der Spiegel Nr. 26/2005: 34–36, hier: 34 f.
107 Meier, Johannes/Wintermann, Ole: Demography and Budget Consolidation: An Analysis and Possible Courses of Action. In: Tremmel, Joerg Chet (ed.): Demographic Change and Intergenerational Justice. Heidelberg 2008: 23–30, hier: 28
108 Ondracek, Dieter: Steuerfahndung ist schwach besetzt. In: taz vom 15. 2. 2008
109 Polke-Majewski, Karsten: Fette Beute für die Fahnder. In: Zeit Online vom 27. 2. 2008
110 Giegold, Sven: Steueroasen: Trockenlegen. Attac Basistext Nr. 4. Hamburg 2003: 76 f.; vgl. auch Klimenta, Harald: Das Gesellschaftswunder. Wie wir Gewinner des Wandels werden. Berlin 2006: 44 f., 253 f.
111 Bundesrechnungshof (Hg.): Bemerkungen 2006 zur Haushalts- und Wirtschaftsführung des Bundes. Bonn 2006: 201. «Es ist nicht hinnehmbar, dass ein kleiner Personenkreis mit bedeutsamen Einkünften von mehr als 500 000 Euro kaum geprüft und in der Regel antragsgemäß veranlagt wird. Personen mit hohem Einkommen und unterschiedlichen Einkunftsarten haben Möglichkeiten, ihr zu versteuerndes Einkommen zu gestalten. Die Außenprüfungen dienen dazu, eine gerechte Veranlagung der Steuerpflichtigen zu gewährleisten. Die Mehreinnahmen von 135 000 Euro pro Außenprüfung belegen deren Notwendigkeit.» Vgl. Bundesrechnungshof (Hg.): Bemerkungen 2006 zur Haushalts- und Wirtschaftsführung des Bundes. Bonn 2006: 213 ff.
112 Bayerischer Oberster Rechnungshof (Hg.): Jahresbericht 2007. München 2007: Tz. 23.6

113 Der heutige niedersächsische Finanzminister Hartmut Möllring (CDU) sagte im September 2002, als er noch Oppositionspolitiker war: «Ich glaube, es gibt kaum etwas Unbefriedigenderes und Frustrierenderes für die Menschen in den Finanzämtern als das Wissen darum, dass man für den Staat deutlich mehr an Steuern herausholen könnte, wenn man nur mit ein wenig mehr Zeitaufwand pro Fall etwas intensiver prüfen dürfte. Aber das Personal reicht dafür nicht. Die Anweisungen zur Großzügigkeit ersticken geradezu jede Initiative.» Zit. n. Ver.di (Hg.): Skandal Steuervollzug. Berlin 2008: 4
114 Ondracek, Dieter: Steuerfahndung ist schwach besetzt. In: taz vom 15. 2. 2008
115 Pressemitteilung des Bundesfinanzministeriums vom 4. Juni 2007
116 Kienbaum Management Consultants GmbH (Hg.): Quantifizierung der Effizienzpotenziale alternativer Organisationsformen der Steuerverwaltung. Berlin 2007
117 Rürup, Bert/Gruescu, Sandra: Nachhaltige Familienpolitik im Interesse einer aktiven Bevölkerungsentwicklung. Berlin 2003: 59; Bach, Stefan/Buslei, Herrmann: Fiskalische Wirkungen einer Reform der Ehegattenbesteuerung. In: Wochenbericht des DIW Berlin 22/2003
118 Ver.di (Hg.): Konzept Steuergerechtigkeit. Gerechte Steuern – Staatsfinanzen stärken. Berlin 2004: 10–13
119 Deutsches Institut für Wirtschaftsforschung (Hg.): Perspektiven der Vermögensbesteuerung in Deutschland. Berlin 2002
120 Infratest-Dimap Umfrage, Oktober 2002, im Auftrag der ARD
121 «Reiche wollen mehr Steuern zahlen». In: Spiegel Online, 4. 5. 2005
122 Das Urteil formulierte auch den sog. «Halbteilungsgrundsatz», nach dem max. die Hälfte des Einkommens per Steuern durch den Staat beansprucht werden darf; wie der Grundsatz konkret aufzufassen ist und ob das BVerfG ihn tatsächlich als von der Verfassung gefordert ansieht, wurde lange kontrovers diskutiert. Mit seinem Urteil vom 18. 1. 2006 hat das BVerfG den Halbteilungsgrundsatz explizit als verfassungsrechtlich nicht geboten revidiert.
123 OECD Revenue Statistics 2005, Ver.di 2005
124 Hickel, Rudolf: Nachhaltige Finanzpolitik mit der Vermögensteuer. IAW Bremen, 01/2003: 3; Hickel, Rudolf: Kassensturz. Sieben Gründe für eine andere Wirtschaftspolitik. Reinbek bei Hamburg 2006: 157f.
125 So der Wahlspruch von Sigmar Gabriel, der – unterstützt u. a. von Peer Steinbrück – im Jahre 2002 für die Wiedererhebung der Vermögensteuer warb. Vgl. Schmid, Klaus-Peter: Wer bleibt Millionär? In: Die Zeit Nr. 52/2002: 25
126 Bach, Stefan/Kohlhaas, Michael/Praetorius, Barbara: Wirkungen der ökologischen Steuerreform in Deutschland. In: DIW-Wochenbericht Nr. 14/2001: 220–225

127 Förderverein Ökologische Steuerreform (Hg.): FÖS-Kurzkonzept 2006. Alternativen zur Erhöhung der Mehrwertsteuer – Bausteine zur Fortentwicklung der Ökologisch-Sozialen Finanzreform. München 2006: 16. In diesem Betrag ist zu einem kleinen Teil auch der Abbau von Steuervergünstigungen inbegriffen, der in diesem Buch bereits weiter oben im Kontext ökologisch schädlicher Subventionen erfasst, insofern hier «doppelt» gezählt wird.
128 ver.di/attac/IG Metall (Hg.): Gerechte Steuern – Öffentliche Finanzen stärken. Gemeinsames Steuerkonzept von ver.di, attac und IG Metall. Frankfurt am Main/Berlin 2004
129 Detaillierte Überlegungen dazu vgl. Oberhauser, Alois: Von der Parallelpolitik zum Einsatz eines Konjunkturstabilisierungsfonds. In: Adam, Klaus G./Franz, Wolfgang (Hg.): Instrumente der Finanzpolitik. Grundlagen, Staatsaufgaben, Reformvorschläge. Frankfurt am Main 2003: 69–80
130 Becker, Thorsten: Staatsverschuldung oder Der Fluch der späten Geburt. Eine schwere Hypothek: Die Staatsverschuldung als Zukunftsproblem. In: Gesellschaft für die Rechte zukünftiger Generationen (Hg.): Ihr habt dieses Land nur von uns geborgt. Hamburg 1997: 115–147, hier: 135
131 BVerfG vom 18.4. 1989, in: Entscheidungen des Bundesverfassungsgerichts Bd. 79, S. 354 f.
132 Eine entsprechende Novellierung des § 13 Bundeshaushaltsordnung (BHO) forderte bereits: Wissenschaftlicher Beirat beim Bundesministerium der Finanzen (Hg.): Gutachten zum Begriff der öffentlichen Investitionen. Heft 29 (1980). Bonn 1980
133 Boettcher, Florian/Tremmel, Jörg: Generationengerechtigkeit in der Finanzverfassung. SRzG-Studien Nr. 1/2005: 19 f.
134 Becker, Thorsten: Staatsverschuldung oder Der Fluch der späten Geburt. Eine schwere Hypothek: Die Staatsverschuldung als Zukunftsproblem. In: Gesellschaft für die Rechte zukünftiger Generationen (Hg.): Ihr habt dieses Land nur von uns geborgt. Hamburg 1997: 115–147, hier: 127 f.; Schlesinger, Helmut: Staatsverschuldung – ohne Ende? Zur Rationalität und Problematik des öffentlichen Kredits. Darmstadt 1993: 217–231
135 Sachverständigenrat zur Begutachtung der gesamtwirtschaftlichen Entwicklung (Hg.): Staatsverschuldung wirksam begrenzen. Wiesbaden 2007
136 Becker, Thorsten: Staatsverschuldung oder Der Fluch der späten Geburt. Eine schwere Hypothek: Die Staatsverschuldung als Zukunftsproblem. In: Gesellschaft für die Rechte zukünftiger Generationen (Hg.): Ihr habt dieses Land nur von uns geborgt. Hamburg 1997: 115–147, hier: 135 f.; Wenzel, H. D.: Die ökonomische Rationalität von Art. 115 GG. In: Wirtschaftsdienst XII/1990: 156–162
137 Müller, Christian: Anmerkungen zur Schuldenbremse. In: DIW Vierteljahreshefte zur Wirtschaftsforschung Nr. 73/2004: 491–501; Colombier,

C.: Eine Neubewertung der Schuldenbremse. Eidgenössische Finanzverwaltung Working Paper Nr. 2/2004
138 Bofinger, Peter: Schweizer Schuldenbremse verpatzt Elch-Test. In: FTD vom 12. 4. 2007

**Die prekäre Generation: Wir müssen draußen bleiben**

1 Stolz, Matthias: Generation Praktikum. In: Die Zeit Nr. 14/2005: 61 f.
2 Spiegel-Titel Nr. 31/2006
3 Austermann, Frauke: Von Prekarität, weißen Masken und Toilettenreinigern. Die französische Praktikantenbewegung «Génération Précaire». In: Generationengerechtigkeit Nr. 2/2007: 21–25; Schmid, Bernhard: Jugend protestiert, de Villepin sieht plötzlich alt aus. In: Labournet.de vom 9. 3. 2006
4 Friedrich-Ebert-Stiftung (Hg.): Gesellschaft im Reformprozess. Bonn 2006
5 Grühn, Dieter/Hecht, Heidemarie: Generation Praktikum? Prekäre Beschäftigungsformen von Hochschulabsolventinnen und -absolventen. Berlin 2007
6 http://www.gfds.de/uploads/media/Wort_des_Jahres_2006.pdf, Rev. 31. 8. 2007
7 Ahmend, Christoph: Die prekäre Generation. In: Die Zeit Nr. 14/2006
8 Castel, Robert: Das Verschwimmen der sozialen Klassen. In: Bischoff, J./Boccara, P., Castel, R. u. a. (Hg.): Klassen und soziale Bewegungen. Strukturen im modernen Kapitalismus. Hamburg 2003
9 Leisering, Lutz: Wohlfahrtsstaatliche Generationen. In: Kohli, Martin/Szydlik, Marc (Hg.): Generationen in Familie und Gesellschaft. Opladen 2000: 59–76
10 Beck, Ulrich: Interview: «Generation des Weniger». In: Spiegel Special Nr. 2/2007: o. S.
11 Leggewie, Claus: Die 89er – Portrait einer Generation. Hamburg 1995; Bubik, Roland (Hg.): Wir 89er. Wer wir sind und was wir wollen. Frankfurt am Main 1995
12 Nach dem Roman von Coupland, Douglas: Generation X. Tales for an accelerated Culture. New York 2001; vgl. auch Bartels, Inken: Generation X. Zum inflationären Gebrauch des Begriffes «Generation» im aktuellen Mediendiskurs. volkskundlich-kulturwissenschaftliche schriften Nr. 1/2002
13 Illies, Florian: Generation Golf zwei. München 2005
14 Underhill, William/McNicoll, Tracy: Europe's New Young Generation. In: Newsweek International Issue March 12, 2007
15 Austermann, Frauke: Von Prekarität, weißen Masken und Toilettenreinigern. Die französische Praktikantenbewegung «Génération Précaire». In: Generationengerechtigkeit Nr. 2/2007: 21–25
16 http://www.horx.com/Zitate.aspx, Rev. 31. 8. 2007

17 Grühn, Dieter/Hecht, Heidemarie: Generation Praktikum? Prekäre Beschäftigungsformen von Hochschulabsolventinnen und -absolventen. Berlin 2007: 12, 29

18 Shell Deutschland (Hg.): Jugend 2006. Eine pragmatische Generation unter Druck. Bonn 2006

19 Shell Deutschland (Hg.): Jugend 2006. Eine pragmatische Generation unter Druck. Bonn 2006, vgl. auch Friedrich-Ebert-Stiftung (Hg.): Wir wollen Arbeit! Gemeinsam gegen Jugendarbeitslosigkeit. Berlin 2007: 4 f.

20 Deutsche Shell (Hg.): Jugend '97. Zukunftsperspektiven – Gesellschaftliches Engagement – Politische Orientierungen. Opladen 1997: 13

21 Beck, Ulrich: Interview: «Generation des Weniger». In: Spiegel Special Nr. 2/2007; Chauvel, Louis: Le destin des générations. Structure sociale et cohortes en France au XXème siècle. Paris 2002; Papcke, Sven: Generation Praktikum? In: Generationengerechtigkeit! Nr. 2/2007: 13–17

22 Beck, Ulrich: Interview: «Generation des Weniger». In: Spiegel Special Nr. 2/2007

23 Papcke, Sven: Generation Praktikum? In: Generationengerechtigkeit! Nr. 2/2007: 13–17, hier: 16

24 Butterwegge, Christoph: Wohlfahrtsstaat im Wandel. Probleme und Perspektiven der Sozialpolitik. Opladen 2001: 124

25 Gründinger, Wolfgang: Die prekäre Generation. In: Journal für Generationengerechtigkeit Nr. 4/2008: i. E.

26 Tremmel, Jörg: Generationengerechtigkeit als Leitbild für Unternehmen. In: Tremmel, Jörg/Ulshöfer, Gotlind (Hg.): Unternehmensleitbild Generationengerechtigkeit. Theorie und Praxis. Frankfurt am Main/London 2005: 9–34

27 Grühn, Dieter/Hecht, Heidemarie: Generation Praktikum? Prekäre Beschäftigungsformen von Hochschulabsolventinnen und -absolventen. Berlin 2007: 11, 13–15, 22–27. Eine Studie des Hochschulinformationssystems (HIS) dokumentiert zwar niedrigere Fallzahlen, belegt jedoch denselben Trend. Vgl. Briedis, Kolja/Minks, Karl-Heinz: Generation Praktikum – Mythos oder Massenphänomen? HIS-Projektbericht, April 2007

28 INIFES (Hg.): Was ist gute Arbeit? Anforderungen an den Berufseinstieg aus Sicht der jungen Generation. Stadtbergen 2008

29 Z. B. Deutscher Bundestag (Hg.): Öffentliche Petition: Förderung der beruflichen Weiterbildung/Praktikum: Abgrenzung von Arbeitsverhältnissen per Gesetz. In: http://itc.napier.ac.uk/e-Petition/bundestag/view_petition.asp?PetitionID=335, Rev. 31. 10. 2006: 1; SPD (Hg.): «Generation Praktikum» – vom Hörsaal in die Warteschleife? Dokumente Nr. 04/2006: 5

30 www.fairwork-ev.de

31 Zit. n. «Scholz' Pläne helfen Praktikanten nicht», in: Der Tagesspiegel vom 18. 3. 2008

32 Schenk, Jakob: Gib das Letzte. In: Neon Nr. 7/2006
33 Bürgel, Tanja: Die 89er als Generation – gibt es sie wirklich? Zur Historisierung eines Generationen-Labels. In: Generationengerechtigkeit! Nr. 2/2007: 4–7
34 Grüne Bundestagsfraktion (Hg.): Fair P(l)ay im Praktikum. Berlin 2006: 32
35 Khobeizi, Malika: «Sois stage et tais-toi!». Pour en finir avec l'exploitation des stagiaires. In: http://www.maisondesjournalistes.org/lire_sois_stage.php, Rev. 31. 8. 2007
36 Briedis, Kolja/Minks, Karl-Heinz: Generation Praktikum – Mythos oder Massenphänomen? HIS-Projektbericht, April 2007: 6
37 Grüne Bundestagsfraktion (Hg.): Fair P(l)ay im Praktikum. Berlin 2006: 7
38 Deutscher Bundestag (Hg.): Öffentliche Petition: Förderung der beruflichen Weiterbildung/Praktikum: Abgrenzung von Arbeitsverhältnissen per Gesetz. In: http://itc.napier.ac.uk/e-Petition/bundestag/view_petition.asp?PetitionID=335, Rev. 31. 10. 2006 a
39 Bisher sind nur wenige Fälle gerichtlich dokumentiert, z. B. Arbeitsgericht Berlin, 8. 1. 2003, Az. 36 Ca 19 390/02; BAG, 13. 3. 03, 6 Az. 564/01; LAG Hessen, 25. 1. 2001, Az. 3 Sa 1818/99 (www.ra-kotz.de/geld_praktikum.htm, Rev. 29. 10. 2007). Der Rechtstatbestand lautet auf Lohnwucher (§ 138 BGB). Aufzeichnungen von Fällen außergerichtlicher Einigung bestehen nicht.
40 Deutscher Bundestag (Hg.): Wortprotokoll 31. Sitzung (öffentlich) des Petitionsausschusses. 26. 3. 2007: 10
41 Bundesministerium für Arbeit und Soziales (BMAS) (Hg.): Begleitforschung des Sonderprogramms des Bundes zur Einstiegsqualifizierung Jugendlicher – EQJ-Programm. Berlin 2006; Deutscher Bundestag (Hg.): Antrag «Perspektiven schaffen – Angebot und Struktur der beruflichen Bildung verbessern». Bt.-Drks. 16/5732 vom 20. 6. 2007 b
42 Statistisches Bundesamt (Hg.): Leben und Arbeiten in Deutschland. Mikrozensus 2003. Wiesbaden 2004
43 DGB (Hg.): DGB-Index Gute Arbeit 2007 – Sonderauswertung Junge Beschäftigte. Berlin 2007
44 Bundesministerium für Familie, Senioren, Frauen und Jugend (BMFSFJ) (Hg.): Familie zwischen Flexibilität und Verlässlichkeit. Perspektiven für eine lebenslaufbezogene Familienpolitik. Siebter Familienbericht. Berlin 2006: 82
45 Heinz, Walter R.: From work trajectors to negotiated careers. In: Mortimer, Jeylan T./Shanahan, Michael J. (Hg.): Handbook of the life course. New York u. a. 2003: 185–204
46 Mutz, Gerd/Ludwig-Mayerhofer, Wolfgang/Koenen, Elmar J./Eder, Klaus/Bonß, Wolfgang: Diskontinuierliche Erwerbsverläufe. Analyse zur postindustriellen Arbeitslosigkeit. Opladen 1995

47 McGinnity, Frances/Mertens, Antje: Befristete Verträge und Berufseinstieg. In: Hillmert, Stefen/Mayer, Karl Ulrich (Hg.): Geboren 1964 und 1971. Neuere Untersuchungen zu Ausbildungs- und Berufschancen in Westdeutschland. Wiesbaden 2004: 115–131

48 Grühn, Dieter/Hecht, Heidemarie: Generation Praktikum? Prekäre Beschäftigungsformen von Hochschulabsolventinnen und -absolventen. Berlin 2007: 27

49 «Scholz' Pläne helfen Praktikanten nicht», in: Der Tagesspiegel vom 18. 3. 2008

50 Einschließlich der Jugendlichen, die «versorgt» im Sinne der Statistik sind (z. B. in weiteren schulischen Maßnahmen, Praktika, Freiwilligendiensten etc.) und der Jugendlichen, die vermutlich gerne einen Ausbildungsplatz hätten, die aber nicht bei der BA registriert sind. Auskunft von Petra Hinz MdB, E-Mail vom 11. 4. 2008 an den Autor

51 Vgl. Gericke, Naomi/Ulrich, Joachim Gerd: Abwärtstrend bei den neu abgeschlossenen Ausbildungsverträgen setzt sich 2005 fort. In: Jugendpolitik Nr. 2/2006: 19–22

52 Hundt, Dieter: Ausbildungspakt auf Erfolgskurs. In: Jugendpolitik Nr. 2/ 2006: 10–12, hier: 10

53 Zit. n. Verdi, http://presse.verdi.de/aktuelle_themen_neu/ausbildungskrise/hintergrund_material, Rev. 31. 3. 2008

54 Das BVErfG definierte in seinem Urteil vom 10. 12. 1980 eine Anzahl von 112,5 Lehrstellen pro 100 Bewerber als notwendig.

55 Lesenswert ist in diesem Zusammenhang das Forderungspapier der Grünen: Antrag «Jugendliche in Deutschland: Perspektiven durch Zugänge, Teilhabe und Generationengerechtigkeit. Bt.-Drks. 16/1554; sowie: Lindner, Johannes: Jugend ohne Arbeit. In: Gesellschaft für die Rechte zukünftiger Generationen (Hg.): Ihr habt dieses Land nur von uns geborgt. Hamburg 1997: 241–272

56 Körner, Marita: Diskriminierung von älteren Arbeitnehmern – Abhilfe durch das AGG? Vortrag vor dem Verbandsausschuss des Arbeitsgerichtsvebandes Würzburg, Manuskript, 26. 10. 2007: 9

57 Deutscher Bundestag (Hg.): Schlussbericht der Enquete-Kommission «Demographischer Wandel – Herausforderungen unserer älter werdenden Gesellschaft an den Einzelnen und die Politik». Berlin 2002: 92

58 Bundesagentur für Arbeit (Hg.): Situation von Älteren am Arbeitsmarkt. Erwerbstätigkeit, Beschäftigung und Arbeitslosigkeit. Nürnberg 2007

59 Andere Sichtweise bei A. Müller, vgl. www.nachdenkseiten.de/?p=2694, Rev. 17. 12. 2007

60 Christian Schütte, Financial Times Deutschland, per E-Mail an den Autor, 19. 11. 2007

61 Laut DIHK sogar 2,4 Mrd. Euro. Vgl. o. A.: Weiter Streit um Altersteilzeit. In: Süddeutsche.de vom 21. 6. 2008

62 Vgl. Viering, Jonas: Ohne Alte stehen die Maschinen still. In: Die Zeit Nr. 27/2008: 25

63 Hans-Böckler-Stiftung, http://www.boeckler.de/cps/rde/xchg/SID-3D0AB75D8820DDE1/hbs/hs.xsl/57722_37073.html, http://www.boeckler.de/cps/rde/xchg/SID-3D0AB75D-8820DDE1/hbs/hs.xsl/84684.html, Rev. 16.9.2007

64 Chauvel, Louis: Le destin des générations. Structure sociale et cohortes en France au XXème siècle. Paris 2002: 15; von 40% Unterschied sprechen Underhill, William/McNicoll, Tracy: Europe's New Young Generation. In: Newsweek International Issue March 12/2007

65 Wissenschaftliche Dienste des Deutschen Bundestages (Hg.): Allgemeines Gleichbehandlungsgesetz und Antidiskriminierung. WD 6–2000–211/07, 4.12.2007. Berlin 2007: 6

66 Bispinck, Reinhard/WSI-Tarifarchiv: Tarifliche Senioritätsregelungen. Elemente qualitativer Tarifpolitik Nr. 59. Düsseldorf 2005: V; vgl. auch Funk, L. u. a.: Beschäftigungschancen für ältere Arbeitnehmer – Internationaler Vergleich und Handlungsempfehlungen. Gütersloh 2003: 58 f.; Kistler, Ernst: Die Methusalem-Lüge. Wie mit demographischen Mythen Politik gemacht wird. München/Wien 2006: 90–92

67 Rieble, Volker/Zedler, Marc A.: Altersdiskriminierung in Tarifverträgen. In: ZfA 2006: 273 ff., hier: 300 f.

68 Bassanini, Andrea/Duval, Romain: Employment Patterns in OECD Countries: Reassessing the Role of Policies and Institutions. OECD Economics Department Working Paper No. 486/2006

69 Bispinck, Reinhard/WSI-Tarifarchiv: Tarifliche Senioritätsregelungen. Elemente qualitativer Tarifpolitik Nr. 59. Düsseldorf 2005: IXf.

70 Bispinck, Reinhard/WSI-Tarifarchiv: Tarifliche Senioritätsregelungen. Elemente qualitativer Tarifpolitik Nr. 59. Düsseldorf 2005: XIII

71 Bispinck, Reinhard/WSI-Tarifarchiv: Tarifliche Senioritätsregelungen. Elemente qualitativer Tarifpolitik Nr. 59. Düsseldorf 2005: XII

72 Donges, Jürgen B.: Das Wirtschaftswachstum nimmt ab. In: Handelsblatt vom 4.3.2005

73 Pfeiffer, Ulrich/Simons, Harald: Frühruhestand vor dem Ende. Die kurzfristigen Auswirkungen auf den Arbeitsmarkt. Köln 2004: 34

74 Prskawetz, Alexia/Mahlberg, Bernhard/Skirbekk, Vegard et al.: The impact of population ageing on innovation and productivity growth in Europe. Wien 2007

75 Börsch-Supan, Axel: Aus der Not eine Tugend. Zukunftsperspektive einer alternden Gesellschaft. MEA-Arbeitspapier Nr. 54/2004; Bangali, Lucy et. al.: Beschäftigungsfähigkeit älterer Fachkräfte in Baden-Württemberg. Abschlussbericht einer empirischen Untersuchung der Qualifikationsbedarfe in Industrie und Handwerk der Metall- und Elektrobranche. Stuttgart 2006; Kistler, Ernst/Hilpert, Markus: Auswirkungen des demogra-

phischen Wandels auf Arbeit und Arbeitslosigkeit. In: Aus Politik und Zeitgeschichte, Nr. 3–4/2001: 5–13; Wolff, Heimfrid/Spieß, Katharina/Mohr, Henrike: Arbeit – Altern – Innovation. Wiesbaden 2001: 97–108; Bäcker, Gerhard: Rente mit 67: Länger arbeiten oder länger arbeitslos? Probleme einer Heraufsetzung der Altersgrenze. In: Friedrich-Ebert-Stiftung (Hg.): Rente mit 67. Steuerungspotenziale in der Renten- und Beschäftigungspolitik. Bonn 2006: 6–23, hier: 16–18

76 Maintz, Gunda: Zusammenfassung. In: Von Rothkirch, Ch. (Hg.): Altern und Arbeit: Herausforderung für Wirtschaft und Gesellschaft. Berlin 2000: 97

77 Kistler, Ernst: Die Methusalem-Lüge. Wie mit demographischen Mythen Politik gemacht wird. München/Wien 2006: 79

78 Deutscher Bundestag (Hg.): Schlussbericht der Enquete-Kommission «Demographischer Wandel – Herausforderungen unserer älter werdenden Gesellschaft an den Einzelnen und die Politik». Berlin 2002: 47; vgl. Deutscher Bundestag (Hg.): Zweiter Zwischenbericht der Enquete-Kommission «Demographischer Wandel». Berlin 1998: 140

79 Bundesanstalt für Arbeitsschutz und Arbeitsmedizin (BAUA) (Hg.): Mit Erfahrung die Zukunft meistern! Altern und Ältere in der Arbeitswelt. Dortmund-Dorstfeld 2007: 14 f.

80 Börsch-Supan, Axel: Aus der Not eine Tugend. Zukunftsperspektive einer alternden Gesellschaft. MEA-Arbeitspapier Nr. 54/2004: 6

81 Niejahr, Elisabeth: Wirtschaftswunder in Grau. In: Die Zeit Nr. 51/2003: 21 f., hier: 22

82 Lenzen, Dieter: «Wir prüfen, ob die Politik richtig entscheidet». In: Der Tagesspiegel vom 28. 5. 2006: 16

83 Deutscher Bundestag (Hg.): Schlussbericht der Enquete-Kommission «Demographischer Wandel – Herausforderungen unserer älter werdenden Gesellschaft an den Einzelnen und die Politik». Berlin 2002: 47 f.

84 Deutscher Bundestag (Hg.): Schlussbericht der Enquete-Kommission «Demographischer Wandel – Herausforderungen unserer älter werdenden Gesellschaft an den Einzelnen und die Politik». Berlin 2002: 60–63; Naegele, Gerhard: Ausblick aus Sicht der Wissenschaft. In: von Rothkirch, Christoph (Hg.): Altern und Arbeit: Herausforderung für Wirtschaft und Gesellschaft. Berlin 2000: 23–26 und 436–442; Walker, Alan: Combating Age Barriers in Employment. European Research Report. Dublin 1997: 36 ff.; Pack, Jochen et al.: Zukunftsreport demographischer Wandel. Innovationsfähigkeit in einer alternden Gesellschaft. Bonn 1999: 12 ff.; dauert auch heute noch an, vgl. Bangali, Lucy: Wie lange können, sollen, wollen ältere Arbeitnehmer noch arbeiten? Institut für Politikwissenschaft. Tübingen 2004: 3

85 Deutscher Bundestag (Hg.): Schlussbericht der Enquete-Kommission «Demographischer Wandel – Herausforderungen unserer älter werdenden Gesellschaft an den Einzelnen und die Politik». Berlin 2002: 61; Schuma-

cher, Antje: Ältere Beschäftigte auf dem Abstellgleis? – Herausforderungen des demografischen Wandels für Beschäftigte und Betriebe. In: Tremmel, Jörg/Ulshöfer, Gotlind (Hg.): Unternehmensleitbild Generationengerechtigkeit. Theorie und Praxis. Frankfurt am Main/London 2005: 139–156, hier: 143 f., OECD: OECD Employment Outlook 2003. Paris 2004: 302

86 Deutscher Bundestag (Hg.): Schlussbericht der Enquete-Kommission «Demographischer Wandel – Herausforderungen unserer älter werdenden Gesellschaft an den Einzelnen und die Politik». Berlin 2002: 47; vgl. auch Deutscher Bundestag (Hg.): Zweiter Zwischenbericht der Enquete-Kommission «Demographischer Wandel». Berlin 1998: 138, 146 f.

87 Kistler, Ernst: Die Methusalem-Lüge. Wie mit demographischen Mythen Politik gemacht wird. München/Wien 2006: 135–140

88 Putzing, Monika/Wahse, Jürgen: Betriebliche Sicht- und Verhaltensweisen gegenüber Älteren – Eine Bestandsaufnahme für West- und Ostdeutschland. In: VDR (Hg.): Smart Region. Eine innovative Maßnahme zur Bewältigung des demographischen Wandels in europäischen Regionen. Schriftenreihe Bd. 62. Berlin 2005: 73 ff.

89 Wolff, Heimfrid/Spieß, Katharina/Mohr, Henrike: Arbeit – Altern – Innovation. Wiesbaden 2001: 97 ff.

90 Deutscher Bundestag (Hg.): Zweiter Zwischenbericht der Enquete-Kommission «Demographischer Wandel». Berlin 1998: 148 f.; Deutscher Bundestag (Hg.): Schlussbericht der Enquete-Kommission «Demographischer Wandel – Herausforderungen unserer älter werdenden Gesellschaft an den Einzelnen und die Politik». Berlin 2002: 47; Kistler, Ernst: Die Methusalem-Lüge. Wie mit demographischen Mythen Politik gemacht wird. München/Wien 2006: 145–167

91 Kistler, Ernst: Die Methusalem-Lüge. Wie mit demographischen Mythen Politik gemacht wird. München/Wien 2006: 145–167

92 Deutscher Bundestag (Hg.): Zweiter Zwischenbericht der Enquete-Kommission «Demographischer Wandel». Herausforderungen unserer älter werdenden Gesellschaft an den Einzelnen und die Politik. Bonn 1998: 281 f.

93 CESI: Stellungnahme zur Mitteilung der Kommission «Der demografische Wandel in Europa – von der Herausforderung zur Chance». KOM(2006)0571, DOK/CESI-308/2006-DE, 14. 12. 2006: 7

94 Klee, Günther/Rosemann, Martin/Strotmann, Harald: Die Gesellschaft altert, die Belegschaften altern mit: Sind die Betriebe auf den demografischen Wandel vorbereitet? In: IAW-Report Nr. 1/2004: 139–159: 144

95 Morschhäuser, Martina/Ochs, Peter/Huber, Achim: Erfolgreich mit älteren Arbeitnehmern. Strategien und Beispiele für die betriebliche Praxis. Gütersloh 2003: 160 ff.

96 Bundesministerium für Familie, Senioren, Frauen und Jugend (Hg.): Fünfter Bericht zur Lage der älteren Generation – Potenziale des Alters in

Wirtschaft und Gesellschaft. Berlin 2006; Deutscher Bundestag (Hg.): Abschlussbericht der Enquete-Kommission «Demographischer Wandel». Herausforderungen unserer älter werdenden Gesellschaft an den Einzelnen und die Politik. Berlin 2002: 177–215

**Die Zukunft gibt es nicht umsonst**

1 Papier, Hans-Jürgen: Überholte Verfassung? In: ZFSH/SGB 2004: 67–74, hier: 67, 73

2 Deutscher Bundestag (Hg.): Entwurf eines Gesetzes zur Änderung des Grundgesetzes zur Verankerung der Generationengerechtigkeit (Generationengerechtigkeitsgesetz). Bt.-Drks. 16/3399. Berlin 2005. Vgl. dazu auch die Stellungnahmen in: Wanderwitz, Marco et al.: Changing the German Constitution in Favor of Future Generations – Four Perspectives from the Young Generation. In: Tremmel, Joerg Chet (ed.): Demographic Change and Intergenerational Justice. Heidelberg 2008: 163–173

3 Gründinger, Wolfgang: Nachhaltigkeit als politisches Leitbild und ihre Verankerung im deutschen Grundgesetz. Vordenken Nr. 6/2005; Tremmel, Jörg: Generationengerechtigkeit in der Verfassung. In: Aus Politik und Zeitgeschichte Nr. 8/2005: 18–27; Bohmeyer, Axel: Der moralische Status künftiger Generationen. In: Generationengerechtigkeit! Nr. 4/2007: 15–19, hier: 18

4 Steinvorth, Ulrich: Generationengerechtigkeit. In: Generationengerechtigkeit! Nr. 4/2007: 12–15, hier: 13–15

5 Ein solches Gremium für den ökologischen Bereich ist konzipiert in: Rux, Johannes: Der ökologische Rat – Ein Vorschlag zur Änderung des Grundgesetzes. In: Stiftung für die Rechte zukünftiger Generationen (Hg.): Handbuch Generationengerechtigkeit. München 2003: 471–492. Ein Vorschlag für einen Nachhaltigkeitsrat für den Bereich der Staatsverschuldung ist skizziert in: Metzger, Oswald: Einspruch! Wider den organisierten Staatsbankrott. München 2003: 214 f. Der Jurist und Philosoph Felix Ekardt schlägt «Nachwelträte» vor, vgl. Ekardt, Felix: Das Prinzip Nachhaltigkeit. Generationengerechtigkeit und globale Gerechtigkeit. München 2005: 177–179

6 Tremmel, Jörg: Positivrechtliche Verankerung der Rechte zukünftiger Generationen. In: Stiftung für die Rechte zukünftiger Generationen (Hg.): Handbuch Generationengerechtigkeit. München 2003: 349–382; Lux-Wesener, Christina: Generationengerechtigkeit im Grundgesetz? In: Ebd.: 405–440; Boelling, Anemon Constanze: Ist die ökologische Generationengerechtigkeit in guter Verfassung? Vorschläge zur grundgesetzlichen Stärkung ökologischer Generationengerechtigkeit. In: Ebd.: 441–470; Rux, Johannes: Der ökologische Rat – Ein Vorschlag zur Änderung des Grundgesetzes. In: Ebd.: 471–492. Vgl. auch Ekardt, Felix: Das Prinzip Nachhaltigkeit. Generationengerechtigkeit und globale Gerechtigkeit. München 2005: 135, 153–159, 171–182; BUND/Misereor (Hg.): Zu-

kunftsfähiges Deutschland. Ein Beitrag zu einer global nachhaltigen Entwicklung. Basel/Boston/Berlin 1996: 377–386

7 Tinbergen, Jan: Vorwort. In: Meadows, Dennis/Meadows, Donella/Randers, Jorgen: Die neuen Grenzen des Wachstums. Reinbek bei Hamburg 1993: 7 f., hier: 7

## Aus dem Verlagsprogramm